COURS DE MORALE THÉORIQUE & PRATIQUE

II. — MORALE PRATIQUE

PAR

L. DUGAS

Docteur ès lettres, Professeur agrégé de philosophie
au lycée de Rennes.

DEUXIÈME ÉDITION, REVUE ET CORRIGÉE

PARIS
HENRY PAULIN ET Cie, ÉDITEURS
24, RUE HAUTEFEUILLE (6e)

1910

COURS
DE
MORALE THÉORIQUE & PRATIQUE

II. — MORALE PRATIQUE

PAR

L. DUGAS

Docteur ès lettres, Professeur agrégé de philosophie
au lycée de Rennes.

DEUXIÈME ÉDITION, REVUE ET CORRIGÉE

PARIS
HENRY PAULIN ET Cie, ÉDITEURS
21, RUE HAUTEFEUILLE (6e)

1910

INTRODUCTION

LA MORALE PRATIQUE

SOMMAIRE

Rapports de la morale théorique et de la morale pratique. — La morale pratique entendue comme la science *des* devoirs, la morale théorique comme la science *du* devoir. Peut-on *déduire* les devoirs du devoir? — La morale, générale et particulière, est toujours *idéale* et *pratique*.

Le point de vue idéal et le point de vue empirique en morale. Critique du faux idéalisme. Ses dangers. Véritable sens du mot *pratique*. En quel sens la morale est essentiellement pratique.

Divisions de la morale pratique.

Divisions de la morale individuelle.

Le mot *morale pratique* est équivoque. Dans les manuels, il est généralement détourné de son sens étymologique, exact, et pris comme synonyme de *morale particulière*. La morale pratique, dit Paul Janet, traite *des* devoirs, la morale théorique, *du* devoir. Le devoir, pris en général, ou abstraitement conçu, est un idéal qui plane au-dessus de toutes les situations humaines, qui s'applique à toutes, sans s'appliquer spécialement à aucune; le devoir particulier, comme le devoir de l'homme, de la femme, du citoyen, du père de famille, etc., est un idéal qui s'adapte à une situation donnée, qui est défini, précis; il revêt autant de formes qu'il y a de relations sociales différentes.

On prétend rattacher la morale pratique, ainsi définie, à la morale théorique, ou *déduire* les devoirs du devoir. Mais une telle déduction n'est qu'apparente. Des considérations, approfondies et élevées, de Kant sur le devoir en général je défie qu'on tire, autrement que par des arguments verbaux et subtils, la formule précise du devoir de tempérance, du devoir de l'électeur, etc. Tout problème de morale pratique se pose à part et veut être étudié à part ; autrement on n'en peut rien dire que de vague. Prétendre déduire la morale de quelques principes généraux, c'est se condamner au lieu commun édifiant, aux tirades éloquentes, et de fait on n'en sort guère. Jules Simon écartait d'un beau geste oratoire la casuistique de la morale ; cela veut dire qu'il n'admettait point qu'on entrât dans le détail des questions. Ce point de vue a prévalu, et subsiste encore. Beaucoup de moralistes traitent la morale de haut, en grands seigneurs, invoquant la maxime : *De minimis non curat prætor.*

Si la morale pratique ne se déduit pas de la morale théorique, — on dirait mieux : ne s'y réduit pas, — et si on la rend étriquée et banale, en voulant l'y réduire, ou l'en déduire, elle ne se distingue pas non plus de la morale théorique, en ce qu'elle serait *réelle ou pratique,* la morale théorique étant *spéculative* ou *idéale.* Toute morale, en effet, est *idéale* et *pratique* à la fois. Ainsi le devoir du père de famille, tout particulier qu'il soit, est aussi bien un *idéal,* rarement atteint d'ailleurs en sa plénitude, que le devoir en général, auquel Kant adresse son apostrophe enflammée : « Devoir, mot grand et sublime !... » D'autre part, le devoir en général est aussi bien tenu de se réaliser, aussi obligatoire, aussi *pratique* par conséquent, que tel ou tel devoir, celui d'obéir aux lois, de payer l'impôt, par exemple. Il n'y a donc pas entre la morale théorique et la morale pratique de différence de nature.

Qu'elle soit générale ou particulière, la morale doit toujours être *pratique*, c'est-à-dire réalisable. Son objet est sans doute l'idéal, mais il est un idéal qui doit entrer dans les mœurs, passer dans les actes. Il ne faut donc pas que cet idéal devienne jamais une abstraction pure, et apparaisse comme une loi transcendante, dominant de si haut la vie humaine qu'elle ne s'y applique plus; il faut qu'il trouve place dans les conditions de l'expérience, qu'il soit pris dans la vie et adapté à la vie. Or il semble être dans la destinée de la morale de prendre, en se développant, une direction fausse, d'évoluer dans le sens de l'abstrait, de tourner le dos à la réalité pratique, et de se perdre finalement dans les nues. C'est ainsi que les Stoïciens, après avoir d'abord proposé leur sage à l'imitation des hommes, renchérirent si bien sur les perfections de ce modèle qu'ils le reconnurent à la fin pratiquement inaccessible. Il en est de même de l'idéal dans tous les systèmes. On raffine sur le devoir, on l'épure, on le porte toujours plus loin, on le pousse jusqu'à l'absurde, c'est-à-dire jusqu'au chimérique et au faux. On en fait à la fin un « fantôme à étonner les gens » (Montaigne).

Les esprits, épris de perfection, sont naturellement absolus; ils sont aussi, et par là même, des spéculatifs purs; ils se consoleraient plus vite de ne pas atteindre, en fait, l'idéal que de rester au-dessous dans leurs conceptions; autrement dit, ils aimeraient mieux le manquer que d'en rabattre. Il y a ainsi une outrance, et comme une débauche, de perfection facile, qui constitue l'idéalisme ou le purisme des mystiques. D'autre part, on tire de l'idéal conçu, ou des principes posés, toutes les conséquences; on en poursuit le détail logique ; on en fait l'application à tous les cas. La morale prend alors un tour scolastique en même temps que mystique. Elle devient un sujet d'entretien pour les beaux esprits, un thème aux déclamations d'école, une matière à dissertations nobles et élevées; elle est la poésie des gens graves et austères, le manteau d'or dont on recouvre, par pudeur, pour ne pas dire par hypocrisie, la platitude et la vulgarité des mœurs courantes, l'égoïsme et la bassesse des passions humaines.

En s'éloignant ainsi des réalités de la vie, la morale devient, non pas seulement vaine et sans objet, mais fausse, romanesque. On poursuit l'idéal et on tombe dans la chimère. Celui qui prendrait au mot, qui suivrait à la lettre la morale pure et absolue, serait bien déplacé dans la vie, s'il parvenait encore à vivre. Il ne consentirait ni à se nourrir ni à se vêtir comme les autres hommes ; il se croirait coupable de tuer un lièvre à la chasse et un ennemi à la guerre ; il pousserait si loin le respect de la vie sous toutes ses formes qu'il ne voudrait pas même cueillir un bouquet ; il ne se croirait pas le droit de posséder rien en propre ; il s'interdirait toutes les jouissances matérielles, dans l'impossibilité d'en trouver aucune qu'il pût goûter sans remords ; tout plaisir qu'il prendrait lui paraîtrait fait de la peine ou du travail des autres, et peut-être immoral en soi, comme entaché de sensualité. Il serait, en un mot, un être de scrupules ; il donnerait dans toutes les fadaises sentimentales.

Dira-t-on que cela n'arrive guère, et n'est point à craindre, les hommes se sauvant par le bon sens de ces nobles extravagances ? A quoi bon alors énoncer les maximes d'une morale surhumaine, et que penser de ceux qui les débitent, sans y croire, par paradoxe et par gageure ?

Mais en fait, il ne faut jamais trop compter sur le bon sens, si commun qu'on le dise ; et il faut, au contraire, compter toujours avec les esprits faibles, naïfs et crédules, lesquels, autant et plus encore que les autres, doivent être respectés. L'idéalisme moral, si outré qu'il soit, peut faire des victimes. « Comme si nous avions l'attouchement infect, nous corrompons par notre maniement, dit Montaigne, les choses qui d'elles-mêmes sont belles et bonnes. Nous pouvons saisir la vertu de façon qu'elle en deviendra vicieuse, si nous l'embrassons d'un désir trop âpre et violent... A ce biais s'accommode la voix divine : *Ne soyez pas plus sages qu'il ne faut ; mais soyez sobrement sages* [1]. » L'anecdote suivante suffirait à montrer combien est dangereuse par ses effets, et immorale en son principe, la prédication qui pratique la surenchère de la vertu. Elle établit qu'il y a un charlatanisme moral, et que ce charlatanisme peut faire des fanatiques.

« Chacun connaît, dit Th. Bentzon, au moins par la sympathie que leur a témoignée Tolstoï, au milieu des persécutions dont ils étaient l'objet, l'existence des Doukhobors. Pour n'être pas forcés de porter les armes, d'agir ainsi selon leurs croyances, 7000 d'entre eux émigrèrent, il y a quatre ans, au Canada, où on leur fit l'accueil que reçurent, en Amérique, les quakers d'autrefois. Affranchis de tout service militaire et de certaines obligations légales, qui offensaient leur sentiment du devoir, ils obtinrent une vaste concession, où ils avaient mené jusqu'ici une vie exemplaire, faisant l'admiration de tous par leurs habitudes chastes et laborieuses. Leur prospérité semblait assurée ; mais le serpent pénétra dans ce paradis terrestre, conquis à grand'peine après un très pénible exode. Il suffit, pour chavirer ces honnêtes cervelles, d'un apôtre agitateur, à demi-religieux, à demi-socialiste, comme la Russie en produit trop. Ce n'était pas la première fois qu'un prophète quelconque les

---

[1] Montaigne : *Essais*, liv. I, ch. XXIX, init.

conduisait au précipice. Celui-ci leur persuada qu'il est contraire à l'idée de liberté, et par conséquent criminel, de faire travailler de force les animaux, et, convaincus, les pauvres Doukhobors qui déjà se défendaient de goûter à la chair des bêtes, qui, ensuite, s'étaient interdit ce qui sort d'elles, le lait, les œufs, etc., s'attelèrent eux-mêmes docilement à la place des chevaux. On les vit, hommes ou femmes, traîner la charrue ou de lourdes voitures. Affaiblis par le régime végétarien, vêtus de cotonnade, pour ne pas voler sa toison à la brebis, chaussés de sabots ou de mauvaises sandales, pour ne pas transformer illicitement en bottes ce cuir qu'ils voulaient laisser désormais à son légitime propriétaire, le bœuf, ils se réduisirent volontairement au métier de bêtes de somme. Ne leur avait-on pas prouvé que, dans la Bible, l'homme seul, ayant péché, est condamné au travail? Ils ont chassé leur bétail dans l'immense prairie, pour n'être pas tentés de le reprendre autant que pour éviter qu'il ne devînt la proie des Indiens. L'hiver fond sur eux, en ce moment, et ils ne pourront résister au froid terrible de la contrée, qui avait été un instant pour eux la Terre promise. Pendant ce temps, l'apôtre, retourné à New-York, se repose, satisfait de sa prédication[1] ».

Certes la prédication morale est rarement prise ainsi au tragique, et d'ailleurs elle n'y prétend point. Mais elle veut cependant être prise au sérieux, toute paradoxale et outrée qu'elle soit. Bien plus, elle se croit habile dans ses utopies et fantaisies mêmes. Son habileté consisterait à demander le plus pour obtenir le moins. Par malheur ce calcul n'est pas seulement déplaisant, il est encore fâcheux, démoralisant. « Lorsqu'il s'agit des principes qui servent de base à la morale, il importe de ne dire que des choses justes et incontestables », tout au moins de « ne chercher à dire que des vérités en faveur de la vérité... et de ne pas croire qu'il soit indifférent par quelle voie on persuade les meilleures choses[2] ». Si des jeunes gens, au temps de leur can-

[1] Th. Bentzon : *Promenades en Russie*, Hachette, édit.
[2] Senancour : *Obermann*.

deur, adoptent, sur parole et de confiance, un idéal de vertu intransigeante, absolue, ils reviendront ensuite d'eux-mêmes à des conceptions plus « humaines, trop humaines »; la chute sera rude du rêve à la réalité; ils s'en relèveront amoindris. Qu'on ne dise pas qu'ils auront eu du moins leurs heures d'enthousiasme, et que leur vie en sera illuminée à jamais. Elle en sera plutôt décolorée. Revenus de leurs idées morales, comme d'une illusion de jeunesse, ils sentiront l'humiliation et la rancœur d'avoir été trompés, ils prendront leur revanche de la foi passée : exagéreront le doute, la défiance à l'égard de la vér... morale; ils mépriseront cette vérité, parce qu'elle n'est que relative, et passeront ainsi du dogmatisme au nihilisme moral, du puritanisme au cynisme.

L'enseignement moral peut donc être dangereux et funeste, alors qu'il prétend être élevé, et en raison même de cette prétention. Son idéalisme égare et abuse les esprits sans critique; il fait, selon l'occurence, ou mieux selon les temps, des fanatiques ou des sceptiques. Par là même qu'il sort de la vérité psychologique et humaine, qu'il met son honneur à n'en pas tenir compte, à la contredire, sous prétexte de la dépasser, il rend impropre à la vie, il fait des malheureux et des mécontents.

N'exagérons rien toutefois. La prédication de la morale absolue peut produire ces effets, mais elle est le plus souvent sans effet. Elle ne détraque pas, elle ne pervertit pas les esprits; car elle reste sans autorité, sans crédit. On la perce à jour; on ne s'en laisse pas troubler; on la traite comme une spéculation ou une *idée;* plus elle est théorique, plus elle s'établit dans la région de la Raison pure, à l'abri de la tempête des passions, mieux on s'en accommode, moins on la trouve gênante. On y prend, ou on y peut prendre, un intérêt de curiosité, mais pratiquement on s'en détache. Elle paraît une dialectique, une construction logique, comme qui dirait un palais d'idées. Mais, lorsqu'elle est ainsi conçue, je crains qu'elle ne soit, pour les esprits bien faits et vraiment moraux, plus qu'une vanité, à savoir un scandale. La morale, en effet, ne peut être une simple déclamation ou parade. Son caractère est d'être *pratique*, de s'exprimer par des *obligations* ou *préceptes*. Lors donc qu'elle renonce à se réaliser, qu'elle poursuit un idéal lointain, inaccessible et reconnu comme tel, elle entre en contradiction avec elle-même, elle devient illogique, et de plus, et par cela seul, méprisable. Elle est verbale et vide. Elle substitue le geste à l'acte, le symbole à la réalité. Le moins qu'on puisse faire est d'en sourire. On voit en effet qu'il y a un abîme entre la morale ainsi entendue et les mœurs, et qu'il ne faut pas confondre ce qui se débite avec gravité et onction et ce qui se pratique en fait. Il est telle morale dont on peut dire qu'elle paraît se contenter de l'hommage, plus ou moins respectueux et solennel, que le vice rend à la vertu, et c'est précisément celle que nous avons appelée idéaliste.

Qu'est-ce à dire, sinon qu'en termes philosophiques la morale doit être, à quelque degré, tirée de l'expérience, doit sortir des entrailles de la vie et être applicable à la vie? C'est là la condition de son existence même; c'est là, si on peut dire, son lest; c'est là aussi son essence, son caractère propre et distinctif, ce sans quoi elle cesse d'être, bien plus, elle entre en contradiction avec elle-même, se change en son contraire, et devient immorale. C'est là ce qu'exprime l'épithète de *pratique*, qu'on donne à une partie de la morale, et qui convient à la morale tout entière.

Renouvier est donc heureusement inspiré lorsqu'il dit

que la morale ne doit pas légiférer pour une humanité parfaite, mais pour une humanité réelle. Il distingue, comme on sait, un état de *paix* et un état de *guerre*. L'état de *paix*, nous ne pouvons pas même le concevoir, engagés que nous sommes dans les passions ; il est, dans l'ordre moral, ce qu'est le noumène dans l'ordre métaphysique. Avons-nous seulement le droit de le poser ? Nous n'avons pas, en tout cas, à en tenir compte. Il est l'ensemble des relations morales qui s'établiraient entre les membres d'une humanité sans défaut. La seule morale que nous puissions fonder, je dis en idée, aussi bien qu'en fait, la seule donc à laquelle nous devions songer, est celle qui règle les rapports des hommes, constitués tels qu'ils sont, c'est-à-dire en guerre avec leurs semblables et avec eux-mêmes. En d'autres termes, la morale n'a pas le droit d'être une construction théorique, une utopie. Il faut qu'elle soit *réaliste* ou *pratique*. Ainsi on ne peut faire abstraction du mal, et de la guerre qu'il engendre. Le principe évangélique, qu'il ne faut pas résister au méchant, qu'il faut tendre la joue aux soufflets, n'est pas seulement paradoxal, illogique, il est encore immoral. Il est la négation même de la justice, du droit de légitime défense. Il aboutirait à ce que Nietzsche appelle une morale d'esclaves. Il serait un principe de lâcheté. La lâcheté, en effet, n'est que le consentement donné à la violence, à la tyrannie, ou le renoncement au droit. C'est le détachement du monde réel, l'ignorance systématique, voulue, de ses turpitudes, de ses misères, qui produit cette conception d'une vertu sublime, toute d'abnégation et de sacrifice, mais parfaitement impraticable, et dont le succès d'ailleurs serait désastreux. Appliquons en effet à la morale tolstoïenne ou évangélique la règle de Kant : à supposer que l'on adoptât cette morale pour son compte, que l'on eût le courage de la suivre, souhaiterait-on de la voir adoptée et suivie par tous? Prendrait-on son parti des encouragements donnés aux passions égoïstes et brutales par la patience qu'on met à les subir? Un père souhaiterait-il pour son fils le rôle de victime résignée dans un monde d'injustice? Ne voudrait-il pas plutôt lui inspirer le sentiment de ses droits, l'armer de courage, le préparer à la vie? Ne lui communiquerait-il pas son expérience, tout en lui enseignant l'honnêteté? Or tel est, ou doit être, précisément le point de vue du moraliste. Ce point de vue est le seul vrai, ce qui suffirait pour en justifier l'adoption, mais c'est aussi, et par surcroît, le plus habile. En effet « ceux qui élèvent les enfants ont tort de croire qu'ils leur inculqueront la moralité, en leur dépeignant l'honnêteté et la vertu, comme les règles mêmes que suit tout le monde; plus tard, quand l'expérience apprend aux jeunes gens, et souvent à leurs dépens, une tout autre leçon, alors ceux-ci découvrent que les maîtres de leur enfance ont été les premiers à les tromper, et cette découverte fait plus de tort en eux à la moralité que n'eût pu le faire la franchise et la loyauté, dont on leur eût donné un premier exemple, en leur disant : Le monde est plein de mal ; les hommes ne sont point ce qu'ils devraient être ; mais que cela ne t'induise pas en erreur; toi, sois meilleur [1] ».

La morale est donc *a priori*, mais n'est pas exclusivement *a priori*. La sagesse est l'alliance heureuse de l'expérience et de la raison. On a longtemps appelé moralistes, surtout en France, des hommes qui joignaient au sentiment de l'idéal le sens net et judicieux de la réalité, l'observation exacte des mœurs, la clairvoyance pénétrante ou

---

[1] Schopenhauer : *Le fondement de la morale*, trad. franç., p. 101-2. Paris, Félix Alcan, 1888.

aiguë du psychologue. On est devenu plus sévère sur l'emploi de ce nom, on le réserve aujourd'hui à ceux qui ont une théorie de la vie. Si pourtant la morale est moins une science qu'un art, et si cet art est fait de bon sens et d'instinct, autant et plus que de théorie et de raisonnement, les moralistes d'autrefois pouvaient entrer plus avant dans la vérité, et être plus profonds dans leur superficialité apparente, que les moralistes d'aujourd'hui dans leurs constructions savantes. Il est des vérités morales qu'on sent d'instinct, qu'on serait peut-être embarrassé de définir, de justifier, de rattacher à des principes, et qui n'en sont pas moins sûres : telle est celle-ci qu'il faut aimer sa patrie et être prêt à la défendre. Il est au contraire des théories logiquement séduisantes, bien élucidées, bien déduites, dont on rejette les conséquences, sans pouvoir réfuter les principes : c'est ainsi qu'on résiste à l'attrait des Salentes socialistes.

Chacun sent d'instinct que, dans la morale, comme dans tout le reste, et plus que dans tout le reste, il convient d'apporter un esprit *sérieux*, de ne pas méconnaître la gravité des problèmes de la vie, de ne pas esquiver, escamoter ces problèmes, en les simplifiant, en les résolvant à la façon commune, grossière et terre-à-terre. Mais l'esprit léger et simpliste ne consiste pas seulement à détourner sa pensée des devoirs, mais à promener sur les devoirs une pensée détachée, flottante et vague. C'est manquer de sérieux que de prendre la vie comme elle est, de l'accepter dans sa platitude ; mais c'est en manquer aussi que de ne pas entrer dans la réalité de la vie, de se parer d'intentions nobles, de principes élevés, et de n'être qu'un dilettante ou un amateur de la vertu. Il y a une certaine vanité, pour ne pas dire une certaine indécence, à enseigner la morale autrement que par l'exemple. S'il faut pourtant enseigner la morale, il convient de le faire du moins avec modestie et sincérité, et de montrer, lorsqu'on énonce les principes, qu'on ne perd pas de vue leur application, qu'on tient tout idéal pour vain qui ne se réalise pas, bien plus, qu'on ne se croit pas le droit de poser un idéal, dont la réalisation ne puisse être, dans les conditions de la nature humaine, légitimement postulée. Tel est le sens dans lequel il faut prendre l'épithète *pratique*, accolée à la morale. Mais il suit de là que toute morale est pratique, et que la désignation de morale théorique et de morale pratique doit disparaître, ou ne peut signifier rien de plus que morale générale et morale particulière.

DIVISIONS DE LA MORALE PRATIQUE

La morale pratique comprend :

1° La morale *personnelle, individuelle*, qui traite des devoirs de l'homme envers lui-même ;

2° La morale *sociale*, qui traite des devoirs de l'homme envers ses semblables en général, — envers sa famille et envers sa patrie en particulier, et ainsi se subdivise en : morale *proprement sociale ou humanitaire*, — *morale domestique*, — *et morale civique*.

DIVISIONS DE LA MORALE INDIVIDUELLE

Les anciens distinguaient quatre vertus cardinales (de *cardo*, gond ou pivot) : la *sagesse*, la *tempérance*, le *courage* et la *justice*. Les trois premières forment la vertu *individuelle*, la quatrième est la vertu *sociale*.

La distinction des vertus *individuelles* répond à celle de l'esprit, du cœur et du caractère, ou, comme on dit encore, de l'intelligence, de la sensibilité et de la volonté. Elle n'a rien de scientifique, mais elle est consacrée par l'usage, claire et commode. Nous ne nous ferons pas scrupule d'en user, et nous pouvons nous y tenir.

MORALE PRATIQUE

I

MORALE INDIVIDUELLE

CHAPITRE PREMIER

LE DEVOIR DE CONSERVATION. — LE SUICIDE

SOMMAIRE

La vie impose des devoirs. Mais s'impose-t-elle elle-même ? Est-ce un devoir de vivre ? On n'écarte pas la question en disant que l'instinct la résout, car l'instinct ne suffit ni en fait, puisqu'il manque quelquefois, ni en droit, puisqu'il faut savoir s'il est bon de le suivre et jusqu'où.

La vie ne s'impose que si elle est un bien. Est-elle donc un bien ? Si par bien on entend le bonheur, la vie n'est pas un bien, au moins assuré. Aussi la morale hédoniste doit-elle autoriser et autorise-t-elle, en effet, le suicide dans certains cas, quand elle ne va pas jusqu'à le prêcher directement. La morale utilitaire renonce moins vite au bonheur, en connaissant mieux les conditions, et étant plus apte à le réaliser. Elle y renonce pourtant aussi, dans le cas où le bonheur dépend de conditions extérieures qui ne peuvent être remplies. Il n'y a que la morale du devoir qui puisse toujours nous prescrire de vivre, parce qu'il y a en effet toujours des devoirs qui nous retiennent dans la vie, devoirs individuels, et surtout sociaux. Si pourtant une vie était à ce point dénuée, qu'elle fût à charge à l'individu, et ne lui présentât aucune tâche morale à remplir, elle pourrait, ce semble, moralement être quittée. Mais c'est ce qui n'arrive guère. On quitte la vie pour des raisons tout autres, et souvent misérables et futiles. La vie, d'ailleurs, par le mystère qu'elle enveloppe, a un caractère religieux, sacré, qui porte à la respecter en quelque sorte pour elle-même.

C'est une grande faute de méconnaître la vie, son importance, sa valeur, ses devoirs, et de la quitter légèrement. Il convient pourtant de traiter avec indulgence ceux qui s'en rendent coupables. Ce sont des égarés, des malades, et enfin des malheureux.

LE DEVOIR DE CONSERVATION. — LE SUICIDE

La morale se distingue de toutes les sciences par son caractère obligatoire ou absolu. Elle est la seule dont on ne puisse humainement se désintéresser. Les autres, par comparaison, sont vaines, et on peut dire, en s'appropriant le mot de Pascal : « Je trouve bon qu'on n'approfondisse pas l'opinion de Copernic... mais ceci[1] » : Qu'est-ce que le bien ? Et comment faut-il vivre pour vivre bien ? Il n'est pas d'homme qui, en fait, ne se soit posé cette question, ou qui, en tout cas, ne soit tenu de la poser et, l'ayant posée, de la résoudre de son mieux. Il n'y aurait qu'un moyen de l'écarter, moyen en quelque sorte tragique, qui serait de renoncer à la condition humaine, à la vie même. Encore faudrait-il savoir si ce moyen est légitime, s'il est raisonnablement permis d'en user. Il ne sert point de dire en effet qu'on en use; il faut voir comment, et pour quelles raisons. En d'autres termes, on est, logiquement et moralement, tenu, acceptant la vie, d'en remplir les devoirs. Mais est-on tenu d'accepter ou de subir la destinée humaine ; est-ce un devoir de vivre ? Telle est la question que nous voulons examiner. Il n'en est pas de plus fondamentale et de plus grave.

A vrai dire, elle peut paraître oiseuse. On dira que la

[1] Pascal : *Pensées*, art. XXIV, 17 *bis*, édit. Havet.

nature veille à ce que notre conservation soit assurée, sans que le devoir intervienne. Mécène et, après lui, La Fontaine, n'ont pas besoin d'interroger leur conscience pour savoir s'il faut vivre ; il n'est que trop selon leur goût de ne pas mourir. Mais, en fait, l'instinct de conservation peut se perdre, s'affaiblir ou être tenu en échec par d'autres penchants. Les suicides n'ont jamais été rares, et le sont aujourd'hui moins que jamais. L'instinct en outre n'est pas sûr ; non seulement il s'abandonne, mais encore il se trahit et se contredit lui-même. Il faut donc y suppléer au besoin. Quand il ne s'agirait que de le suivre, il faudrait déjà le connaître, s'en rendre compte. Mais il faut en réalité le diriger, le soutenir et le contenir, le sauver de ses défaillances et de ses excès. De toute façon, il faut donc le juger, le critiquer, en chercher les raisons et le fondement, en discuter la valeur. Il ne suffit pas que notre conservation soit généralement assurée en fait ; il faut qu'elle le soit pour des motifs valables et fondés ; il faut qu'elle nous apparaisse comme un devoir. D'une façon générale, la moralité consiste à faire par raison ce que nous faisions primitivement par instinct, ou plutôt à suivre la nature dans la mesure où elle s'accorde avec la raison. On peut étendre à toute la conduite ce que Leibniz dit des actes d'humanité : ce n'est pas assez que nous y soyons « portés par instinct, parce que cela nous plaît » ; il faut encore que nous nous y déterminions « par raison, parce que cela est juste [1] ». La volonté de vivre est en elle-même indifférente ; elle n'est pas immorale, comme l'enseigne Schopenhauer ; elle n'est pas non plus bonne ; mais elle est l'un ou l'autre, suivant les motifs qui l'inspirent, suivant qu'elle

---

[1] Leibniz : *Nouveaux Essais* I, II, 4.

est la crainte lâche de mourir ou l'héroïsme à porter, par dignité pour soi, ou par attachement pour d'autres, le fardeau d'une existence intolérable et odieuse.

Si donc la volonté de vivre, comme aussi le penchant au suicide, ne procédaient que de l'instinct, n'étaient que des impulsions naturelles, la morale n'aurait rien à y voir; ils relèveraient seulement de l'hygiène ou de la médecine. Mais ils se rattachent, ou peuvent se rattacher, à des principes et à des habitudes, et par là ils sont justiciables de la volonté et de la raison.

La question de savoir si la vie est obligatoire, ou si elle peut être prise provisoirement, à l'essai, et laissée quand il plaît, postule en particulier une théorie de la vie, et revient à celle-ci : La vie humaine a-t-elle une valeur? Et qu'est-ce qui constitue cette valeur? Est-ce le plaisir ou la vertu?

Assigner à la vie le bonheur pour fin, c'est la mettre à la merci du hasard qui dispense les joies ; c'est déclarer que, lorsqu'elle devient à charge, il est permis d'en rejeter le fardeau. Le suicide est le dernier recours de l'épicurien déçu, le remède désespéré dont il use contre les maux de la vie. Il n'est pas de doctrine logiquement mieux fondée à autoriser, et même à conseiller, en certains cas, le suicide que celle qui exige que l'existence soit heureuse, à fortiori tolérable. Ce n'est pas aux Stoïciens, c'est aux Épicuriens, mieux encore aux Cyrénaïques, qu'il appartenait de dire : « Le sage quitte la vie, quand elle lui est incommode, comme il sort d'une chambre pleine de fumée. »

Dans l'hypothèse où c'est le plaisir seul qui en fait le prix, quelle chance la vie a-t-elle d'être conservée? Celle-ci : que notre amour pour elle ne se rebute pas, qu'il se maintienne en dépit des épreuves douloureuses, que, dans l'infortune, l'espérance d'un destin meilleur persiste en nous, souvent contre toute raison, et que l'optimisme entêté du Dr Pangloss demeure notre foi! Mais si nous en venons à découvrir ou à croire que la vie est mauvaise, qu'elle est par essence douleur, ou seulement que, dans la condition humaine, la somme des maux l'emporte sur celui des biens, le vouloir-vivre, comme l'enseigne Schopenhauer, nous paraîtra contraire à la raison, et, si nous ne pouvons entrer dans l'anéantissement sublime du nirvâna, ce paradis réservé aux âmes d'élite du pessimisme, nous pourrons toujours échapper à la souffrance par la voie plus brutale, mais plus courte et plus sûre, de la mort volontaire.

Il ne sera pas même besoin d'être pessimiste, par tempérament ou par principes, pour conclure au suicide. Ceux qui entrent rayonnants dans la vie, ceux qui mettent en elle les plus hautes espérances, et aspirent le plus ardemment au bonheur, sont souvent les premiers que décourage l'expérience des maux, et qu'abandonne le rêve du bonheur. N'ayant voulu vivre que pour être heureux, ils s'aperçoivent bientôt, et avant les autres, qu'on est moins sûr de trouver la joie dans la vie que le repos dans la mort. Si la vie en effet ne vaut que par le plaisir, elle est mauvaise pour le plus grand nombre, et, en thèse générale, l'expérience donne raison au poète Théognis : « Le meilleur pour l'homme est de ne pas naître, et, quand il est né, de mourir jeune. » Ainsi donc une trop grande naïveté et une trop grande ardeur dans la recherche du bonheur engendrent le désespoir mystique, la satiété et le dégoût de la vie et de ses joies.

Dira-t-on que ce sont là propos de moraliste? Mais l'histoire ne se charge que trop de les vérifier. On voit que ceux qui ne font grâce à la vie que si elle est heureuse, prennent parti finalement contre elle et ne la jugent pas digne d'être conservée. Comme on l'a dit déjà, un de ces philosophes qui enseignent que nous sommes nés pour jouir, Hégésias, persuadé que nous manquons toujours notre destinée, prêche le suicide à Alexandrie, et son éloquence y fait tant de victimes que Ptolémée, par une loi, dut fermer la bouche à celui qu'on appelait *l'apôtre de la mort*, πεισιθάνατος.

Si ce trait de mœurs antiques paraît trop fort et, en dépit de sa vérité historique, est taxé d'invraisemblance, qu'on songe au coup porté par le livre de Werther aux imaginations allemandes, et, pour s'en tenir au présent, aux révélations de la statistique sur la multiplicité chaque jour accrue des suicides. Il est attesté par la banalité même du fait divers qu'il n'est pas nécessaire que la vie soit intolérable, pour qu'on veuille la quitter, qu'il suffit qu'on la juge déplaisante et qu'on en fasse fi. Le suicide est le recours, non des malheureux seulement, mais des blasés. On connaît l'apostrophe éloquente du poète :

> Il n'avait pas vingt ans. Il avait abusé
> De tout ce qui peut être aimé, souillé, brisé.
> . . . .
> Il n'aimait pas les champs, sa mère l'ennuyait.
> Enfin ivre, énervé, ne sachant plus que faire,
> Sans haine, sans amour, et toujours, ô misère !
> Avant la fin du jour blasé du lendemain,
> Un soir qu'un pistolet se trouva sous sa main,
> Il rejeta son âme au ciel, voûte fatale,
> Comme le fond d'un verre au plafond de la salle.
>
> (V. Hugo : *Chants du Crépuscule*, XIII.)

Du point de vue de la morale du plaisir, de même qu'on ne peut qu'approuver le suicide des malheureux, on ne peut avoir pour celui des blasés que de l'attendrissement et de la pitié. Toutefois il est juste de distinguer ici entre l'hédonisme et l'utilitarisme. Un Épicure, un Bentham pourraient dire qu'il n'est pas permis de désespérer trop vite du bonheur, qu'il faut s'en faire d'abord une idée juste, savoir se résigner aux misères inévitables et renoncer aux rêves irréalisables, aux ivresses trompeuses. Leurs principes les autorisent à condamner le suicide des débauchés vulgaires et des blasés, puisqu'ils mettent pour condition au bonheur la maîtrise de soi, la modération et le courage.

On a dit que la civilisation moderne est favorable au suicide, qu'elle accroît, en même temps que les difficultés de l'existence, les convoitises, les besoins, les exigences de bonheur, et qu'elle n'a plus les monastères à offrir comme refuge aux âmes malades, aux faibles, aux vaincus de la vie. Il faut ajouter qu'elle dissout la volonté par les facilités de la débauche et l'amollissement prolongé du bien-être, qu'elle surmène et détraque les cerveaux, qu'elle développe la misère physiologique et morale. Ce qu'il y a de plus lamentable et de plus navrant dans l'accroissement des suicides, c'est en effet la promptitude ou la facilité au découragement qu'il atteste, c'est la futilité des raisons pour lesquelles on se déclare et on se croit malheureux à mourir. C'est chez les jeunes gens et les enfants que se manifestent aujourd'hui le dégoût et l'horreur de vivre, et le suicide a, en effet, de plus en plus pour causes des chagrins d'enfant, des malheurs médiocres ou au moins réparables, souvent redoutés plutôt que subis, déboires de carrières, amours contrariés, blessures d'amour-propre. Du point de vue de l'utilitarisme, on a le droit de flétrir le suicide, en tant qu'il procède de cette faiblesse de volonté, de cet abaissement du caractère et des mœurs, qui est la cause la plus fréquente de l'inaptitude à la vie, de l'impuissance à supporter le destin, de l'inacceptation de la condition humaine. Se rendre impropre à la vie, et déclarer alors que la vie est mauvaise est, en effet, une indignité et une pitié.

Peut-on toutefois, du point de vue eudémoniste, condamner le suicide en général ? Non, s'il est vrai que la vie peut être misérable autrement que par notre faute, à savoir en elle-même. Il faudrait, pour qu'on dût alors la subir, qu'elle n'eût pas le bonheur pour fin. Mais pouvons-nous avoir une raison de vivre autre que le bonheur ? Oui, le devoir ! Quand la vie n'a plus pour nous de charme ou d'attrait sensible, elle a encore un intérêt moral, et c'est pourquoi nous ne sommes pas autorisés à la quitter.

Mais le devoir implique-t-il donc le respect de la vie en soi ? Tant s'en faut, puisqu'il consiste quelquefois à la mépriser, à en faire le sacrifice. Le devoir est d'être par exemple courageux et fort. Au nom du devoir, on condamnera donc le suicide, non dans tous les cas, mais dans ceux-là seulement où l'on a vu qu'il est une lâcheté. Même on y pourra voir un recours suprême, justement laissé aux courageux et aux sages, contre les injustices du sort et des hommes. (Suicide d'Arria, de Pætus, et, dans les temps modernes, de Condorcet.) Les Stoïciens approuvaient le suicide comme une preuve de fermeté et de courage. A une époque où la vertu consistait souvent à bien mourir, la mort volontaire leur paraissait d'un bon exemple et pouvant servir aux faibles d'encouragement.

De nos jours la morale courante entoure de même de sympathie et de respect les suicides inspirés par le sentiment de l'honneur, comme celui d'un banqueroutier honnête et d'un chef d'armée vaincu. On ne peut dire en effet de telles morts qu'elles sont lâches. Ne pas accepter le déshonneur, c'est se soustraire sans doute à la souffrance, mais à une souffrance que la lâcheté consisterait précisément à endurer. On aime à voir l'honneur compter plus que la vie. De plus, c'est rendre hommage au devoir que de se punir volontairement par la mort de n'avoir pas fait ou pu faire son devoir.

Toutefois s'il est des suicides honorables, il n'en est point de moraux. Jamais la conscience ne nous relève du devoir. Lorsqu'un homme a commis une faute, il ne la répare point par sa mort, il ne fait que s'ôter les moyens de la réparer. Si donc il peut être de son honneur de se tuer, il est certainement de son devoir de vivre.

Il l'est dans le cas que nous avons supposé; il l'est aussi dans tous les cas. Il faut donner au mot devoir toute sa portée et tout son sens, et entendre par là, non seulement le soin que l'homme doit prendre de sa dignité et de son honneur, mais encore le compte qu'il doit rendre aux autres de sa conduite, de son honneur et de sa vie. La moralité strictement individualiste, selon Höffding, ne serait pas en mesure de condamner le suicide : si un homme était seul sur la terre, sa vie lui appartiendrait tout entière, et il pourrait en disposer librement. Mais il est un être social, et a des devoirs comme tel. Il vit et doit vivre, non seulement pour lui-même, mais pour sa famille, pour sa patrie, pour l'humanité. Il n'est pas fondé à dire qu'en se tuant, il ne ferait tort qu'à lui-même. Envers ses semblables le lie un contrat moral dont il doit remplir les engagements. Lors même que, par impossible, un homme n'aurait ni famille à protéger et à aimer, ni patrie à défendre, il trouverait encore à sa vie moralement un emploi, celui que lui trace éloquemment Rousseau : « S'il te reste au fond du cœur le moindre sentiment de vertu, viens que je t'apprenne à aimer la vie. Chaque fois que tu seras tenté d'en sortir, dis en toi-même : Que je fasse encore une bonne action avant de mourir ; puis va chercher quelque indigent à secourir, quelque infortuné à consoler... Si cette considération te retient aujourd'hui, elle te retiendra encore demain et toute ta vie. Si elle ne te retient pas, meurs ; tu n'es qu'un méchant ! » Il faudrait donc être, individuellement et socialement, un déshérité, il faudrait n'avoir ni chance aucune de bonheur, ni devoir d'aucune sorte, pour être en droit de se tuer. Or c'est ce qui n'arrive guère.

Peut-on dire pourtant que c'est ce qui n'arrive point ? N'y a-t-il pas tel cas où la vie est entièrement et purement à charge à l'individu, et en même temps, je ne dis pas seulement inutile, mais à charge à ses semblables ? On ne voit pas comment le suicide pourrait être alors condamné, si ce n'est au nom des principes religieux, la vie étant, selon le mot de Platon, assimilée à un poste où Dieu nous a placé, et que nous n'aurions pas le droit de quitter sans son ordre. Il est certain qu'un des plus forts arguments contre le suicide est celui qui se tire du mystère même de la vie ; mystère qui plane, non seulement sur son origine et son terme, mais sur sa valeur et son sens. A l'homme le plus détaché du dogme positif, mais doué de l'instinct religieux, ou simplement sérieux et grave, la vie apparaît en elle-même comme respectable et sacrée, comme une loi fatale à laquelle il n'y a qu'à se soumettre, et qu'il n'est pas en notre pouvoir de juger, soit pour la condamner ou l'absoudre.

En tous cas, ce qui paraît répréhensible, c'est la légèreté en une chose si grave. Qu'on quitte la vie par dépit, par bouderie d'enfant gâté, par manque de courage, pour se soustraire à des obligations déterminées (ex. : pour ne pas être soldat) — par manque de sérieux, et incapacité d'en comprendre les devoirs, — par crainte puérile de l'opinion, par faux point d'honneur (comme Vatel), — par bravade et gloriole, par amour de l'action théâtrale (A ces acteurs devant la mort conviendrait le mot de Néron : *qualis artifex pereo !*) — par élégance et snobisme (comme Pétrone[1]) ou par tout autre motif de cet ordre, c'est ce qui est moralement inadmissible. Mourir ainsi, c'est attester seulement qu'on est hors d'état de comprendre et de juger la vie. Ceux-là seuls méritent, mieux que la compassion, à savoir la sympathie et l'estime, qui, en quittant la vie, n'en trahissent pas les devoirs, mais s'efforcent encore de les remplir ; ce serait, par exemple, le cas d' « un père de famille, se suicidant pour faire secourir les siens, qui se trouvent exposés à la faim et au plus complet dénûment[2] ».

En résumé, la vie paraît devoir être acceptée *a priori*, n'être pas mise en question ; en tout cas, il convient de lui faire crédit, de ne pas la condamner légèrement, de se mettre en état d'en comprendre le sérieux et d'en remplir les devoirs (au sens latin du mot *officia*), c'est-à-dire les fonctions ; prise ainsi, il est à croire qu'elle se justifiera d'elle-même, au point de vue à la fois de l'instinct et de la raison. Si cependant il arrivait que, dans ces conditions, elle fût rejetée comme un présent funeste, qu'elle inspirât l'horreur et le dégoût, on ne pourrait que plaindre ceux qui la jugeraient ainsi. Mais on ne s'avance guère en disant que la majorité des suicides proviennent d'autres causes, de vices sociaux, de tares physiologiques et mentales. Rendre la vie normale, c'est la rendre acceptable, et c'est là ce qui con-

---

[1] Tacite : *Ann.* XVI, 18-19. Saint Evremond disait de cette mort que c'est « la plus belle de l'antiquité ».
[2] Höffding : *Morale*, trad. franç. par Le Poitevin, p. 191. Alcan, édit.

damne le suicide. Il convient peut-être d'ajouter que ceux qui se donnent la mort ne sauraient être ni condamnés, ce qui serait absurde, ni flétris et déshonorés au nom des lois sociales, et que, du point de vue moral même, ils doivent inspirer beaucoup moins l'horreur que la compassion et la pitié [1].

[1] George Sand a porté sur le suicide le jugement d'ensemble le plus vrai. Elle a bien analysé les sentiments complexes et troublants qu'il nous fait éprouver; elle le juge moralement une faute, mais elle trouve dans son cœur et dans sa raison même des circonstances atténuantes à cette faute.

Elle dit (*Histoire de ma vie*, t. III. p. 357 et suiv.): « Le suicide raisonné et consenti » est « généralement une impiété et une lâcheté. » Cela pourtant n'est pas plus absolu que bien d'autres lois morales. Le suicide, 1° n'est pas toujours une impiété, 2° n'est pas toujours une lâcheté.

« *Au point de vue religieux*, tous les martyres étaient des suicides; si Dieu voulait, d'une manière absolue et sans réplique, que l'homme conservât, même parjure et souillé, la vie qu'il lui a imposée, les héros et les saints du christianisme devaient plutôt feindre d'embrasser les idoles que de se laisser livrer aux supplices et dévorer par les bêtes. Il y a eu des martyrs, si avides de cette mort sacrée, qu'on raconte de plusieurs qu'ils se précipitèrent en chantant dans les flammes, sans attendre qu'on les y poussât. Donc, l'idéal religieux admet le suicide et l'Église le canonise. Elle a fait plus que de canoniser les martyrs, elle a canonisé les saints volontairement suicidés par excès de macération.

« *Quant au point de vue social* (en outre des faits d'héroïsme militaire et patriotique, qui sont des suicides glorieux comme le martyre chrétien), ne pouvait-il pas se présenter des cas où la mort est un devoir tacitement exigé par nos semblables? Sacrifier sa vie pour sauver celle d'un autre n'est pas un devoir douteux, lors même qu'il s'agirait du dernier des hommes; mais la sacrifier pour réparer sa propre honte, si la société ne le commande pas, ne l'approuve-t-elle point? N'avons-nous pas tous dans le cœur et sur les lèvres ce cri instinctif de la conscience en présence d'une infamie : Comment peut-on, comment ose-t-on vivre après cela? L'homme qui commet un crime et qui se tue après n'est-il pas à moitié absous? Celui qui a fait un grand tort à quelqu'un et qui, ne pouvant le réparer, se condamne à l'expier par le suicide, n'est-il pas plaint et en quelque sorte réhabilité? Le banqueroutier qui survit à la ruine de ses commettants est souillé d'une tache ineffaçable; sa mort volontaire peut seule prouver la probité de sa conduite ou la réalité de son désastre. Ce peut être parfois un point d'honneur exagéré, mais c'est un point d'honneur. Quand c'est l'œuvre d'un remords bien fondé, est-ce un scandale de plus à donner au monde? Le monde, par conséquent l'esprit des sociétés établies, n'en juge pas ainsi, puisque, par le pardon qu'il accorde, il considère ceci comme une réparation du mauvais exemple et un hommage rendu à la morale publique. »

Sujets à traiter :

I. — Montrer que la diversité des jugements portés sur le suicide a sa raison d'être dans la diversité des théories sur la valeur de la vie humaine.

II. — Quels sont les arguments de ceux qui ont fait l'apologie du suicide ? Passer en revue ces arguments, les classer, en discuter la valeur. (V. Rousseau : la Nouvelle-Héloïse, part. III, lettre XXI.)

III. — Discuter la question du suicide du point de vue de la morale strictement individualiste.

IV. — Même question du point de vue sociologique.

V. — En dehors de toute idée religieuse, pourquoi l'homme ne pourrait-il pas disposer de sa vie ?

VI. — En quel sens le suicide est-il une faute ? Quelle sanction comporte cette faute ?

CHAPITRE II

LA TEMPÉRANCE

SOMMAIRE

Par *tempérance* on entend la vertu relative à la vie sensible. La définition de cette vertu dépend de la valeur attribuée au plaisir. Deux thèses contraires : l'une, d'après laquelle le plaisir est un mal (ascétisme), l'autre, d'après laquelle il est le bien suprême (hédonisme).

I. *Ascétisme.* — Condamnation de tous les plaisirs, mépris de la *chair*. La vertu consiste dans la *mortification*. Valeur relative de cette doctrine : elle est une réaction contre la débauche et le vice. Sa fausseté, sa grossièreté foncière : préoccupation du plaisir, hantise du péché, déformation et souillure de l'imagination chez l'ascète. L'ascétisme ne vaut pas même comme système d'éducation. Il rentre dans le *formalisme moral*, système vain et dangereux.

II. *Hédonisme.* — Valeur des plaisirs, grandeur ou noblesse de la passion. Vérité relative de cette doctrine.

La tempérance rentre dans le respect de soi-même. Elle consiste à ne s'attacher qu'à des objets dignes de plaire et à s'y attacher avec mesure, sans grossièreté ni brutalité. Elle est une vertu *négative* (refrènement des passions) et *positive* (développement des qualités du cœur).

LA TEMPÉRANCE

Nous comprendrons, sous le nom de *tempérance*, tous les devoirs relatifs à la sensibilité[1]. La définition de ces devoirs dépend de la solution donnée au problème suivant : Quelle est la valeur de la vie sensible ? En effet, si, d'une

---

[1] Nous donnons cette définition pour une pure définition de mot, partant arbitraire. On pourrait encore, avec Socrate, entendre par *tempérance*, toute contrainte interne ou maîtrise de soi ; la tempérance serait alors en un sens la vertu tout entière, ou la condition et la base de toute vertu.

part, on nie que le plaisir soit, je ne dis pas seulement le bien, mais un bien, si d'autre part, on voit en lui le motif principal, ou au moins ordinaire, qui détourne du devoir, si on le condamne comme suspect, et même comme mauvais, on pose les principes de l'*ascétisme*. Si, au contraire, on croit que le plaisir est le bien suprême, celui auquel, naturellement et légitimement, tendent tous les efforts et vont tous les vœux, on professe la morale relâchée, que nous avons exposée plus haut sous le nom d'*hédonisme*. Examinons ces théories et les définitions contraires de la tempérance qui s'en déduisent.

L'ASCÉTISME[1]

L'ascétisme est une morale d'exception, paradoxale et violente. Il part de ce principe que le plaisir n'est pas le bien, qu'il n'est pas non plus indifférent, qu'il est et ne saurait être qu'un mal; il l'accable de son mépris, il le poursuit de sa haine. Il ne distingue pas entre les plaisirs ni entre les désirs; il les condamne tous également et en bloc. Il ne fait pas grâce aux plaisirs selon la nature; il tient pour subtile l'opposition de la passion et du besoin; il livre une lutte acharnée à tous les penchants. Il met sur le compte de la *sensualité* tout ce qu'on accorde aux sens. Il emploie, pour désigner le corps, le nom injurieux de la *chair :* il nie ses besoins ou les restreint à l'excès ; il en juge la satisfaction dégradante, immorale. Inversement il attache du mérite à la souffrance ; il fait consister la vertu à la rechercher; il la tient pour sanctifiante et bonne. Il définit la moralité, la *mortification* des sens, et le mot a ici son

[1] Nous faisons ici de larges emprunts à notre livre de l'*Absolu* (l'Entêtement, le Fanatisme, l'Ascétisme et la Pudeur). Paris, F. Alcan.

sens précis. Les anciens disaient que « philosopher c'est apprendre à mourir », et par là ils entendaient, explique Montaigne, « retirer aucunement notre âme hors de nous et l'embesongner à part du corps ». La mort étant en effet la séparation de l'âme d'avec le corps, se détacher du corps, s'affranchir de ses besoins, c'est donc mourir, au sens philosophique du terme, et cette mort anticipée, cet « apprentissage et ressemblance de la mort » est la vertu ou la sagesse.

Les pratiques ascétiques ou *mortifications*, l'abstinence, le jeûne, les macérations, le cilice, etc. tendent toutes à détacher l'âme du corps, à anéantir les désirs, à réduire les besoins. La morale, dont elles s'inspirent, représente un défi porté à la nature, une violence faite à tous les instincts. Elle est ce que Rabelais appelait l'adoration ou le culte d'*Antiphysis*.

Cette morale peut historiquement se concevoir comme réaction contre la morale courante, qui prêche ou excuse la débauche et le vice. Elle a pu avoir son opportunité, être la protestation indignée des âmes fières contre un sybaritisme régnant. Elle a fait, à certains moments, œuvre utile ; elle a été le sel qui préserve de la corruption et de la mort. Mais l'excuser comme fait, ce n'est point théoriquement la justifier.

L'ascétisme n'est qu'un excès opposé à un autre excès. Il est une erreur, un paradoxe, que son outrance même dénonce. Il est de plus un fanatisme grossier. L'horreur pour le plaisir n'est rien moins, en effet, que le détachement du plaisir ; elle en est plutôt un désir apeuré, une convoitise inquiète et troublée. C'est ce que Renan démêle et analyse avec beaucoup de finesse.

« Nul plus que moi, dit-il, n'est opposé à ceux qui prêchent la réhabilitation de la chair, et je crois pourtant que le christianisme a eu tort de prêcher la lutte, la révolte des sens, la mortification. Cela a pu être bon pour l'édification de l'humanité, mais il y a quelque chose de plus parfait encore : c'est qu'on ne pense pas à la chair, c'est qu'on vive si énergiquement de la vie de l'esprit que ces tentations des hommes grossiers n'aient plus de sens. L'abstinence et la mortification sont des vertus de barbares et d'hommes matériels qui, sujets à de grossiers appétits, ne conçoivent rien de plus héroïque que d'y résister : aussi sont-elles surtout prisées dans les pays sensuels. Aux yeux d'hommes grossiers, un homme qui jeûne, qui se flagelle, qui est chaste, qui passe la vie sur une colonne, est l'idéal de la vertu. Car lui, le barbare, est gourmand, et il sent fort bien qu'il lui en coûterait beaucoup, s'il fallait vivre de la sorte. Mais, pour nous, un tel homme n'est pas vertueux ; car, ces jouissances de la bouche et des sens n'étant rien pour nous, nous ne trouvons pas qu'il ait du mérite à s'en priver. L'abstinence affectée prouve qu'on fait beaucoup de cas des choses dont on se prive. Platon était moins mortifié que Dominique Loricat et apparemment plus spiritualiste. Les catholiques prétendent quelquefois que la désuétude, où sont tombées les abstinences du moyen âge, accusent notre sensualité : mais, tout au contraire, c'est par suite des progrès de l'esprit que ces pratiques sont devenues insignifiantes et surannées... Accordez au corps des jouissances ; car les lui refuser serait supposer que ces misères ont quelque valeur. La devise des Saint-Simoniens : — Sanctifiez-vous par le plaisir — est abominable ; c'est le pur gnosticisme. Celle du christianisme : — Sanctifiez-vous en vous abstenant du plaisir — est encore imparfaite. Nous disons, nous autres spiritualistes : — Sanctifiez-vous, et le plaisir deviendra pour vous insignifiant, et vous ne songerez pas au plaisir[1]. »

Comprendre l'ascétisme, c'est découvrir du même coup les raisons pour lesquelles il s'est produit et celles pour lesquelles il doit disparaître ; c'est voir qu'il a été, à son heure, bienfaisant, peut-être nécessaire, et qu'il est devenu inutile et dangereux.

Mais y a-t-il lieu de le combattre aujourd'hui ? Oui,

[1] Renan : *Avenir de la science*, pp. 403-4, Calmann-Lévy.

parce qu'il exerce encore son prestige sur les âmes jeunes, enthousiastes, promptes à s'éprendre des maximes absolues; oui, parce qu'il renverse et déplace les idées morales et qu'il importe de les rétablir dans leur vérité et leur justesse. En effet, il voit le mal où il n'est pas, dans ces plaisirs innocents dont parle Spinoza : « une nourriture modérée et agréable, le parfum et l'éclat verdoyant des plantes, l'ornement du vêtement, la musique, les jeux, les spectacles, et tous ces divertissements, que chacun se donne, sans dommage pour personne [1] », et le bien dans des états contre nature, comme le célibat, qu'il exalte sous le nom de *virginité*. Il substitue à la vertu simple et humaine une vertu romanesque et d'opinion, à la *moralité* la *sainteté*, état de perfection mystique, qu'on ne peut atteindre ni concevoir.

Or ce n'est jamais impunément qu'on méconnaît la vérité psychologique. Il n'y a pas d'erreur plus dommageable en morale. L'ascétisme en peut servir d'exemple et de preuve. Cette doctrine expie par une chute dégradante la folie de prétendre à une vertu plus qu'humaine. « L'homme n'est ni ange ni bête, dit Pascal, et le malheur est que qui veut faire l'ange fait la bête. » Le désordre des mœurs paraît avoir été toujours la rançon des vertus monastiques. Ce désordre, sans doute l'ascétisme le flétrit, s'applique à le combattre, mais il n'en porte pas moins la responsabilité, si, d'une part, il a commencé par le rendre inévitable, et, de l'autre, il a contribué directement à le produire. Or, en fait, par là même qu'il est une morale impraticable, il précipite ses adeptes dans le mal, en les décourageant du bien. En outre, il est vraiment le pro-

---

[1] Spinoza : *Ethique : de l'esclavage*, schol. de la prop., 45.

moteur du vice. Il en porte en lui le germe, à savoir la hantise du péché, qui est, à elle seule, une souillure. Il déforme les consciences, fait naître et entretient les pensées malsaines. Il ôte à l'intelligence sa droiture, au sentiment, sa candeur ; il exalte, trouble et salit l'imagination ; il transforme les plaisirs innocents, qu'il condamne, en objet, non de naturel désir, mais de convoitise inquiète. Il ne comprend pas la poésie des sentiments humains ; il n'en saisit que le côté vicieux et bas, il leur donne des noms qui les flétrissent et les dénaturent : l'amour devient *concupiscence*, l'union des sexes, *œuvre de chair* et *fornication*. C'est la honte de la théologie d'avoir créé un vocabulaire spécial, dont les mots ont un sens de malpropreté très précis, et d'avoir grandement contribué à cette altération des sentiments naturels, qui s'appelle la fausse pudeur, la prude hypocrisie. On parle de rompre orgueilleusement avec la vie sensible, et on n'arrive qu'à s'emplir l'imagination de visions sensuelles. On ramène sans cesse la pensée sur les vices honteux ; on est hanté de leur image, qui se détaille et se précise ; on s'excite à les combattre, mais on en est troublé, on s'en exagère le péril et l'attrait, et on cède à la tentation avec un plaisir secret et une lâche épouvante. Ainsi l'ascétisme irrite le mal qu'il veut guérir. Il plonge les âmes toujours plus avant dans le péché. Il est une lutte inégale contre les penchants. Loin de supprimer la sensualité, il développe une sensualité raffinée et maladive [1].

[1] Un moraliste, peu suspect de tendresse pour la morale mystique et à qui on doit reconnaître un sens droit, élevé et très sûr, B. Jacob, s'élève contre nos conclusions. Distinguant « de la morale de l'abstinence, qui est une folie, la tempérance qui est une vertu » et définissant l'ascétisme « la forme extrême de la tempérance, la tempérance systématique et inflexible », il dit : « Ainsi défini, l'ascétisme échappe

Dira-t-on que nous le prenons mal, que nous le détournons de son sens étymologique et propre, et qu'il faut l'entendre, non comme une doctrine, mais comme une méthode, l'*ascèse* (ἄσκησις) étant l'exercice ou l'apprentissage de la vertu, non la vertu même. La *mortification* serait alors, non une règle de conduite, se recommandant par elle-même, ayant une valeur en soi, mais un système ou moyen d'éducation virile et forte.

Ainsi interprété, l'ascétisme cesse peut-être d'être immoral, mais il devient vain. Il rentre dans le *formalisme moral*. Or c'est déjà une « chose démoralisante en soi, dit Guyau, que la conception d'une moralité exclusivement formelle, détachée de tout ; c'est l'analogue de ce travail qu'on fait accomplir aux prisonniers dans les prisons anglaises, et qui est sans but : tourner une manivelle pour la tourner ! On ne s'y résigne pas. Il faut que l'intelligence approuve l'impératif et qu'un sentiment s'attache à son objet [1] ». De deux choses l'une, en effet : ou la *morti-*

au reproche qu'on lui fait d'ordinaire de créer la hantise du péché, l'obsession du plaisir impur... C'est rarement lui, ou mieux ce n'est jamais lui, quand il est sincère, qui ramène devant l'imagination de l'ascète les objets dont son âme subit et déteste le charme : il ne s'emploie qu'à lutter contre eux en les avilissant. Lorsqu'on lui reproche cette action avilissante, on ne voit pas qu'une telle action est souvent nécessaire... Chaque fois que deux principes, l'un supérieur, l'autre inférieur, sont en présence et en conflit, et qu'ils exercent sur l'âme une influence à peu près égale, le premier ne peut l'emporter sur le second qu'à la condition de lui ôter de la force en le dégradant (*Devoirs*, Cornély, édit., Paris, 1908). Entendons-nous d'abord sur les mots. Ce que j'appelle ascétisme, c'est justement ce que Jacob appelle « la morale de l'abstinence ». Mais l'ascétisme lui-même, tel que Jacob le définit, « l'ascétisme rationnel » est-il vraiment « un principe de santé morale » ? Il me semble qu'on ne tient pas compte ici de ce que j'appellerai la pudeur de l'imagination et des sentiments : il est des vices si bas, si dégradants qu'on se défend même d'y penser; on s'en croirait atteint si on y arrêtait son esprit; on passe dédaigneux, indifférent. Une vertu me paraît mal assurée, mal protégée qui a besoin de s'exciter à l'horreur du vice; ce n'est en tout cas qu'une vertu de débutant.

[1] Guyau : *Esquisse d'une morale sans obligation ni sanction*. Alcan, édit.

fication n'est qu'un moyen, et il faut alors indiquer la fin à laquelle elle tend, et montrer ensuite qu'elle est, pour l'atteindre, un moyen efficace et sûr, ou la mortification est elle-même une fin, et il faut alors la reconnaître comme telle. Or il est également faux, et que l'ascétisme soit un bon apprentissage de la vie morale, et qu'il soit lui-même un idéal de vie morale. De quelque côté qu'on le regarde, il est donc insoutenable : il a des principes faux, des conséquences funestes, et il ne se défend pas même comme système d'éducation.

L'HÉDONISME

A l'ascétisme, doctrine des âmes romanesques, éprises d'une perfection absolue, s'oppose l'*hédonisme* ou morale du plaisir, que professent les âmes communes en quête d'une vertu accommodante et facile. L'ascétisme est une morale d'exception, l'hédonisme est la morale courante.

Nous avons parlé plus haut de l'hédonisme ; nous n'y reviendrons qu'autant qu'il est nécessaire pour dégager le principe de la tempérance.

Il n'y aurait pas une doctrine morale qu'on dût condamner, si on la considérait sous la forme adoucie que lui prêtent ses partisans les plus sages. Lorsqu'on songe aux moralistes moroses qui voudraient nous faire perdre le goût du plaisir, on applaudit au plaidoyer de Montaigne en faveur de la volupté. Mais lorsqu'on considère, comme on doit le faire, les applications auxquelles donnent lieu les maximes morales, on sent qu'on ne saurait trop presser le sens de ces maximes, qu'on ne saurait trop leur demander d'être nettes, précises, à l'abri des interprétations fâcheuses, entièrement pures et exemptes de reproche. Il faut qu'on puisse sans danger s'y attacher d'une façon absolue.

Or justement le principe de l'hédonisme n'est point sûr. Le plaisir n'est pas toujours et nécessairement un bien, il n'est tel qu'à certaines conditions et dans certaines limites. Ce sont ces limites qu'Épicure a tracées, et c'est à les observer que consiste la tempérance. Mais l'utilitarisme n'est-il pas la négation de l'hédonisme ? Si le plaisir est la fin suprême, limiter le plaisir, fût-ce dans l'intérêt du plaisir, n'est-ce pas attentatoire au bien lui-même ? Ainsi pensent, avec Aristippe, toutes les natures ardentes et passionnées. Tous les plaisirs, en tant que tels, sont bons ; il n'y en a donc pas de méprisables, de dégradants et de honteux ; il n'y en a même pas qu'on puisse, au point de vue de la quantité, juger *a priori* inférieurs à d'autres ; le tempérament de chacun fixe seul leur valeur, décide de leur prix. De là l'apologie de la passion chez Rousseau et ses disciples. La passion est ou une faiblesse aimable et touchante, à laquelle il faut compatir, ou une force irrésistible et souveraine, qui trouve, dans sa violence même, sa justification ou son excuse, qui affirme par sa vitalité son droit à la vie.

On remarquera comme l'esprit humain satisfait à bon compte son penchant à l'idolâtrie. Rien ne répugne à son adoration. Il est également capable de regarder comme une œuvre pie les vaines pratiques de l'ascétisme, et d'ériger en objet de culte ses passions, même les plus grossières. Or l'erreur consiste proprement, en morale, à égarer le sentiment du respect, à reporter sur des objets indignes nos affections et notre estime. Ce qui nous manque, c'est de savoir mettre nos sentiments dans l'ordre.

Il y a évidemment une mesure à garder entre l'ascétisme, qui condamne tous les plaisirs, et l'hédonisme, qui les excuse tous. Se détourner du plaisir avec horreur comme d'un sacrilège, et s'y plonger béatement, s'y abîmer et s'y perdre, comme s'il était le ciel ouvert, c'est une superstition égale, pour ne pas dire la même en sens contraire. Le plaisir est sans doute un bien qu'il faut goûter, mais il n'est pas le bien suprême, ni même le bien le plus précieux, et il faut, au besoin, savoir en faire le sacrifice. Mais dans quels cas est-il légitime ? C'est ce que ne nous apprend ni l'ascétisme ni l'hédonisme, et ce qu'il nous reste à déterminer.

S'abstenir du plaisir par intérêt, pour éviter une peine ou obtenir un plaisir plus grand, ce n'est pas vraiment être tempérant, mais, comme dit Platon, être tempérant par intempérance. La convoitise ajournée ou rentrée n'est pas une vertu. La sécheresse de cœur, l'absence de tempérament n'ont rien de commun non plus avec l'empire sur soi, la modération, et n'impliquent pas même l'exemption du vice : il y a une immoralité à froid, et c'est la plus répugnante, la plus inhumaine, la plus odieuse ; c'est l'immoralité proprement dite (celle de Laclos dans les *Liaisons dangereuses*). Par comparaison, la passion, avec tous ses excès, paraît presque édifiante, ce qui atténue la thèse paradoxale de Rousseau. Le grand souffle de la passion a une action purifiante : il chasse le vice proprement dit. Est-ce à dire que la passion soit sainte, toujours noble en son principe, et dans ses manifestations ? Quand cela serait, le plaisir ne serait pas sanctifié par là même, car il n'est pas vrai que la passion y tende, encore moins qu'elle le rencontre toujours. Mais, en réalité, au-dessus de la passion, et *a fortiori* au-dessus de la recherche du plaisir, il y a le respect que l'homme se doit à lui-même. C'est là le principe de la tempérance. Dans la mesure où sa dignité n'en souffre pas d'atteinte, l'homme est donc autorisé à goûter le plaisir; mais il doit fuir les plaisirs qui le déshonorent.

Nous n'avons pas proprement à combattre nos penchants, à lutter contre notre nature (puisqu'il faut la subir, le mieux est de l'agréer), mais nous avons à démêler ses vrais besoins, ses tendances légitimes et foncières, et à comprendre sa dignité. L'instinct est aveugle et brutal; il doit être discipliné et rendu humain. Notre dignité s'offense des excès auxquels nos penchants se portent, s'ils ne sont contenus. Nous devons prendre le gouvernement de nous-mêmes et ne pas nous laisser asservir par la passion, la passion étant définie le désir naturel, sorti de sa voie et de ses bornes naturelles, porté à l'excès, perverti et vicié. Ainsi, par exemple, on doit satisfaire les appétits, mais doit-on poursuivre le plaisir qui s'attache à leur satisfaction? Ce plaisir n'est pas en lui-même mauvais, et on n'a pas à s'en défendre; mais si pourtant sa séduction devient trop forte, il nous ôtera la volonté et le courage, nous rendra lâches et esclaves, et nous avilira. Nous pouvons donc goûter sans remords le plaisir qui s'offre, mais nous ne devons pas le rechercher, le prendre pour fin, nous livrer à lui. L'intempérance consiste à aller, non à la satisfaction des penchants, mais au plaisir qu'elle entraîne, et à rechercher ce plaisir avec excès, à s'en rendre esclave. Elle revêt deux formes : elle consiste « soit à trouver du plaisir à des choses indignes de plaire, et qui au contraire méritent notre aversion ; soit, s'il s'agit des choses qui ont droit de nous plaire, à les aimer et à les rechercher plus qu'il ne convient, et comme font les hommes grossiers et sans lumières » (Aristote). La définira-t-on par rapport « aux choses indignes de plaire » ou du point de vue *matériel?* Elle sera alors la sensualité proprement dite : la gourmandise, l'ivrognerie, l'impudicité. Ce n'est pas que les plaisirs des sens soient par eux-mêmes infâmes, comme l'entendent les mystiques ; ils ne sont qu'inférieurs ; ce n'est pas la nature de ces plaisirs, c'est la grossièreté de l'âme, qui s'attache à ces plaisirs d'une façon exclusive et brutale, qui fait la sensualité. Il suit de là que si la même grossièreté d'âme se rencontre dans les inclinations élevées, comme l'amour paternel, maternel, etc., l'intempérance, pour être moins choquante, c'est-à-dire seulement moins apparente, n'en est pas moins réelle : ainsi l'amour paternel est répugnant chez le *Père Goriot* (Balzac). C'est donc prendre le mot tempérance dans un sens étroit que d'entendre par ce mot la modération dans l'*appétit*[1]. Toute inclination, portée à l'excès, ôte à l'homme cet empire sur soi, qui fait sa dignité, et ainsi porte atteinte à la tempérance, entendue au sens large de modération dans les désirs, de subordination des penchants à la raison ; et inversement toute inclination peut être élevée et pure, qu'elle appartienne ou non à l'ordre des sens. Est-il besoin de dire qu'il y a un amour chaste? En d'autres termes la tempérance ne pourrait être définie du point de vue exclusivement *matériel;* elle est une *forme* du sentir, une qualité d'âme.

Si la tempérance est la sensibilité d'accord avec la dignité humaine ou réglée selon la raison, elle ne sera pas simplement une vertu d'*abstention;* elle aura une valeur positive ; elle sera le développement plein et normal des penchants. C'est un devoir en effet pour l'homme d'entretenir en lui la flamme du sentiment ; sa dignité exige qu'il ne laisse aucune de ses facultés dépérir, et l'hédonisme

---

[1] *Appétit* est pris ici dans le sens de *besoin physique* en général, et non de besoin de manger et de boire en particulier.

a raison de protester contre la morale ascétique qui tue les penchants et dessèche le cœur. Le mot *tempérance*, pris au sens propre, se trouve donc insuffisant pour désigner tous les devoirs relatifs à la sensibilité. Ce n'est pas assez en effet d'établir l'empire de la raison sur les passions ; il faut cultiver les sentiments eux-mêmes, sans lesquels la raison n'est rien, s'il est vrai, non seulement qu'elle s'y imprime et les gouverne, mais encore qu'elle s'en inspire, et que « les grandes pensées viennent du cœur ».

En résumé les devoirs relatifs à la sensibilité dérivent tous du même principe, qui est le respect de la personne.

C'est d'après ce principe qu'il faut juger la morale surannée de l'ascétisme, et la morale, non moins ancienne, mais toujours renouvelée, de l'hédonisme. En s'y référant, on trouve le moyen d'éviter le double excès du relâchement et de l'austérité outrée, de concilier les différentes doctrines morales sur la tempérance, de dépasser ces doctrines, d'élargir le sens du mot tempérance, et d'entendre par ce nom une vertu à la fois *matérielle* et *formelle*, *positive* et *négative*.

Sujets à traiter :

I. — *Commenter le mot de Pascal : L'homme n'est ni ange ni bête, et le malheur est que qui veut faire l'ange fait la bête.*

II. — *De la tempérance selon le système utilitaire. Son caractère déplaisant, choquant. En quoi diffère-t-elle de la tempérance véritable?*

III. — *L'horreur du plaisir est un sentiment immoral, parce qu'il est faux, déplacé et parce qu'il est un mensonge vis-à-vis de soi-même, une hypocrisie cachée.*

IV. — *La recherche du plaisir ne peut être immorale en soi. Comment le devient-elle? A partir de quel moment? Dans quels cas? Quels sont les formes et les degrés de l'intempérance?*

V. — *La tempérance au point de vue matériel et formel, autrement dit, dans son objet et dans son esprit.*

CHAPITRE III

LE COURAGE

SOMMAIRE

Le courage peut être considéré au point de vue *formel*, ou en lui-même, et au point de vue *matériel*, ou quant à son emploi.

Au point de vue formel, le courage est d'abord la *force physique*, puis la volonté ou *force morale*. La force morale, d'ailleurs liée au tempérament, est la volonté énergique, tendue et persévérante. Elle a un double aspect : *positif* et *négatif* ; elle est un pouvoir d'impulsion et un pouvoir d'arrêt (patience).

Au point de vue matériel, la force d'âme est *témérité* ou *courage*, suivant qu'elle est employée à une fin dérisoire et vaine ou importante et élevée, et le courage se divise lui-même en courage *civil, militaire, professionnel, privé*, etc.

Le courage n'est véritablement une vertu qu'autant qu'il est la force d'âme, l'énergie, la fermeté et la constance, exclusivement mises au service du bien.

LE COURAGE

Le mot courage, pris dans son acception la plus large, désigne l'ensemble des vertus ou qualités morales qui se rapportent à la volonté. On peut, suivant une distinction de Kant, étudier le courage au double point de vue *formel* et *matériel*, c'est-à-dire en lui-même, abstraction faite des actes qu'il accomplit, et dans son objet ou quant à son emploi. Dans le premier cas, on a en vue la volonté seule ; dans le second, la fin à laquelle la volonté se porte, le bien qu'elle réalise.

I. — Du courage considéré au point de vue formel

Le courage a-t-il une valeur propre, indépendamment de l'usage qui en est fait ? Oui, puisqu'on l'admire jusqu'en la personne du scélérat qui monte à l'échafaud d'un pas ferme. Cette valeur paraît même incomparable et unique. Le courage est une de ces vertus dont, par exception, on est dispensé de faire la glorification ou l'éloge. Il est universellement honoré. Dans toutes les langues, le mot par lequel on le désigne rend un son fier, éclatant, héroïque. Appliqué à un homme, il est la louange suprême. En français, ce mot a pour synonyme celui de *valeur* ou de *vaillance*, comme si toute la dignité (ἀξίωμα), tout le mérite, toute la valeur morale consistait à être brave ; en latin, de même, le courage s'exprime par le mot *virtus* (de *vir*), comme s'il était la vertu essentielle de l'homme, la première et la plus haute des qualités viriles. Puisqu'on trouve ainsi partout établi le culte de la volonté forte, il reste seulement à le purifier des éléments grossiers qui s'y mêlent et le déshonorent. On n'a pas à prêcher le courage ; mais on a à le définir.

C'est ce que nous ferons en partant de la notion la plus simple, en le considérant d'abord et exclusivement du point de vue *formel*, c'est-à-dire en lui-même.

La forme primitive du culte que les hommes rendent au courage, a été l'adoration de la *force*. Mais ce sentiment a changé de nature et pris un caractère moral, du jour où l'on a distingué de la force physique la *volonté* qui la tient sous sa dépendance, en dispose et la dirige. Cette évolution peut être marquée par le fait suivant : les philosophes Cyniques ont choisi pour héros et proposé pour modèle

Hercule qui, selon la croyance populaire, n'avait été longtemps que le dieu de la force, et en ont fait, par une transformation naturelle, la personnification du courage et des mâles vertus.

L'humanité est donc allée du culte de la force physique à celui du courage ou force morale. Mais elle n'a pas cessé d'admirer le courage, qui est comme une ivresse des sens, celui qui, dans la langue de Platon, est synonyme de *colère* (θυμός, ira), d'appétit violent et fougueux. La chaleur du sang entre comme élément dans le courage des héros; ce qu'on a appelé, par exemple, la *furia francese* est en grande partie l'effet d'un tempérament guerrier. Il faut reconnaître un courage en quelque sorte *physique*, lequel peut d'ailleurs manquer aux âmes les mieux trempées; c'est celui auquel fait appel Ulysse gourmandant son cœur, ou Turenne, s'interpellant ainsi, à la veille d'une bataille : « Tu trembles, vieille carcasse! Tu tremblerais bien plus, si tu savais où je dois te conduire demain. »

Le courage, qui n'est qu'une affaire de nerfs, peut-il être appelé une vertu? Oui sans doute, en un sens. La plupart de nos qualités nous viennent du tempérament par un don gratuit, et la nature secourable est encore de moitié dans l'acquisition de nos habitudes. Nous ne devons donc pas savoir mauvais gré au courage de son humble origine; nous devons l'estimer encore, alors qu'il est une noble qualité de race.

Mais, si estimable qu'il soit, le courage *physique* est pourtant d'une qualité ou d'un rang inférieur. Il faut élever infiniment au-dessus celui qui consiste dans un pur effort de volonté et s'appelle de son vrai nom la *force d'âme*. « L'estimation et le prix d'un homme, dit Montaigne, consiste au cœur et en la volonté : c'est là où gist son vray honneur. La vaillance, c'est la fermeté, non des jambes et des bras, mais du courage et de l'âme » (*Essais*, I, xxx).

Considéré comme vertu proprement morale, le courage revêt plusieurs formes. On distingue, en effet, dans la volonté des qualités différentes : l'énergie, l'élan et la constance.

L'*énergie morale* s'oppose à la volonté indolente et molle, qui manque de ressorts, c'est-à-dire d'impulsion et d'élan, ou dont les ressorts sont détendus et lâches. Elle est l'initiative et la décision, la promptitude du coup d'œil, le sang-froid et la fermeté. Qualités naturelles sans doute, mais aussi acquises, que l'habitude donne, ou au moins développe, qu'elle entretient et confirme, et dont par suite il faut faire un honneur et un mérite. Les êtres les plus méprisables sont les indifférents et les tièdes, ceux qui ont la notion, non la conviction du bien, la bonne intention, non la bonne volonté, celle-ci étant faite de générosité, d'élan, de confiance, de chaleur de cœur.

Il est une forme du courage, plus rare et plus admirable encore que l'*énergie morale* ; c'est la *constance*, ou l'effort continu, par lequel une âme héroïque se maintient à la hauteur où elle s'est élevée, par lequel la volonté en général se ressaisit, se reprend et mène sa tâche à bout. Aristote a justement défini la vertu une habitude. Un acte de vertu, dit-il, ne fait pas la vertu non plus qu'une hirondelle ne fait le printemps. Le courage ne consiste donc pas à se signaler par quelque prouesse isolée ; il est une volonté qui se soutient au cours de toute une vie, qui en relie tous les moments et en anime tous les actes. On peut interpréter encore en ce sens la parole de Vigny : « Qu'est-ce qu'une grande vie ? Une pensée de la jeunesse réalisée dans l'âge mûr. »

La volonté a un double aspect, positif et négatif, elle est un pouvoir d'*impulsion* et un pouvoir d'*arrêt* (Ribot), elle consiste à s'abstenir aussi bien qu'à agir. Il suit de là qu'une des formes du courage est la *patience*, vertu négative, qui tient à la fois de l'énergie morale et de la constance, puisqu'elle se manifeste tantôt par un grand effort d'un moment, pour supporter une souffrance aiguë, par exemple une opération douloureuse, tantôt par un effort continu pour endurer des maux moins aigus, mais plus prolongés, comme la maladie.

La patience est de ces vertus qui demanderaient à être réhabilitées. Elle n'est pas populaire. Les hommes n'admirent guère que les vertus d'éclat, le courage tragique des héros. Ils ne jugent pas assez bien de la patience, ce courage modeste, où il entre de la résignation et de la douceur. Pour qu'ils la distinguent, il faut qu'elle ait un caractère théâtral, comme chez ce philosophe stoïcien qui se raidit contre les douleurs de la goutte, et s'écrie : « Douleur, tu n'es pas un mal! » Ils ne rendent pas justice au courage discret, comme celui dont Bossuet a fait en ces termes un si délicat éloge : « Madame fut donc envers la mort comme elle l'était envers tout le reste. » La patience nous est pourtant plus nécessaire, en un sens, que la vertu héroïque, étant d'un emploi plus journalier. A en juger par sa rareté, elle a bien aussi son mérite. Combien d'âmes, dites courageuses, ne savent pas prendre en patience les légères incommodités de la vie !

Mais on n'a à considérer présentement que le courage en lui-même et en dehors de son utilité. A ce point de vue, il vaut en raison des efforts qu'il exige ; c'est sa difficulté qui fait son prix. Il réside dans le travail ou la peine, πόνος. Il suit de là que le courage le plus élevé n'est pas la force physique, la fougue et l'emportement des sens, mais la volonté proprement dite qui, soit dans l'action, soit dans la patience, se montre non seulement énergique et forte, mais encore capable d'efforts suivis ou persévérants.

II. — Du courage considéré au point de vue matériel

Mais il est artificiel de considérer le courage en lui-même, en dehors de son objet; il ne vaut vraiment que par son usage, qu'autant qu'il se dépense en efforts sérieux, qu'il poursuit une fin noble et grande, ou au moins utile et bonne.

C'est mal honorer le courage que de le rechercher pour lui-même, comme une noble qualité d'âme, et de tenir pour indifférentes les fins qu'il sert ou auxquelles on l'emploie. L'héroïsme sans objet est une pure folie; et Cervantès fit preuve, en le raillant, non seulement de sens pratique, mais de haute sagesse. Le préjugé chevaleresque est au fond de même nature que celui d'où sont sorties les pratiques de l'ascétisme, et don Quichotte, partant en guerre contre les moulins à vent, fait songer aux solitaires de la Thébaïde arrosant un bâton mort. Etre courageux ou tempérant sans raison, ce n'est être vraiment ni courageux ni tempérant. L'héroïsme du chevalier, la sainteté de l'ascète ne sont point des vertus; on peut les qualifier de « folie sublime », on peut leur témoigner mieux que de l'indulgence, à savoir de l'admiration et de la sympathie; mais on doit leur refuser, si j'ose dire, son estime morale[1].

---

[1] Cf. Mœterlinck : Les « intelligences ont appris à ne plus apprécier uniquement un idéal selon qu'il est plus ou moins difficile de l'atteindre. Dans le sacrifice, par exemple dans la pénitence, les mortifications, il y a toute une série de victoires spirituelles de plus

Honorer le courage, c'est vouloir qu'il ne soit pas dépensé en pure perte, mais qu'il trouve un emploi digne de sa valeur, pour ne pas dire qu'il tire sa valeur de son emploi ; autrement dit, c'est vouloir qu'il ait une fin, et que cette fin se justifie moralement, c'est-à-dire qu'elle ne soit ni dérisoire ni injuste. Le courage, en effet, est méprisable qui poursuit une fin puérile, comme les applaudissements de la foule (ex : le courage du dompteur, du toréador, du gladiateur, etc.) ou seulement qui s'inspire d'un souci exagéré de l'opinion, d'un faux point d'honneur. Il faut se souvenir ici de l'importante distinction qu'on trouve établie dans toutes les langues entre le *courage* et la *témérité*, la *gloire* et la *gloriole*, le *vrai* et le *faux honneur*. Le courage proprement dit est celui qui consiste à faire son devoir, non celui dont on tire honneur et vanité.

A fortiori, le courage perd tout son prix, devient méprisable et simplement odieux, quand il est mis au service de l'injustice. Il n'y a pas à admirer les exploits de Charles Moor, ce chef de brigands, dont Schiller a voulu faire un héros, ni ceux de don Quichotte, brisant les chaînes des galériens. Pour être courageux, au vrai sens du mot, il ne suffit pas d'être fort et sans peur, il faut encore être juste et sans reproche.

C'est donc un préjugé d'attribuer au courage une valeur en soi, abstraction faite de ses œuvres. Ce préjugé peut

en plus pénibles, mais qui ne sont pas réellement hautes parce qu'elles ne s'élèvent point dans l'atmosphère humaine, mais dans le vide, où elles brillent, non seulement sans nécessité, mais d'une façon très dommageable. L'homme qui jongle avec des boules de fer à la pointe d'un clocher fait lui aussi une chose très difficile ; pourtant nul ne songera à comparer son courage inutile au dévouement presque toujours moins périlleux de celui qui se jette à l'eau ou dans les flammes pour sauver un enfant. » (*Le Pardon des injures* dans *l'Intelligence des fleurs*, Paris, édit. Charpentier, 1907.)

paraître aristocratique et raffiné ; il est au fond naïf et grossier. Ainsi le culte de la chevalerie, dès le temps de Cervantès, reposait sur une méprise historique, était un attachement superstitieux à une tradition mal comprise. Les vrais chevaliers, redresseurs de torts, n'étaient point des personnages de parade; ils accomplissaient une œuvre sans doute glorieuse, mais avant tout utile, en s'instituant les défenseurs du droit, à une époque où la société mal assise ne pouvait assurer efficacement la protection des faibles. Ils exposaient leur vie, non point *pour l'honneur*, comme François Ier à Pavie, mais pour décider de la victoire, comme Bayard défendant un pont à lui seul. Aujourd'hui la chevalerie est morte si on considère son œuvre historique, sa mission spéciale. Mais quand on dit qu'il faut se résigner à en porter le deuil, on n'entend pas que la fierté, la générosité et la grandeur d'âme soient des vertus hors de saison ; elles sont toujours aussi nécessaires et trouvent toujours autant d'occasions de s'exercer. Encore faut-il qu'elles ne s'exercent pas à côté ou à vide. Il en est du culte des âges héroïques, au point de vue moral, comme du culte de l'antiquité, au point de vue de la science : il ne faut pas qu'il soit superstitieux, littéral. Le devoir n'est pas une forme à jamais fixée, un idéal pur et absolu, qui plane au-dessus des temps; il s'adapte toujours aux circonstances, il porte toujours sa date. Le courage en particulier change de nature et de formes, suivant le milieu et les événements [1].

---

[1] C'est un point de vue auquel on se place aujourd'hui volontiers. On insiste sur les formes *modernes* du courage, le courage à braver l'opinion, l'impopularité, le courage intellectuel, etc... On a raison sans doute. Prenons garde pourtant de trop déprécier le courage regardé comme *une vertu d'un autre âge;* il n'y a pas une forme du courage qu'on puisse déclarer surannée et désormais hors d'usage:

Du point de vue *matériel*, en se fondant sur la considération des actes accomplis, on a distingué de tous temps le courage *civil*, le courage *militaire*, le courage *professionnel*. Un exemple de ces différentes sortes de courage tiendra lieu de définition. Socrate fait preuve de courage *militaire* aux batailles de Délium et de Potidée, où son sang-froid sauve la vie à deux de ses disciples, Alcibiade et Xénophon ; — de courage *civil*, lorsqu'il refuse de mettre aux voix l'accusation injuste, portée contre les généraux vainqueurs aux Iles Arginuses, — et de courage *professionnel* lorsqu'il refuse aux Trente et de cesser son enseignement et de se départir de la liberté et de la franchise de son langage. Du même point de vue, on pourrait distinguer encore le courage *privé*, avec ses différentes formes, à savoir le courage de résister aux plaisirs, ou *tempérance* ; le courage à lutter contre la souffrance, la maladie et la mort, ou la *patience* ; le *courage intellectuel*, que nous retrouverons sous le nom de sagesse, et qui consiste à résister à l'opinion, à se garder de l'illusion et du préjugé, à accepter la vérité toujours, même affligeante et cruelle, enfin le *courage moral*, qui consiste à voir clair en sa conscience, à s'avouer ses défaillances, à reconnaître ses torts.

Ainsi les vertus personnelles sont solidaires. Le courage suppose la sagesse, et se confond en certains cas avec la tempérance. Il ne vaut qu'autant qu'il est guidé par une intelligence droite et éclairée, et mis au service des fins morales. En résumé, il est la volonté énergique, ferme et constante, employée exclusivement au bien.

les vertus militaires, par exemple, peuvent encore être requises ; d'une façon générale, il faut être prêt à faire face à tous les événements ; ce sont les plus inattendus qui nous troublent le plus et sont la meilleure épreuve de notre force et de notre vaillance. Le vrai courage est donc, si on peut dire, le plus généralisé, celui qui s'oppose le plus à l'étroitesse d'esprit et à l'étroitesse du cœur.

Sujets à traiter :

I. — *Le vrai et le faux courage au point de vue formel et au point de vue* matériel.

II. — *Pourquoi le courage est-il prisé entre toutes les vertus ? Est-ce à cause de sa valeur sociale ? ou de sa valeur en soi ?*

III. — *De l'emploi du courage dans la vie humaine, dans toutes les conditions et à tous les moments de cette vie.*

IV. — *Du courage, considéré comme forme de la dignité personnelle ou du respect de soi-même.*

V. — *Du courage dans ses rapports avec les autres vertus personnelles et sociales.*

VI. — *De la lâcheté. (Reprendre au sujet de la lâcheté,* mutatis mutandis, *toutes les questions posées au sujet du courage.)*

CHAPITRE IV

LA SAGESSE

SOMMAIRE

La sagesse peut être conçue comme *une* vertu ou comme *la* vertu.

Quand on dit que la sagesse est la vertu par excellence ou unique, on entend par *sagesse*, non pas sans doute toute science, non pas la science superflue, oiseuse (l'érudition), ni la science spéciale, technique, mais tantôt la science philosophique, élevée, la culture générale, tantôt la science particulière du bien. Il y a une relation entre la première et la moralité, soit qu'elle la suppose ou qu'elle la développe, et la seconde paraît être la condition, sinon *suffisante*, au moins *nécessaire*, de la vertu. Toutefois il est faux que la vertu se réduise à la science, fût-ce la science du bien.

La sagesse n'est pas, à elle seule, la vertu ; elle est seulement une vertu particulière, et, comme telle, elle est la liberté d'esprit, la sincérité, la loyauté intellectuelle, le respect de la vérité. C'est là la définir quant à sa *forme*; on la définira, quant à sa *matière*, en disant qu'elle a pour objet la connaissance du bien en général, l'instruction professionnelle en particulier.

LA SAGESSE

Au sens étymologique et exact, la *sagesse* est la vertu relative à l'intelligence. D'où vient qu'on l'entend d'ordinaire autrement, qu'on la regarde moins comme une vertu spéciale que comme la vertu tout entière ? D'où vient que le *sage* est, pour nous, l'honnête homme bien plus que le savant, voire même que l'homme versé dans la science du devoir ? C'est que le passage est aisé de cette idée que la science, ou du moins la science du bien, est l'inspiratrice de la vertu, à cette autre qu'elle est la vertu suprême, définitive et parfaite. Nous donnerons le nom de morale intellectualiste à la doctrine qui réduit la vertu à la sagesse et nous partirons de l'examen de cette doctrine.

L'homme vaut par la raison ; c'est la raison qui l'élève au-dessus des autres êtres, au-dessus même de l'univers dont il fait partie. Dès lors, son devoir, sa « tâche propre », comme dit Aristote, son métier d'homme, c'est d'être raisonnable ou sage. « Toute notre dignité consiste dans la pensée. C'est de là qu'il nous faut relever, et non de l'espace et de la durée que nous ne saurions remplir. Travaillons donc à bien penser. Voilà le principe de la morale ». [1] Ainsi la sagesse n'est pas *une* vertu, mais *la* vertu ; la vie morale, c'est la vie selon la raison ; le souverain bien, c'est la science. Telle est la thèse générale de l'intellectualisme.

Mais cette thèse demande à être interprétée. Quand on dit que la science a une valeur morale, est équivalente à la vertu, de quelle science entend-on parler? Apparemment ce n'est pas de l'*érudition* pure, de cette science oiseuse, qu'on rencontre en tout ordre d'étude, et qui n'a pas plus de valeur spéculative que pratique, qui encombre la mémoire, sans profit pour l'esprit. Prenons pour exemple la science la plus nécessaire, celle de la morale ; si elle se transforme en objet d'érudition, si elle se réduit à être l'énumération ou le compte des « 230 espèces de souverain bien » distinguées, selon Varron, par les philosophes, elle devient la plus vaine et la plus méprisable.

---

[1] Pascal : *Pensées*, art. I, 6, édit. Havet.

Mais, si on exclut l'érudition de la sagesse, on devra en exclure aussi la science *technique* ou *spéciale*, quelle que soit sa valeur propre, quelle que soit la part considérable, mais toujours indirecte, qu'elle a prise à l'œuvre morale de la civilisation, parce que cette science ne vise pas à former et à développer la raison de l'homme, ce qui est proprement le rendre sage, parce qu'elle a même quelquefois pour effet de rétrécir l'horizon de la pensée, et de faire de notre esprit, qui devrait être un « instrument universel » (Descartes), une « machine » (Pascal), appropriée à une tâche unique.

La sagesse, ce sera donc la science, moins la superfluité et les spécialités de la science.

Ne faut-il pas aller plus loin, et renoncer à la définir par son *objet*, soit parce que cet objet est trop vaste, parce qu'il est à proprement parler universel, aucune des formes de la culture ne lui étant étrangère, soit mieux encore parce que cet objet est indifférent, toute science ayant sans doute une valeur en soi, mais n'ayant une valeur morale, que comme exercice et emploi de la raison ? Ne définira-t-on pas mieux la sagesse par son *esprit*, en disant qu'elle est la science à la fois la plus haute et la mieux entendue, celle qui s'applique, soit à tous les objets, soit spécialement aux plus grands objets de la curiosité humaine, et qui constitue le meilleur emploi de l'intelligence ? Ce sera donc la science du philosophe, qui met le développement de la raison au-dessus de l'acquisition de telles ou telles connaissances, ce sera encore celle de l'*honnête homme* (au sens du XVIIe siècle), non du cuistre ou du pédant ; ce sera celle qu'on a en vue, quand on dit qu'il faut préférer les *têtes bien faites* aux *têtes bien pleines*, les *mieux savants* aux *plus savants*. Telle est, semble-t-il, l'idée à la fois la plus honorable, la plus précise et la plus juste qu'on puisse se faire de la science, qui mérite le beau nom de sagesse.

Reste à savoir si, ainsi entendue, la sagesse a une valeur morale et si le fait, disons mieux, l'avantage de la posséder est une vertu. Elle est sans doute un bien en soi, une perfection ou excellence; mais elle peut n'être qu'un privilège, qu'un don de l'esprit; il n'y a point de mérite à la posséder, il ne peut y en avoir qu'à faire effort pour l'acquérir.

D'où vient cependant, si la sagesse n'a qu'une valeur intrinsèque ou absolue, qu'on s'obstine à lui en attribuer une autre, de nature morale? C'est qu'involontairement on songe à l'action indirecte qu'elle exerce sur les âmes. L'élévation des pensées répugne, semble-t-il, à la bassesse des sentiments et des actes. La sagesse produit encore la sérénité et l'apaisement. C'est ainsi que la vie des grands philosophes, celle de Spinoza par exemple, rappelle la vie des saints. Si nous détournons le mot *sagesse* de son sens primitif, si nous lui prêtons un sens moral, c'est que nous croyons que la science élevée appelle la vertu, comme son terme naturel et sa fin; si nous confondons la sagesse et le bien, c'est qu'il nous semble que l'une conduit naturellement à l'autre. Est-ce là une illusion? La corrélation entre le savoir et la vertu est-elle réelle, bien plus, constante et nécessaire? Oui, si du moins il s'agit exclusivement de la sagesse proprement dite ou du savoir élevé. Encore faut-il interpréter cette relation, encore faut-il savoir si la sagesse est le principe de la vertu, ou si elle en est l'effet. Or, en fait, « si la haute culture moralise, c'est que la moralité est la première condition sous-entendue de la haute culture, comme la première condition de la flore alpestre est un air pur ». L'influence moralisatrice du savoir a été excellemment définie par Tarde en termes nets et précis. Les grands penseurs, dit-il, « théoriciens, artistes, inventeurs de génie, étaient la fleur de l'honnêteté humaine, et la logique le voulait ainsi, car c'eût été, pour eux, une contradiction dans les termes que d'avoir soif de la vérité pure, par exemple, et de chercher à tromper autrui, tandis qu'il n'est point contradictoire le moins du monde d'apprendre la chimie, pour empoisonner quelqu'un, ou d'étudier le droit, pour usurper le bien de son voisin, d'où il suit que l'honnêteté des chimistes, des juristes, des médecins, des savants, ne saurait tenir à leurs études proprement scientifiques, dans le sens professionnel et utilitaire du mot. Mais les grands hommes dont je parle ont été moraux, par nécessité intellectuelle d'abnégation et de franchise [1],

---

[1] Cf. CHANNING. Œuvres sociales de l'éducation personnelle, trad. Laboulaye, pp. 23-4, Fasquelle, Paris). « C'est sur le principe moral que repose la culture de l'esprit... L'étude et la lecture ne suffisent pas pour perfectionner la raison ; une chose est nécessaire par-dessus toutes les autres : c'est le désintéressement, qui est l'âme même de la vertu. Son arrivée à la vérité, qui est le grand objet de l'intelligence, il faut la chercher avec désintéressement; c'est la première et la grande condition du progrès intellectuel. Je dois accepter la vérité, quelle qu'en soit la portée; je dois la suivre, n'importe où elle me conduira, quel que soit l'intérêt qu'elle contrarie, quelle que soit la persécution ou la perte à laquelle elle m'expose, quel que soit le parti dont elle me sépare, et à quelque parti qu'elle m'allie. — Sans cette candeur de l'esprit, qui n'est sous un autre nom que l'amour désintéressé de la vérité, de grandes facultés naturelles se pervertissent et s'égarent, le génie se perd et la lumière, que nous portons en nous, se change en ténèbres. Quand cette vertu leur manque, les plus subtiles raisonneurs s'égarent eux-mêmes tout en égarant les autres, et se prennent aux filets de leurs propres sophismes... Inversement je sais des hommes, n'ayant reçu de la nature qu'un esprit ordinaire, qui, par l'amour de la vérité et l'amour de leurs semblables, se sont élevés à une force et à un développement de pensée remarquables. Quelques-uns des prédicateurs et des maîtres les plus utiles ont dû la puissance, qu'ils avaient d'éclairer les autres, moins à une supériorité naturelle qu'à la simplicité, à l'impartialité et au désintéressement de leur esprit, à leur détermination de vivre et de mourir pour la vérité. Celui qui s'élève au-dessus de lui-même voit de haut la nature et la Providence, la société et la vie. *La pensée s'étend, comme par une élasticité naturelle, quand la passion de l'égoïsme en est*

et, bien que cette nécessité ne se fasse pas sentir à la moyenne des gens instruits, ils lui donnent le ton, ils s'impriment plus ou moins en tout nouvel écolier, et, propagés de la sorte en exemplaires innombrables, frappent à leur sceau les natures les plus vulgaires, telles qu'une belle empreinte usée et brillante sur de gros sous[1] ». Il y a en réalité simplement solidarité entre la vertu et la science, chacune d'elles étant à la fois cause et effet de l'autre, cause et effet d'ailleurs indirects et lointains. Un conflit est même toujours possible entre les deux ; la science ou la morale peut être prise au sens étroit ; la moralité peut être conçue comme une simple condition de la science, sans valeur propre (indifférentisme moral de Renan) ou la science, au contraire, comme un simple acheminement à la vertu, un ennoblissement de l'âme, un motif d'édification (point de vue de Pascal). En un mot, la relation entre la morale et la science est réelle et profonde, mais vague et a besoin d'être définie, comme ont besoin de l'être euxmêmes les mots science et morale.

Mais nous avons jusqu'ici considéré la sagesse, du point de vue *formel*, comme la *science universelle ;* on peut la concevoir autrement, comme une *science spéciale*, ayant le devoir pour objet. Reprenons, en donnant au mot sagesse ce sens nouveau, l'examen de la thèse intellectualiste, et voyons si la science morale réussit mieux que la science universelle à fonder la vertu.

Socrate pensait qu'il n'y a qu'à instruire les hommes pour les rendre bons. « Nul n'est méchant volontairement. »

écartée. Les principes religieux et moraux, généreusement cultivés, fertilisent l'intelligence. Le devoir fidèlement rempli ouvre l'esprit à la vérité, tous deux étant de la même famille, également immuables, universels, éternels. »

[1] Tarde : *La Criminalité comparée*, p. 118. Paris, Alcan, 1886.

Descartes disait de même : « Il suffit de bien penser pour bien faire. *Omnis peccans est ignorans.* » A cette théorie philosophique répond encore de nos jours l'opinion courante qu'en éclairant le peuple, on le guérit de ses vices (c'est la thèse de Hugo dans les *Misérables*). Est-il vrai qu'il ne nous manque que de connaître le bien pour le faire, ce qui implique que nous sommes de purs esprits que la seule raison guide ? Non. Le mot d'Ovide nous replace dans la vérité psychologique ou humaine. « Je vois le bien et l'approuve, et je fais le mal. » La vertu consiste, non à connaître le bien, mais à le vouloir ; elle n'est pas la sagesse, mais « la bonne volonté ». La science morale n'est pas la condition *suffisante* de la moralité.

En est-elle même la condition *nécessaire ?* Est-il vrai que pour être vertueux, il faille savoir, de science rigoureuse et certaine, en quoi le devoir consiste ? Le prétendre serait nier la vertu des humbles, lesquels n'ont garde d'approfondir les questions morales, ne se les posent même pas, mais les résolvent pratiquement par des actes de naturelle droiture et de bonté instinctive. (V. les *Pauvres gens*, de Hugo.) La vertu est souvent irraisonnée ; on a même soutenu qu'elle est toujours et ne peut être que le scandale de la raison. « Les origines de la vertu ! dit Renan (Discours sur les prix de vertu), mais, Messieurs, personne n'en sait rien, ou plutôt, nous n'en savons qu'une seule chose, c'est que chacun la trouve dans les inspirations de son cœur. Parmi les dix ou vingt théories philosophiques sur les fondements du devoir, il n'y en a pas une qui supporte l'examen. La signification transcendante de l'acte vertueux est justement qu'en le faisant, on ne pourrait pas dire bien clairement pourquoi on le fait. Il n'y a pas d'acte vertueux qui résiste à l'examen. Le héros, quand il se met à réfléchir, trouve qu'il a agi comme un être absurde, et c'est justement pour cela qu'il a été un héros. Il a obéi à un oracle infaillible, à une voix qui commande de la façon la plus claire, sans donner ses raisons. » Ce mysticisme est sans doute un excès, et ne vaut que comme réaction contre l'intellectualisme moral. Ce qu'il en faut pourtant retenir, c'est qu'il y a danger à faire dépendre la vertu de la science morale. Car la science est un privilège, et la vertu doit être accessible à tous. Il n'y a pas, il ne saurait y avoir des élus et des réprouvés du devoir[1]. En morale, comme en politique, la doctrine la plus libérale se trouve être la plus sûre et la plus vraie. La science ou connaissance parfaite du devoir, que tous ne peuvent avoir, si quelques-uns même l'ont, n'est donc pas nécessaire pour faire son devoir; la seule intention d'être juste, bon, pourvu que par ce mot on entende une volonté ferme, appliquée et grave, suffit pour nous donner le mérite du bien qu'il est en notre pouvoir d'accomplir, et, au besoin, pour nous absoudre du mal qu'il nous arriverait de faire, sans l'avoir voulu. De toutes les sciences, la science du devoir nous est sans doute la plus nécessaire ; et l'on ne nie pas que la moralité la plus haute ne soit la moralité réfléchie, et non point l'innocence ou la candeur ; mais puisqu'il y a, en fait, une vertu qui s'inspire du cœur, des instincts généreux, non de la science du bien, et puisque, d'autre part, la science du bien se rencontre en dehors de la bonne volonté, il faut bien reconnaître que la sagesse n'est pas toute la vertu, n'est pas même, à elle seule, la vertu. Nous dirons de la science morale ce que nous avons dit de la science universelle : elle a une valeur très haute, mais cette valeur n'est

---

[1] Cf. Vallier : *De l'Intention morale*, p. 15. Paris, Alcan.

pas proprement morale; elle est *un* bien en soi, elle n'est pas proprement *le* bien.

Quel sens faut-il donc donner au mot *sagesse*, pour que ce mot désigne une vertu? Un sens très simple. La sagesse consistera à cultiver et à diriger son intelligence dans le sens de sa nature et de sa tâche spéciale, dans le sens *humain* et *professionnel*.

Nous avons des devoirs envers nous-mêmes, en tant qu'esprits. En premier lieu, nous ne devons pas aliéner notre liberté de pensée. Nous n'avons pas seulement le droit de rejeter le joug aveugle de l'autorité, nous avons encore le devoir de donner pour règle à nos jugements l'évidence. Sans doute, ce n'est pas toujours par paresse que nous nous refusons au libre examen; c'est aussi par une juste défiance de nous-mêmes qu'il nous arrive de nous ranger respectueusement à l'opinion d'autrui. Même, selon Descartes, le dessein de se défaire des opinions reçues ne serait peut-être pas « un exemple que chacun dût suivre. Le monde n'est quasi composé que de deux sortes d'esprits, auxquels il ne convient aucunement, à savoir : de ceux qui, se croyant plus habiles qu'ils ne sont, ne se peuvent empêcher de précipiter leurs jugements ni avoir assez de patience pour conduire par ordre toutes leurs pensées, d'où vient que, s'ils avaient pris une fois la liberté de douter des principes qu'ils ont reçus, et de s'écarter du chemin commencé, jamais ils ne pourraient tenir le sentier qu'il faut prendre pour aller plus droit, et demeureraient égarés toute leur vie ; puis de ceux qui, ayant assez de raison et de modestie pour juger qu'ils sont moins capables de distinguer le vrai d'avec le faux que quelques autres, par lesquels ils peuvent être instruits, doivent bien plutôt se contenter de suivre les opinions de ces autres qu'en chercher eux-mêmes de meilleures [1] ». Toutefois il est permis d'être plus cartésien que Descartes et d'accepter les inconvénients mêmes qui résultent de la liberté de pensée. L'asservissement des esprits se peut encore moins justifier que tout autre esclavage : de toutes les libertés, celle de la pensée est la plus précieuse. Il faut que chaque esprit ait une vie personnelle, soit libre dans ses jugements, afin qu'il se sente responsable de ses erreurs. D'ailleurs la libre pensée doit être bien entendue ; elle n'est point l'anarchie intellectuelle, le droit « de croire ce qu'on veut » ; elle n'est point l'arbitraire ou le caprice des opinions déchaînées et violentes ; elle n'exclut point la réserve et la défiance de soi ; elle consiste à ne secouer le joug de la tradition aveugle que pour se placer docilement sous l'autorité de la raison.

Nous ne pouvons être de libres esprits, sans être en même temps, et par là même, des esprits *sincères*. La sincérité consiste à aimer la vérité, à ne jamais prendre contre elle le parti du sentiment ou de l'intérêt, à l'accepter, quelle qu'elle soit, à comprendre que la révolte contre elle ne serait pas seulement vaine, mais injuste. Par exemple, il y a des vérités affligeantes : il faut avoir le courage de les reconnaître, il faut savoir regarder en face même les faits douloureux qui alarment la conscience et font douter de la justice, comme l'immoralité des lois naturelles, la lutte pour la vie entre les êtres, l'hérédité du vice, du crime, de la folie. On n'a pas le droit d'apporter à l'étude des préoccupations, même morales. Ainsi il faut abandonner les doctrines qui ne sont qu'édifiantes : certes le salut des âmes est précieux, mais il ne doit pas être obtenu (quand

---

[1] Descartes : *Disc. de la méth.*, IIe partie.

il pourrait l'être) aux dépens de la vérité. *A fortiori*, faut-il se mettre en garde contre les suggestions de la passion, qui nous font perdre le goût et le sens du vrai. Il y a ce qu'on pourrait appeler une sincérité ou probité scientifique; la sincérité se dit plus souvent encore du respect de la vérité vis-à-vis de soi-même[1] et des autres, lequel est en effet le plus méritoire et le plus rare, et moralement le plus important.

L'indépendance de la pensée, la sincérité sont des formes différentes du respect que l'homme doit à son intelligence. Ce respect est toute la sagesse. Être sage, c'est garder la dignité de la pensée (Pascal), c'est traiter son intelligence comme une *fin* (Kant). Il suit de là que ce ne sera pas occuper et charmer son esprit, mais l'exercer virilement, l'éclairer, l'élargir. Il y a une culture intellectuelle moralement sans valeur : c'est celle des raffinés s'appliquant à goûter les plaisirs de l'art et de la science, regardées comme les jouissances exquises du luxe le plus élevé. On peut admirer le dilettantisme dans ses manifestations brillantes, mais on ne saurait moralement en faire cas. En effet, nos facultés ne nous sont pas données seulement pour en jouir ; nous devons les employer à une fin sérieuse. La science elle-même ne serait pas un digne emploi de notre intelligence, si elle n'était qu'une occupation de loisir pour les âmes bien nées (*liberale otium*). Elle tire sa valeur, d'abord de son objet, ensuite de la discipline qu'elle impose, des efforts et des dévouements qu'elle exige.

Enfin ce serait concevoir la sagesse d'une façon bien

---

[1] Voir dans les *Devoirs* de Jacob une leçon sur la *sincérité vis-à-vis de soi-même*, où la portée et les applications diverses de cette vertu sont heureusement indiquées ; et, dans le même livre, la leçon intitulée *Savoir et moralité*, qui répond à la question traitée dans ce chapitre.

étroite que de la faire dépendre de la culture scientifique. La raison humaine trouve à s'exercer en dehors de la spéculation, dans les affaires humaines et dans le gouvernement de la vie. Elle est le fruit de l'expérience et de la réflexion personnelle. Pour changer de nom et s'appeler le bon sens, la raison ne change pas de nature et ne perd pas de sa valeur. L'éducation de la vie est même supérieure, en un sens, à l'étude des livres; elle est plus active, plus profonde et plus complète. Dans les circonstances favorables, elle représente cette instruction intégrale, qu'on rêve de donner dans les écoles et dont on est encore à chercher la formule [1].

L'éducation professionnelle doit se joindre à l'éducation morale. C'est pour chacun un devoir élémentaire et strict de se mettre en état de remplir au mieux sa tâche sociale. La vie professionnelle est souvent regardée à tort comme un rétrécissement de la vie humaine. Elle en doit être plutôt la concentration. On ne voit pas que ceux qui font mal leur métier professionnel se montrent par là plus aptes à remplir leur métier d'homme. Le respect de sa profession est au contraire une forme du respect de soi-même. L'idéal est sans doute, pour chacun, de réaliser, dans sa condition privée et sociale, la condition humaine tout entière. Mais il en peut être ici comme dans le système de Leibniz, où chaque âme reflète l'univers, à sa façon et de son point de vue.

En résumé, la sagesse est la forme la plus haute du développement de notre raison, dans les conditions et dans les limites particulières, posées par notre nature et par les circonstances.

[1] Voir notre livre : *le Problème de l'éducation* (Paris, F. Alcan, 1905), derniers chapitres.

Sujets à traiter :

I. — Raconter l'étrange destinée et évolution du mot sagesse, lequel désignait primitivement la science, et en est venu à signifier la vertu. Quelle relation existe donc entre ces deux notions éloignées, j'entends quelle relation réelle, pour qu'on les ait ainsi rapprochées et confondues ?

II. — Commenter et critiquer le paradoxe socratique : *La vertu est la sagesse ou connaissance du bien.*

III. — *Quelles sont les qualités de l'intelligence, auxquelles on doit reconnaître une valeur morale ?*

IV. — *La sagesse considérée : 1° dans sa forme ou dans son esprit, 2° dans sa matière ou son objet.*

CHAPITRE V

SOLIDARITÉ DES VERTUS

SOMMAIRE

Relation des qualités *physiques* et des qualités *morales*. Solidarité des vertus individuelles : la tempérance ne va pas sans la sagesse, non plus que la sagesse sans la tempérance. Le courage de même implique la sagesse et la sagesse le courage, etc. D'une façon générale, les vertus se mêlent, se conditionnent. La distinction qu'on établit entre elles est artificielle. Leur ordre hiérarchique : la sagesse, vertu suprême. L'idéal moral le plus élevé est l'équilibre des vertus, la *justice* au sens de Platon, la *santé morale*.

Solidarité des vertus individuelles et des vertus sociales. Les vertus, dites *individuelles*, ont une valeur *sociale*. Il n'y a pas de vertu strictement individuelle; il ne doit pas y en avoir.

SOLIDARITÉ DES VERTUS

I. — LA SOLIDARITÉ DES VERTUS INDIVIDUELLES

Après avoir étudié séparément les vertus individuelles, il reste à déterminer le rapport qu'elles ont entre elles. La division des devoirs de l'homme envers lui-même repose sur la distinction de l'âme et du corps et sur la distinction des facultés. Mais si, pour la commodité de l'analyse, la psychologie établit cette double distinction, elle n'en reconnaît pas moins les rapports du physique et du moral, et la dépendance mutuelle des facultés. Elle admet, par exemple, qu'il n'y a pas d'*idée pure*, c'est-à-dire qui aille sans quelque sollicitation du désir, sans quelque entraînement de la volonté : une idée, c'est toujours un motif d'aimer ou de haïr, et un motif de vouloir ; c'est déjà un sentiment, une résolution ébauchée, un commencement d'acte. Quand on dit qu'il n'y a pas d'*idée pure*, on l'entend encore en un autre sens, qui est que toute idée, pour être de nature spirituelle, n'en émane pas moins des profondeurs de l'organisme, et d'ailleurs s'exprime en fonction du corps, s'inscrit dans le cerveau sous forme de mouvement, et se traduit au dehors par des actes physiques.

Mais si les facultés de l'âme ont ainsi des rapports étroits, d'abord entre elles, ensuite avec le corps, les devoirs, qui répondent à ces facultés, dépendront aussi des devoirs envers le corps, en même temps qu'ils seront dans une dépendance réciproque. La solidarité des vertus individuelles ou l'unité harmonieuse de la vie morale répond au fait psychologique de la corrélation de l'âme et du corps et de la corrélation des facultés. Comme, en économie politique, après après avoir traité de la division du travail, on étudie la solidarité des industries diverses, et la solidarité des ouvriers d'une même industrie, en morale, après qu'on a fait de chacune des vertus personnelles une étude particulière, on a à montrer la liaison de ces vertus entre elles.

Il y a des devoirs, en eux-mêmes très humbles, qu'on est tenté de dédaigner : tels sont les devoirs envers le corps, celui d'observer l'hygiène, par exemple. Il nous manque, pour comprendre le respect dû à des prescriptions si simples, de connaître bien leur portée, ou leur relation avec les plus hautes vertus. « L'esprit dépend si fort du tempérament et de la disposition des organes du corps, dit Descartes, que, s'il est possible de trouver quelque moyen, qui rende communément les hommes plus sages et plus habiles qu'ils n'ont été jusqu'ici, je crois que c'est dans la médecine qu'on doive le chercher. » (*Discours de la méthode*, VI° partie). Cette proposition pourra paraître paradoxale ; elle n'est que juste[1]. On méconnaît l'importance des devoirs envers le corps pour deux raisons : ou l'on tient le corps, considéré en lui-même, pour méprisable ; ou l'on croit l'âme affranchie de sa dépendance. On a réfuté déjà le dogme chrétien du mépris de la chair. On peut invoquer encore contre l'ascétisme l'affinité mystérieuse qui existe entre les dispositions de l'âme et l'état des organes. Nous devons donc veiller à la santé du corps dans l'intérêt même des devoirs envers l'âme. Par là on voit que, pour comprendre le sens et la portée d'un devoir, il importe de le considérer, non seulement en lui-même, mais encore dans sa relation avec les autres devoirs.

On verra de même que les vertus qui se rapportent à l'âme sont inséparables.

1° La *tempérance* implique la *sagesse* et le *courage*. Elle implique la *sagesse*, car elle n'est pas l'austérité aveugle, elle ne consiste pas à remporter sur la passion de ces victoires glorieuses, mais moralement vaines, où s'affirme seulement le pouvoir de la volonté ; elle est la subordination des penchants à la raison, elle consiste à se rendre maître des passions pour n'être pas détourné par elles du devoir, ou encore à les régler, à les diriger dans le sens du bien, que la raison indique. Elle implique le *courage*,

---

[1] Spencer appelle aussi très heureusement *péché physique* le manquement à l'hygiène et en général l'inobservance ou la violation des lois biologiques, si grave de conséquences pour la vie morale.

car les victoires qu'on remporte sur soi sont de celles qui nécessitent l'effort d'une volonté persévérante et forte.

2° Le *courage*, de même, implique la *sagesse* et la *tempérance*. Il implique la *sagesse*, car le courage, qui ne se déploie pas au service de la raison, ou qui n'est pas réglé par elle, n'est que témérité. Il implique la *tempérance*, car il est la volonté forte, maîtresse d'elle-même, et ne se confond pas avec l'impulsion énergique, mais irrésistible et aveugle de la passion.

3° Enfin la *sagesse*, qui inspire la véritable *tempérance* et le véritable *courage*, est elle-même dans la dépendance de ces deux vertus. On peut appliquer à la sagesse ce que les moralistes chrétiens disent de la foi. On arrive à la connaissance de la vérité, surtout de la vérité morale, par le recueillement, par l'oubli de soi-même, par le détachement des intérêts vulgaires. C'est dans le silence des passions que la raison fait entendre sa voix. La *tempérance* est ainsi une initiation à la sagesse. La sagesse comporte encore le *courage*, en ce sens qu'elle est la pensée libre, indépendante, qui lutte contre le préjugé enveloppant et tenace. Descartes dit : « C'est véritablement gagner des batailles que de tâcher à vaincre toutes les difficultés et les erreurs qui nous empêchent de parvenir à la connaissance de la vérité. » Il faut du courage pour engager ces batailles, pour les gagner, et pour obtenir des autres ou de soi-même que ce gain ensuite ne soit pas perdu.

Ainsi, en résumé, la sagesse, la tempérance et la force d'âme sont, en un sens, des vertus distinctes ; en un autre sens, elles ne sont que les aspects multiples et les noms divers d'une même vertu. Pour définir l'une d'elles, il faut supposer les deux autres ; pour découvrir leurs rapports, il convient de réunir les vérités particulières établies au sujet de chacune d'elles. Les facultés de l'âme se développant ensemble, les vertus qui répondent à ces facultés se prêtent nécessairement un mutuel appui. La vie morale, dit Platon, est une harmonie. On va à la vertu « avec toute son âme » (ξὺν ὅλῃ τῇ ψυχῇ) ; en d'autres termes, on n'est pas vertueux, lorsqu'on est seulement sage, ou tempérant, ou courageux, mais lorsqu'on est à la fois courageux, tempérant et sage.

Ce n'est pas assez de constater l'union intime des vertus individuelles ; il faut dégager la loi qui préside à cette union, il faut établir l'ordre hiérarchique des devoirs. Il n'y a pas de doute que les devoirs envers le corps doivent être subordonnés aux devoirs envers l'âme. Ainsi, quoique la conservation de la vie soit un devoir, il ne faut pas, pour vivre, renoncer au devoir supérieur, qui fait le prix de la vie,

Et propter vitam, vivendi perdere causas.

Mais entre les facultés de l'âme, on peut se demander quelle est la plus précieuse et la plus noble, partant quelle est la première des vertus. Selon les temps et selon les milieux, les hommes passent tour à tour du culte du courage à celui de la sagesse, du culte de la sagesse à celui de la tempérance. C'est peut-être qu'ils jugent les vertus en utilitaires, et exaltent celle dont ils sentent qu'ils ont le plus immédiatement besoin [1]. Ainsi, dans la Rome antique

---

[1] On pourrait soutenir encore que les hommes font profession d'admirer précisément les vertus qui leur manquent. La prédication morale est très souvent une réaction contre les mœurs courantes et les vices du jour : c'est dans les sociétés égoïstes, utilitaires, portées aux jouissances matérielles et au lucre, que se rencontrent le plus communément les apôtres du dévoûment, des vertus généreuses et élevées. Est-ce le bien sortant de l'excès du mal ? Est-ce hypocrisie et pharisaïsme ? Toujours est-il que, si la littérature est le miroir d'une société, cela n'est vrai qu'avec de graves réserves de la littérature morale, pour ne pas dire : exception faite peut-être de la littérature morale.

et à l'époque chevaleresque, le *courage* est tenu pour la vertu souveraine; en Grèce, où le peuple a pour maître les poètes, les artistes et les philosophes, la *sagesse* est adorée sous le nom de Pallas ; dans la société religieuse, au contraire, on prise plus que l'orgueil du savoir et l'exaltation du courage l'humble vertu qui consiste à s'affranchir du désir ou la tempérance. Mais on ne porte sur les vertus des jugements si contraires que parce qu'on considère leur valeur *sociale* ou externe, au lieu de leur valeur intrinsèque ou proprement *morale*, laquelle consiste dans leur perfection ou dignité.

La plus excellente des vertus paraît être la *sagesse*, entendue comme le perfectionnement de la raison ; car les prescriptions de la tempérance et du courage n'ont de valeur qu'autant que la raison les approuve. Ce n'est pas cependant que la sagesse soit la vertu pratiquement la plus nécessaire, encore moins celle qu'on admire le plus, pour laquelle on éprouve la plus grande chaleur de cœur. Mais elle est la première en dignité : c'est d'elle que les autres s'inspirent. La vie morale, c'est proprement le gouvernement de l'âme par la raison. La sagesse est donc la vertu hégémonique (τὸ ἡγεμονικόν, c'est le nom par lequel les anciens désignaient la raison), celle à laquelle se subordonnent toutes les vertus de l'âme et du corps.

Platon donnait le nom de *justice* à la vertu individuelle, prise dans sa totalité, c'est-à-dire formée de la tempérance, du courage et de la sagesse proprement dite. Il l'appelait ainsi par analogie avec la vertu qui préside aux rapports des hommes entre eux, parce qu'elle préside aux rapports des facultés entre elles. Comme la *justice sociale* établit l'ordre dans l'État, la *justice intérieure ou individuelle* établit l'harmonie de l'âme, ou l'équilibre des facultés. Ce équilibre, qui répond à l'équilibre des fonctions du corps, constitue ce qu'on pourrait appeler encore la *santé morale*.

La santé est, pour l'âme comme pour le corps, le bien le plus précieux. On admire trop d'ordinaire telle ou telle faculté spéciale, développée à l'excès, sans le concours, et même au détriment, des autres; on devrait la tenir pour une monstruosité morale, comme on tient l'hypertrophie d'un organe pour une monstruosité physique. On a trop le culte des vertus exclusives; on ne remarque pas qu'on abaisse l'idéal moral, quand on ne conçoit le devoir que sous une de ses formes, fût-ce la plus brillante, quand on ne l'accepte pas dans sa plénitude.

Ce n'est pas assez, en effet, de cultiver avec éclat une vertu difficile; il faut donner place en son âme à toutes les vertus; ce n'est pas assez d'être un *ascète*, un *héros de bravoure*, un *sage*; il faut être à la fois moins et plus que tout cela, il faut être un *homme*, au sens complet du mot. Il faut se garder de cette déformation de la *vertu*, qu'on appelle la *virtuosité*, et qui paraît être le mérite moral, cherché dans une voie unique, fait pour attirer les regards et éblouir, mais méprisable et vain, rentrant dans ce qu'on appelle les vices brillants, *splendida vitia*. L'idéal humain est à la fois le seul que nous ayons à réaliser et le plus haut que nous puissions concevoir. Suivant Guyau, il s'exprime ainsi : « Développe ta vie dans toutes les directions », fais qu'elle soit riche, pleine, débordante; ne répudie aucune des formes du devoir, remplis en son entier ta tâche d'homme. La vie morale, c'est « la plus intensive sous tous les rapports ».

Mais la vie la plus pleine, c'est aussi la plus *harmonieuse*, celle qui ne laisse dépérir aucune des puissances de notre être et qui les discipline en vue d'étendre leur action. Ainsi il faut revenir à la tradition des anciens (Pythagoriciens, Platon) qui ont défini la vertu une harmonie. Si les modernes ont mieux approfondi parfois la notion de chaque devoir pris à part, ils ont moins bien saisi en général la liaison réciproque des devoirs. Les Anciens restent nos maîtres en ce qu'ils n'ont pas séparé dans l'éducation la *gymnastique* de la *musique* (culte des Muses), et en ce qu'ils ont considéré les vertus proprement relatives à l'âme, non dans leur forme et nature spéciales, mais dans leur harmonie. La moralité n'est pas, pour eux, telle vertu portée au sublime (par exemple, la tempérance, s'élevant jusqu'à l'ascétisme), mais la solidarité des vertus. Ils n'aspirent pas à former des *saints*, ils se contentent de former des *hommes*. Ils ont bien connu les conditions de la *santé morale* la plus parfaite. L'expérience de la vie leur donne raison ; elle révèle ou confirme que l'équilibre moral est préférable, en somme, pour le charme et le bonheur, aux vertus d'éclat. « Avec les années, dit Amiel, j'aime le beau plus que le sublime ; c'est le tempérament des vertus les unes par les autres qui me charme [1]. »

II. — LA SOLIDARITÉ DES VERTUS INDIVIDUELLES ET DES VERTUS SOCIALES

Après avoir étudié les vertus *individuelles* séparément et dans leurs rapports mutuels, il reste à les étudier dans leurs rapports avec les *vertus sociales*. C'est par abstraction qu'on donne à ces vertus le nom d'*individuelles*. Le devoir en apparence le plus *personnel*, celui de conservation, par exemple, ne laisse pas d'être en effet, on l'a vu, un devoir *social :* c'est en partie parce qu'il se doit à ses sem-

---

[1] Amiel : Fragments d'un *Journal intime*, t. II, p. 277.

blables, que l'individu n'a pas le droit de se tuer. De même, c'est le plus souvent au profit d'œuvres patriotiques et humanitaires que se déploie le courage. Ce qui double, à nos yeux, le prix de la sagesse, c'est qu'elle se communique : ne se paie-t-on pas de la peine d'apprendre par le plaisir d'enseigner ? Enfin il n'est pas non plus indifférent aux autres que nous soyons tempérants, car, comme l'a dit Secrétan, « celui qui dîne à trente francs empêche quelqu'un, je ne sais où, de dîner à quinze sous ». Toute vertu, dite individuelle, a donc son emploi dans la vie sociale[1].

De plus, l'harmonie qui existe, ou doit exister, entre les vertus individuelles, doit exister aussi entre les vertus individuelles et les vertus sociales. La morale ne nous autorise pas à vivre en *sage* détaché du monde, à pratiquer les vertus du moine dans sa cellule ; elle nous oblige à accepter les charges de la vie commune, à nous dévouer à notre famille, à notre patrie, à l'humanité. Ce n'est qu'après avoir satisfait à ses devoirs sociaux qu'on peut, dans la paix de sa conscience, poursuivre l'œuvre de son perfectionnement intérieur. Ainsi Marc-Aurèle, tout le jour, faisait son devoir d'empereur, combattant les Marses, les Quades, puis, le soir venu, sous la tente, écrivait ses « pensées ». La vie morale est donc, pour reprendre la formule de Guyau, la vie non seulement la plus « intensive », mais la plus « extensive ». La moralité s'achève par la sociabi-

---

[1] On a contesté l'existence de devoirs personnels. V. SCHOPENHAUER, *Le fondement de la morale*, ch. II, § 5 : *Des prétendus devoirs envers nous-mêmes, examinés en particulier*. Mais si l'individu n'a pas de devoirs, comment la société, qui n'est que l'ensemble des individus, en aurait-elle, ou en créerait-elle ? — On a discuté aussi la question de savoir si c'est la morale individuelle qui fonde la morale sociale ou le contraire. V. MALAPERT, *La Morale individuelle et la Morale sociale* in *Morale sociale*. Paris, F. Alcan, 1899.

lité. Nous allons étudier ce nouvel aspect de la vie morale, ou les vertus sociales.

Sujets à traiter :

I. — *Établir, au point de vue moral, les rapports de l'âme et du corps, et en montrer les conséquences et la portée.*

II. — *Distinction et relation de la sagesse et de la tempérance, — de la tempérance et du courage, — du courage et de la sagesse.*

III. — *Y a-t-il des vertus proprement et exclusivement individuelles ? Ou tout devoir est-il social, et n'existe-t-il que des devoirs sociaux ?*

IV. — *Distinction et relation du devoir individuel et du devoir social ? De ces deux devoirs, lequel est premier ou fondamental ?*

V. — *Considérer un devoir particulier quelconque, et montrer que ce devoir est, selon le point de vue, individuel ou social, ou est à la fois l'un et l'autre.*

VI. — *La morale doit-elle être conçue comme essentiellement individuelle ou comme essentiellement sociale ?* (Concours d'agrégation de philosophie de 1905).

II

MORALE SOCIALE

CHAPITRE VI

LA SOLIDARITÉ

SOMMAIRE

La solidarité est une loi physiologique et sociologique dont on tire des conclusions morales.

Considérée en elle-même, à part des théories auxquelles elle sert de base, elle est la dépendance qui existe entre les parties d'un tout, plus particulièrement encore, la dépendance qui existe entre les parties d'un tout vivant, entre les *membres* et le *corps*, la relation du corps aux membres étant elle-même celle de la *synthèse* aux *éléments*. Cette relation est telle : 1° que la synthèse ne peut exister ni être conçue à part des éléments, non plus que les éléments, à part de la synthèse ; 2° que les éléments existent en vue du tout, et le tout en vue des éléments (finalité).

La solidarité organique est le type de la solidarité sociale. Celle-ci est plus complexe, en ce qu'elle prend conscience d'elle-même. Mais elle existe avant d'être consciente. Elle se réalise d'elle-même, avant d'être prise pour but. *Les formes de la solidarité sociale*. A) Solidarité *économique* dans l'espace et dans le temps. B) Solidarité *organique* entre les générations successives, entre les hommes du même milieu et du même temps. C) Solidarité *psychologique*, même division. *Les lois de la solidarité sociale* : 1° Le lien social est d'autant plus fort que la société est plus restreinte. 2° La solidarité tend à se développer et à s'étendre indéfiniment. Ces deux lois se contrarient ou plutôt se limitent l'une l'autre.

La *solidarité morale*. — La solidarité est un fait *naturel*, dont la morale doit tenir compte, soit pour la combattre, soit pour l'organiser et l'étendre. Il y a en effet une solidarité du *mal* comme il y a une solidarité du *bien*. La solidarité morale n'est autre chose que la justice élargie, étendue à tous les rapports sociaux.

LA SOLIDARITÉ

La solidarité est un fait ou une loi physique, psychologique et sociologique. Elle n'a pas par elle-même un caractère ou un sens moral, mais on lui donne un tel caractère ou un tel sens; on en tire des conclusions morales. Étudions-la d'abord en elle-même, comme loi naturelle, abstraction faite de la doctrine qui l'interprète, la convertit ou transforme en loi morale; autrement dit, étudions la solidarité en dehors du solidarisme.

Prise au sens le plus général, la solidarité est la dépendance qui existe entre les parties d'un tout. Un corps en équilibre est l'image de la solidarité sous sa forme la plus simple et à son plus bas degré. Soit, par exemple, un mur en pierres sèches : sa *solidité*, sa cohésion ou son unité dépend uniquement de la position respective ou de la *solidarité* de ses parties [1]. La solidarité est ici tout extérieure, toute mécanique et physique. Le tout n'est qu'un agrégat; les parties qui le composent existent réellement à part.

C'est ce qui n'a pas lieu dans la solidarité véritable ou proprement dite. Celle-ci apparaît avec la vie. L'être vivant est à la fois un et composé. Il n'existe que par l'intégrité de ses parties, ou comme tout, et ses parties n'existent elles-mêmes que par rapport au tout, n'ont pas d'existence

---

[1] Le mot *solidarité* vient de *solidus*, « qui fait bloc ». Il désigne à la fois l'effet et la cause, à savoir *le bloc*, qui résulte de la cohésion des parties, et *la cohésion des parties*, qui fait le bloc.

propre, indépendante. Plus exactement les mots *tout* et *parties* ne conviennent pas ici et doivent être remplacés par les mots *synthèse*, *éléments*. Des éléments n'existent et ne peuvent être conçus que comme entrant dans une synthèse, et une synthèse n'est elle-même et ne peut être conçue que par ses éléments. Le tout organique s'appelle *corps*; les éléments de ce tout sont les *membres*. Le corps n'existe pas sans les membres, ni les membres sans le corps. Le corps et les membres forment un *indivisible*, un *individu*.

La solidarité organique est le type classique de toutes les autres, type à la fois simple et complet. C'est ce qu'atteste la fable de Ménénius Agrippa (les Membres et l'Estomac). C'est ce qu'expriment les métaphores de toutes les langues. On dit en effet : les *membres* d'une société, pour désigner les individus qui la composent ; on donne aux sociétés le nom de *corps* ou *corporation*. Les mots *corps* et *membres*, *société* et *individus* sont synonymes, non comme désignant les mêmes choses, mais comme exprimant un même rapport entre des choses différentes, à savoir un rapport de dépendance réciproque.

Il faut remarquer que des faits, même organiques, peuvent dépendre les uns des autres, sans être solidaires : ainsi la récolte du trèfle dépend de la présence des chats dans les maisons de ferme, les chats détruisant les mulots, eux-mêmes destructeurs des nids des bourdons, insectes nécessaires à la fécondation de la fleur du trèfle. Mais tous ces faits divers, hétéroclites, ont beau former une chaîne serrée, être *fonction* les uns des autres, au sens mathématique du mot, ils ne sont pas solidaires, parce qu'ils ne forment pas une série réversible, parce qu'ils ne sont pas *fonction* les uns des autres, au sens physiologique et vrai du terme.

La solidarité, propriété caractéristique et essentielle de toute société, implique donc l'idée de finalité, la société existant pour ses membres et par eux, et les membres existant par la société et pour elle. Le mot *consensus* exprime cette forme particulière de finalité dans laquelle les mêmes termes sont à la fois fins et moyens.

La solidarité organique n'est-elle que l'image ou l'ébauche de la solidarité sociale ou proprement dite, ou, au contraire, est-elle la solidarité type que la société doit se proposer uniquement d'imiter ou de reproduire ? La question n'est ni subtile ni purement verbale. Une différence capitale, en effet, existe entre une société et un organisme : un organisme obéit aveuglément à ses lois ; une société a conscience, ou peut prendre conscience, des relations qui s'établissent naturellement entre ses membres. Nous demandons donc si la solidarité véritable, ou proprement dite, peut être réelle, sans être consciente, et même si elle n'est pas d'autant plus réelle, j'entends plus étroite et plus forte, qu'elle est plus aveugle, ou si, au contraire, elle implique nécessairement la conscience, et ne peut être dite exister autrement que par métaphore. La différence de ces deux points de vue est marquée par l'observation suivante : Ce qu'on appelle *consensus* dans l'organisme, on l'appelle *consentement* dans la vie sociale. D'un mot, est-ce l'accord réel, mais inconscient, le *consensus*, ou l'accord voulu, le *consentement* qui est la condition essentielle, *sine qua non*, de la solidarité sociale? Toute société repose-t-elle, en dernière analyse, sur une union naturelle et aveugle, ou sur un contrat, tacite ou formel ?

La première hypothèse semble la vraie. En effet, la solidarité est un fait qu'on constate, qu'on reconnaît, qu'on découvre après coup, qui existait donc, avant qu'on le connût, qui n'existe pas, parce qu'on s'en avise, et de cela seul qu'on s'en avise. Elle préexiste à la conscience, ou du moins, à la réflexion ; elle est instinctive avant d'être raisonnée ; elle est un fait avant d'être une idée. Nous en prenons conscience, mais nous ne la créons pas.

Considérons en effet la solidarité sociale. Elle est un lien naturel qui s'établit de lui-même entre tous les hommes, dans tous les ordres, et revêt toutes les formes, comporte tous les degrés. De la complexité même d'une telle loi, de son étendue, de sa portée on peut inférer que les hommes la subissent, mais ne l'ont point posée, y sont soumis par nature, non par choix : il était au-dessus de leur intelligence de la concevoir, et il n'est pas en leur pouvoir de faire ou d'empêcher qu'elle se réalise.

Or, pour montrer que la solidarité est complexe, et à quel point elle l'est, il suffit d'observer qu'elle s'exerce dans tous les ordres, *économique*, *biologique*, *psychologique*, etc. et que, dans chacun de ces ordres, elle est une loi de *coexistence* et de *succession*, c'est-à-dire qu'elle relie tous les hommes entre eux, à travers l'espace et le temps.

La *solidarité économique*, résultat de la division du travail, est la plus manifeste, la plus aisée à établir. Tous les hommes, de l'extrémité à l'autre de la terre, échangent leurs produits, sont tributaires les uns des autres. Cette solidarité existe dans le temps comme dans l'espace : la richesse actuelle, soit des individus, soit des peuples, est issue d'un capital légué par les générations antérieures ; d'autre part, les dépenses, les économies actuelles engagent l'avenir, en fondent, en assurent ou en compromettent la prospérité.

Une solidarité plus profonde que celle que crée entre les hommes la poursuite en commun de la satisfaction des besoins matériels, est la *solidarité organique ou physique*, en vertu de laquelle les générations successives se répètent et se perpétuent indéfiniment, se transmettant leur constitution, leurs traits de race, leurs qualités ou leurs défauts, naturels ou acquis, et, par exemple, leurs tares, leurs maladies ou prédispositions maladives (tuberculose, etc.), leur dégénérescence, leurs vices (alcoolisme, etc.) A cette solidarité biologique *dans le temps* s'ajoute une solidarité de même nature *dans l'espace*, les hommes se transmettant les uns aux autres, par contagion, leurs maladies par exemple.

La solidarité organique entraîne elle-même comme conséquence une *solidarité psychologique*, c'est-à-dire intellectuelle et morale. Cette solidarité existe, en vertu de l'hérédité, entre les hommes d'une même famille, d'une même race (solidarité *dans le temps*) ; elle existe de même, en vertu des lois de l'imitation ou de l'exemple, de la mode, de l'éducation, entre les hommes soumis aux mêmes influences ambiantes, au même milieu (solidarité *dans l'espace*).

La solidarité est ainsi une loi presque universelle ; plus exactement, elle est la loi universelle et fondamentale de la sociologie, celle de laquelle relèvent tous les faits sociaux, et qui caractérise tous ces faits. Mais pour en apprécier exactement l'importance, il faut distinguer entre son *intensité* et son *extension*. La solidarité se relâche, en effet, à mesure qu'elle s'élargit ; en d'autres termes, le lien social est d'autant plus fort que la société est plus restreinte. Ainsi la solidarité est plus grande entre les membres de la famille qu'entre ceux de la cité, entre ceux de la cité qu'entre tous les hommes. Il suit de là une règle importante pour classer les réformes sociales et en mesurer la portée :

les unes ne visent qu'à étendre la solidarité, les autres qu'à la fortifier; les premières sont tout en surface, les autres tout en profondeur. Le mieux, comme on sait, est l'ennemi du bien : vouloir élargir la solidarité, c'est souvent, en fait, l'affaiblir, et parfois la ruiner[1]. La restreindre à l'excès, c'est de même, et plus manifestement encore, l'annihiler, l'empêcher d'être.

En effet, il faut ajouter que la solidarité est soumise à une loi d'évolution. On a vu qu'elle est un effet de la division du travail. Or celle-ci, une fois commencée, ne s'arrête plus. Ainsi, dans l'ordre économique, se produit d'abord la séparation des industries, puis celle des tâches dans une même industrie, celle-ci se poursuivant elle-même, à ce qu'il semble, indéfiniment. En fait, la division du travail a pourtant une limite naturelle. Cette limite est atteinte, lorsque la solidarité précisément ne peut plus s'établir, soit entre les divers travailleurs, soit entre les producteurs et les consommateurs. Ici encore il apparait que la solidarité, au moins dans ses effets heureux, n'est pas extensible indéfiniment. Le même raisonnement s'appliquerait à la division du travail et à la solidarité, entendues comme lois biologiques.

Réunissons les deux lois qui précèdent : La solidarité tend à s'élargir, à se développer dans tous les sens à la fois, à croître indéfiniment (les êtres vivants, les sociétés évoluant, devenant de plus en plus complexes), mais elle n'existe vraiment, elle n'est efficace et réelle qu'autant que la division et l'organisation du travail, la spécialisation et la subordination des fonctions se développent *pari passu*, concordent, se font équilibre.

---

[1] On remarquera qu'on ne fait qu'appliquer ici à la sociologie la loi logique : l'extension est en raison inverse de la compréhension.

On voit à quel point la solidarité ainsi entendue est difficile à réaliser. Si elle se réalise, ce ne sera point par la volonté des hommes, mais par la force des choses, en entendant par là nos instincts aussi bien que les fatalités externes. La solidarité est donc une loi naturelle, non morale[1].

On a voulu voir cependant en elle une loi morale. Comment l'a-t-on pu faire? Et d'où vient qu'on l'ait fait? Est-ce à raison ou à tort? C'est ce que nous allons examiner.

Tout d'abord la solidarité apparaît comme un fait naturel, dont il convient moralement de tenir compte. Elle est une situation qu'il faut envisager en elle-même et dans ses conséquences, afin de comprendre et les droits qu'elle crée et les devoirs qu'elle impose. Considérée comme bienfaisante, la solidarité, c'est-à-dire la dépendance où nous sommes vis-à-vis des autres hommes, doit nous disposer envers eux à la reconnaissance, à la fraternité et à l'amour. Telle est l'interprétation morale que Sully-Prudhomme en donne en un sonnet célèbre[2]. Mais la solidarité

---

[1] Cf. Jacob : *Devoirs; Justice et solidarité*, p. 216. « Qu'est-ce que la solidarité, sinon un autre nom du déterminisme », le déterminisme dans l'ordre biologique et social? « Or, le déterminisme en lui-même n'est ni bon ni mauvais, il vaut selon les effets que lui font produire les circonstances ou l'action des hommes. La loi de la pesanteur est utile à l'aéronaute..., elle est funeste à l'ouvrier qu'elle précipite du haut d'un échafaudage. De même la bienfaisance ou la malfaisance de la loi de solidarité sociale dépend de l'usage bon ou mauvais que nous en voulons faire. Selon que les hommes sont égoïstes ou généreux, justes ou injustes, ils la mettent au service de l'égoïsme ou de l'amour, de la justice ou de l'iniquité. »

[2] Quoiqu'il figure dans toutes les anthologies, nous voulons le reproduire ici : Édition Lemerre.

> Le laboureur m'a dit en songe : Fais ton pain,
> Je ne te nourris plus, gratte la terre et sème;
> Le tisserand m'a dit : Fais tes habits toi-même,
> Et le maçon m'a dit : Prends la truelle en main.

n'est pas uniquement bienfaisante; nous ne recevons pas que des services des autres hommes, nous avons à souffrir de leur injustice, de leurs délits et de leurs crimes, à expier leurs fautes et par exemple leur paresse; nous peinons pour eux; nous nous mordons les doigts de leur sottise. Devant cette solidarité nuisible se pose, pour l'individu, le droit de légitime défense. Telle est la thèse de Renouvier.

La solidarité est donc, suivant le point de vue et suivant les cas, une loi d'airain et une loi d'amour. La société est, comme la langue d'Ésope, à la fois la meilleure et la pire des choses. Aussi, de tout temps, les hommes ont-ils fait le rêve d'une vie meilleure que la vie sociale, d'un âge d'or, où l'individu ne relèverait que de lui-même, n'aurait pas, pour vivre et satisfaire ses besoins, à attendre et à mendier le secours toujours aléatoire des autres, à subir leur égoïsme, à se défendre contre leur jalousie, leur haine et leurs violences. Rêve chimérique et vain d'ailleurs, car la vie sociale est pour nous la seule possible; elle est une nécessité que nous devons subir, et dont nous n'avons par suite qu'à nous accommoder. Quoi qu'il lui en puisse coûter, l'individu doit mettre sa vie d'accord avec celle de ses semblables, car l'isolement serait sa mort. Si la solidarité n'est pas une loi morale, elle est un point de vue, en dehors duquel raisonnablement nous ne pouvons con-

> Alors, abandonné de tout le genre humain,
> Dont je traînais partout l'implacable anathème,
> Quand j'implorais du ciel une pitié suprême,
> Je trouvais des lions debout sur mon chemin.
>
> J'ouvris les yeux, doutant si l'aube était réelle.
> De hardis compagnons sifflaient sur leur échelle;
> Les métiers bourdonnaient; les champs étaient semés.
>
> Je compris mon bonheur, et qu'au monde où nous sommes,
> Nul ne peut se vanter de se passer des hommes,
> Et, depuis ce jour-là, je les ai tous aimés.

cevoir la vie humaine, ni par conséquent, la morale, puisque la morale n'est que l'organisation de notre vie [1].

Mais on ne se contente pas de reconnaître dans la solidarité un fait ou une loi naturelle, qui figure comme donnée dans le problème moral, on l'érige elle-même en loi morale, on la pose comme une fin, comme un idéal à atteindre. Alors ou la solidarité naturelle apparaît comme un fait devant lequel il n'y a qu'à s'incliner, qui se justifie par cela seul qu'il est, que l'esprit établit et que la raison approuve (c'est le point de vue simpliste des économistes), ou elle est conçue comme un modèle dont les institutions humaines n'ont qu'à s'inspirer, ou enfin elle est regardée comme étant à la justice ce qu' « une matière est à une forme faite pour la régler ». Cette dernière hypothèse est, selon nous, la vraie. Mais une matière peut être docile ou rebelle. La solidarité de même peut être pour « la justice un obstacle ou un instrument » (Jacob). Dans les deux cas, elle vaut par le parti qu'on en tire et la justice qu'on y met.

Puisqu'il y a une solidarité du mal [2] comme une solidarité du bien, puisque la vie sociale n'a pas seulement ses avantages, mais ses inconvénients et ses dangers, il s'agit, en effet, de réformer la société, ou plutôt de l'organiser moralement, de répartir d'une façon équitable entre les individus les bienfaits et les charges de la vie en commun, d'établir, au

---

[1] Cf. Boutroux : *Science et religion*, p. 158, Paris, Flammarion. « La solidarité est une loi de la nature comme la gravitation. Elle est la condition d'existence et de prospérité de toute société humaine. En même temps et par là même, la solidarité est voulue, explicitement ou implicitement, par tout homme raisonnable, lequel ne peut vivre en dehors de ses conditions d'existence. La solidarité constitue donc le point de rencontre de la théorie et de la pratique, le passage naturel du fait à l'action. »

[2] C'est un point sur lequel Renouvier a fortement insisté dans sa *Science de la morale*.

lieu de la solidarité de fait, qui n'est qu'un équilibre de forces naturelles, une solidarité idéale, qui serait une équivalence de droits et de devoirs. Autrement dit, il s'agit d'établir, sous le nom nouveau, mais équivoque[1], de solidarité, ce qu'on appelait autrefois tout bonnement, d'une façon peut-être plus précise, la justice. La solidarité, dont on fait aujourd'hui tant de bruit, n'est pas en effet une vertu proprement nouvelle ; elle n'est que la justice, conçue d'une façon plus large, étendue à des rapports de jour en jour plus nombreux, mieux compris et plus clairement définis.

La seule révolution, qui se soit accomplie dans la solidarité sociale, est que cette solidarité est devenue, semble-t-il, de plus en plus consciente. Elle n'est plus un fait qui se déroule naturellement, et auquel les hommes assistent sans le comprendre ; elle est une loi que chacun connaît, invoque, dont on prétend tirer toutes les conséquences, dont on se

[1] Cf. Boutroux, *ouv. cit.*, p. 162. « Un seul mot, comme il arrive, recouvre deux idées. C'est, d'une part, la *solidarité physique*, la solidarité donnée, indifférente à la justice, fait brut qu'il appartient à l'homme d'apprécier à son point de vue d'homme ; c'est, de l'autre, la *solidarité morale*, libre, juste, idée dont l'homme se fait un objet digne de ses efforts et qu'il réalisera, comme toutes ses idées, en se servant, à sa manière, des matériaux qu'il trouve dans la nature. » Niera-t-on cette distinction ? Dira-t-on que la solidarité morale n'est que la solidarité physique devenue consciente ? Mais, en fait, il n'y a pas *une* solidarité, il y a *des* solidarités physiques diverses et contraires « Entre ces solidarités, il s'agit de choisir : telles doivent être dissoutes, telles maintenues. Il s'agit même d'instituer des solidarités qui, visiblement, ne sont pas données, par exemple des solidarités fondées sur la justice, sur la bonté. Pourquoi ces luttes, ces efforts, cette ardeur généreuse et infatigable, s'il ne s'agit que de prendre conscience de ce qui est et de le maintenir tel qu'il est ? Évidemment, pour choisir entre les réalités données, pour dépasser ces réalités, on possède ou l'on cherche un critérium de vérité et de valeur qui ne se confond pas avec ces réalités elles-mêmes. D'où tire-t-on ce critérium ? » De la justice. La même distinction s'impose à M. Léon Bourgeois lui-même, enclin pourtant à faire sortir la justice de la solidarité plutôt qu'à faire rentrer la solidarité dans la justice. Il faut, dit-il, « s'emparer des lois de la solidarité naturelle, dont les conséquences peuvent être injustes, pour réaliser la justice même ».

réclame même le plus souvent indûment, pour obtenir des avantages personnels, et dont on conteste la portée, dont on discute les termes, lorsqu'il s'agit de la répartition des charges. Le sentiment de la solidarité sociale n'est pas seulement, en effet, comme on a coutume de le dire, la conscience que l'individu prend de ses devoirs, il est encore, et au moins autant, la conscience qu'il acquiert de ses droits vis-à-vis de la société. Il ne faut pas regretter d'ailleurs qu'un tel sentiment se développe; il faut craindre seulement qu'il ne se développe pas assez, d'une façon assez judicieuse, assez éclairée, que le devoir social ne soit pas compris dans toute son étendue, étant interprété par des esprits bornés, qu'une raison chicaneuse ne se refuse à admettre les obligations nécessaires, et qu'un égoïsme aveugle n'élève, sous le nom de droits, de monstrueuses prétentions. Il faut craindre qu'une réflexion prématurée ne tue l'instinct social. Il n'y a rien à redouter sans doute de l'apparition de la raison dans les choses humaines, mais le mot raison est trompeur, et peut désigner parfois la fausse sagesse de ces esprits brouillons qui tiennent le milieu, dit Pascal, entre le peuple et les habiles[1]. Il ne faut pas oublier d'ailleurs que ce n'est pas proprement la raison qui a édifié les sociétés humaines, et qu'elle est encore hors d'état d'en comprendre tout le mécanisme et d'en expliquer les lois, qu'elle ne doit donc toucher qu'avec prudence à ces grands corps, et ne saurait avoir la prétention de les détruire et de les rebâtir

---

[1] C'est le cas de répéter encore que le *mieux est l'ennemi du bien*. Le mieux entrevu, rêvé, rend difficile, hargneux, fait qu'on ne peut plus se contenter, en fait de biens, de ce qu'on a déjà, ni même du réalisable et du possible. « A la solidarité donnée, s'oppose toujours, dit Jacob, une solidarité rêvée qui, discréditant plus ou moins la première, la rend impropre à assurer entre les hommes un régime de bonne volonté réciproque et de respect mutuel. »

tout d'une pièce. Le sentiment de la solidarité des faits sociaux, de leur extrême complexité, de leur étroite dépendance, de la répercussion lointaine qu'ils ont les uns sur les autres, doit toujours être présent à l'esprit de ceux qui veulent, avec raison, introduire plus de justice dans les choses humaines, afin précisément que le bien, immédiatement visé par eux, ne soit pas indirectement la source d'un mal plus grand, qu'ils n'auraient pas prévu[1].

On voit par là encore combien le mot solidarité est équivoque, puisque la solidarité, entendue comme la mutuelle dépendance des faits sociaux, peut être invoquée, au moins en apparence, contre la solidarité prise comme synonyme de justice. Mais, en réalité, il ne faut pas opposer, il faut concilier ces deux sens du mot solidarité. La solidarité, au meilleur sens du mot, est la justice savante, délicate et complexe, qui établit la meilleure répartition des avantages et des charges de la vie en commun, des devoirs et des droits, en tenant compte de tous les devoirs, de tous les droits, en n'isolant jamais l'individu de la société, en donnant pour contrepoids au droit d'un homme le droit de tous les autres, en réalisant l'équilibre total des forces sociales. Ce n'est là évidemment qu'un idéal lointain qu'on entrevoit, vers lequel on tend, mais qu'on ne saurait se flatter de définir d'une façon rigoureuse, ni de réaliser entièrement[2].

---

[1] Pour le développement de ce point de vue, voir Spencer : *L'Individu contre l'État*, particulièrement le chapitre intitulé : *Les Péchés des législateurs*. Alcan, édit.

[2] C'est même là le plus fort argument contre le solidarisme. Son idéal est vague et condamné à le rester. La justice serait la réalisation de la solidarité parfaite. Par malheur, on ne sait pas en quoi consiste la solidarité. « Il est impossible à qui que ce soit sur la terre, dit Léon Bourgeois, de faire le compte de qui que ce soit. » Que devient alors la prétention de faire sortir la justice, c'est-à-dire la détermination du droit de chacun, de la solidarité, où les intérêts et les droits individuels se mêlent et se confondent dans un inextricable chaos !

En résumé la solidarité est une loi proprement sociologique, mais dont la morale ne peut faire abstraction, qu'elle interprète, qu'elle prend comme donnée, qu'elle fait servir à ses fins, comme la médecine se sert des lois de la physiologie pour déterminer les conditions de la santé. Elle devient une loi morale, en ce sens qu'elle est la justice établie sur les bases de la solidarité naturelle, ou mieux qu'elle est la solidarité naturelle régularisée, organisée selon les principes du droit, et par là même, fortifiée, consolidée, rendue *normale* ou *idéale*. Du jour où l'homme prend conscience des lois de la société, ou mieux acquiert la science de ces lois, il élargit par là même sa notion de justice, la rend plus précise, plus rigoureuse, en sorte que les progrès de la sociologie contribuent à ceux de la morale, sans que la morale tire cependant jamais ses principes de la sociologie, la société recevant de la morale ses lois, et ne lui dictant pas, comme on l'a dit, les siennes, la solidarité étant la loi naturelle selon laquelle la justice se développe, et comme le milieu où elle s'exerce, et la justice étant la *règle* de la solidarité, sa forme *idéale* et parfaite.

Sujets à traiter :

I. — *La solidarité considérée comme loi (ou comme fait) naturelle.*

II. — *La solidarité considérée comme loi (ou comme fin) morale.*

III. — *La solidarité organique et la solidarité sociale. Analogies et différences. Conclusions à tirer de cette distinction.*

IV. — *La solidarité du mal.*

V. — *De l'illusion philanthropique qui repose sur la notion mal analysée de solidarité.*

VI. — *La justice se réduit-elle à pratiquer la solidarité, ou au contraire décide-t-elle de ce que la solidarité doit être, de la forme qu'elle doit prendre et des limites qu'elle doit garder ?*

CHAPITRE VII

JUSTICE ET CHARITÉ

SOMMAIRE

I. *Distinction de la justice et de la charité.* — La justice est une vertu d'abstention ou négative, la charité, une vertu positive. La justice est un devoir *strict* ou devoir de *droit*, la charité un devoir *large* ou de *vertu* (Kant). *Strict* veut dire exigible, *large*, non exigible. — *Raison d'être de cette distinction.* La justice est un devoir net, bien défini; c'est pourquoi elle peut être légalement prescrite, imposée. La charité est un devoir dont on ne peut déterminer l'étendue ou la portée; c'est pourquoi le soin de l'interpréter doit être laissé à la conscience individuelle. — *Valeur relative de cette distinction.* Suivant le progrès des idées morales, tel devoir peut être attribué à la charité ou à la justice. La charité ne serait même qu'une forme de la justice : la justice réparatrice (Fouillée).

La distinction de la justice et de la charité fondée sur la distinction d'un état de *guerre* et de *paix* (Renouvier). La justice est le droit, ayant recours à la force pour se défendre; la charité est l'amour, répudiant tout usage de la force (Tolstoï). La justice et la charité ne sont pas seulement distinctes, mais opposées; elles répondent à deux conceptions contraires de l'humanité : l'une réaliste et pessimiste, l'autre, optimiste et idéaliste. Confirmation de ces vues par l'histoire, par la psychologie.

II. *Relation de la justice et de la charité.* — En réalité, la charité et la justice, au lieu de se contredire, se corrigent et se complètent l'une l'autre. La charité ne saurait aller contre la justice; la charité achève la justice, la transforme en *équité*. Leur valeur respective : la justice est plus nécessaire, la charité plus élevée et plus noble; la justice est la base sur laquelle s'édifie la charité.

JUSTICE ET CHARITÉ

Le devoir idéal apparaît sous deux formes, qu'on ne juge pas seulement distinctes, mais opposées et contraires : la justice et la charité. La justice est une vertu d'abstention ou négative, s'exprimant par une interdiction ou défense : *Ne fais pas aux autres ce que tu ne voudrais pas qu'ils te fissent à toi-même*, ou simplement : *Ne fais pas de mal aux autres, neminem læde*. La charité est une vertu positive ou active, s'énonçant sous forme de commandement ou de précepte : *Fais aux autres ce que tu voudrais qu'ils te fissent à toi-même*, ou simplement : *Fais du bien aux autres. Omnes, quantum potes, juva.*

La justice est appelée encore un *devoir de droit strict*, et la charité un *devoir de vertu*, ou devoir *large* (Kant). Mais cette expression est doublement fautive : le mot *devoir* y est pris en un sens trop étendu, et le mot *vertu* en un sens trop étroit. La justice, en effet, est une vertu aussi bien que la charité, et, si la charité est un devoir, elle n'en est pas un, en tout cas, au même sens que la justice. Le mot devoir, selon Schopenhauer, aurait été détourné par les philosophes de son sens précis. Etymologiquement, il est synonyme de *dette*. Il s'applique donc proprement, non pas aux actes qu'il est louable d'accomplir, mais à ceux qu'il est indispensable d'accomplir, et qu'on ne saurait omettre sans injustice. « Le devoir, (τὸ δέον, *Pflicht*, *duty*), est un acte dont la simple omission par moi constitue pour autrui un dommage, c'est-à-dire lui fait injustice[1]. » Tout devoir suppose un engagement, ou contrat, par lequel un

---

[1] Schopenhauer: *Le Fondement de la Morale*, tr. fr., p. 132. Alcan, édit.

homme *s'oblige* envers un autre. En ce sens, la charité n'est pas un devoir, la justice seule en est un. Si l'on veut cependant garder au mot devoir son acception large, si l'on persiste à appeler la charité un devoir, il faut reconnaître alors qu'elle est un devoir moins impérieux que la justice, en ce sens qu'elle est moralement obligatoire, mais non matériellement exigible. En d'autres termes, les devoirs de justice ont des droits corrélatifs, les devoirs de charité n'en ont pas. Au devoir que j'ai, par exemple, de respecter la vie, la liberté, la propriété de mes semblables répond, chez eux, le droit de recourir, au besoin, à la force pour défendre contre moi leur vie, leur liberté, leurs biens. Au devoir que j'ai de venir en aide aux pauvres ne répond pas au contraire, chez les pauvres, le droit de me contraindre à leur faire l'aumône, ou le droit de me demander la bourse ou la vie.

Mais d'où vient que la charité a ainsi le caractère d'une grâce librement octroyée, tandis que la justice a celui d'un droit rigoureusement exercé ? Serait-ce que la charité est un devoir moins urgent, moins essentiel à remplir, tranchons le mot, un devoir surérogatoire ou de luxe ? Mais comment soutenir qu'il importe moins de laisser un homme mourir faute de secours, ou seulement souffrir de la faim et du froid, que de voler un pain à la devanture d'une boulangerie ? N'est-ce pas une énormité d'imposer à l'indigent une probité héroïque, d'exiger qu'il subisse toutes les privations, tandis que d'autres regorgent de richesses, et d'épargner au riche le devoir élémentaire d'assistance qui lui serait parfois si aisé à remplir, je veux dire, de le laisser légalement libre d'accomplir ce devoir, ou d'y manquer ? La ligne de démarcation, qu'on établit entre la charité et la justice, paraît, au point de vue moral, arbitraire et choquante.

Elle est cependant très nécessaire. On a eu raison de l'établir, et elle doit être maintenue. Je ne dirai pas que la charité a besoin, pour subsister, de rester libre et spontanée, que le nom grec de la charité (χάρις) est synonyme d'amour, et que l'amour ne se commande pas. Car si la raison, pour laquelle on laisse la charité libre de s'exercer ou non, était de maintenir à la charité son caractère de vertu, cette raison vaudrait également pour la justice : la justice n'est pas la *légalité*, elle ne consiste pas à subir la contrainte des lois, à observer, par force, le droit prescrit et imposé par le Code; s'abstenir de l'injustice par crainte, ce ne serait pas être juste. La justice a ceci de commun avec la charité qu'elle est inspirée par la seule pensée du devoir, qu'elle ne relève que de la conscience; la fierté de l'honnête homme (le mot honnête ne voulant dire ici que juste) vient de ce qu'il est et se sent au-dessus de l'intérêt ou de la crainte, et qu'il ne doit sa vertu qu'à lui-même ou à la droiture de ses intentions.

Si donc la justice est exigible et la charité ne l'est pas, ce ne saurait être parce que la charité est une vertu, comme dit improprement Kant, et que la justice n'en est pas une. La seule différence , mais radicale et profonde, entre le devoir de justice et le devoir de charité, est que l'un est net, défini, incontestable, et que l'autre est affaire d'inspiration, échappe à toutes les définitions et formules, reste illimité et vague, sujet à discussion. S'il est des devoirs avec lesquels la conscience ne transige pas, des devoirs qu'elle distingue entre tous les autres, qu'elle regarde comme impérieux et graves, inéluctables et absolus, ce ne sont pas, comme on pourrait croire, les devoirs les plus simples, les plus aisés à remplir (parmi eux il s'en trouve de poignants, de tragiques), mais les devoirs qu'on ne peut éluder pour cause d'ignorance, qu'on ne peut contester sans mauvaise foi, les devoirs clairs et précis, ceux dont on peut dire exactement où ils commencent, où ils finissent, ceux enfin qui ne permettent pas à l'esprit d'hésiter sur la façon de les remplir. Tels sont précisément les devoirs de justice. Quoi de plus clair, de moins équivoque que ces maximes : Ne tue pas, ne vole pas ! On ne peut passer à côté et les méconnaître, et il n'y a qu'une façon de les entendre. Au contraire, quoi de plus vague et de plus flottant que cette règle : Viens en aide aux autres ! Il n'y en a pas sans doute, à laquelle je me sente plus porté à souscrire, et plus fortement obligé, en principe. Mais, quand j'en veux venir à l'application, je suis assailli de perplexités et de doutes. Comment pratiquer la charité ? De quelle manière ? Dans quelle mesure ? Dois-je vendre tous mes biens et les distribuer aux pauvres ? Dois-je renoncer à tout bien-être ? Dois-je encore dépouiller les miens ? Le devoir n'est assurément pas d'être toujours et quand même charitable, car ce serait l'être aveuglément. Mais la charité, même éclairée, n'est-elle pas encore une duperie ? N'est-elle pas en somme plus dommageable qu'utile ? N'entretient-elle pas le mal qu'elle veut guérir ? Ne développe-t-elle pas la misère ? N'encourage-t-elle pas la mendicité, la paresse, l'hypocrisie et le mensonge ? Un devoir si mal défini, si incertain, dont l'application a tant d'inconvénients, prête à tant d'abus, ne saurait évidemment être prescrit au nom de la loi, ni rendu exigible. Il manque à la charité, pour pouvoir être imposée au même titre que la justice, je ne dis pas d'être un devoir, mais d'être un devoir clair, incontestable, aux limites précises, d'une valeur éprouvée, d'une définition impeccable.

Il est si vrai que ce n'est pas par sa matière ou son contenu, mais par le degré d'élaboration scientifique et expérimentale de sa notion, que la justice s'oppose à la charité, que tel acte, d'abord rattaché à la bonté généreuse ou à la charité, est rangé ensuite dans la catégorie de la justice, par cela seul que l'idée de cet acte est sortie de la phase poétique et romanesque pour entrer dans la phase positive ou réaliste. « Autrefois, dit Fouillée, un maître se croyait généreux, quand il était doux avec ses esclaves; aujourd'hui, qui ne comprend qu'être doux envers des esclaves, ce n'est pas même être juste, parce que le plus doux des esclavages est une violation du droit?[1] ». Disons plus. Il n'y a pas un devoir de justice (la tolérance, le respect de l'honneur d'autrui, voire même de sa propriété, de sa vie, etc.), que les hommes n'aient pratiqué à l'origine par pure bonté d'âme, sans s'y croire obligés, avec la conviction du moins qu'ils n'y pouvaient être contraints. Dans telle société barbare, lorsqu'on s'interdit les actes de brutalité et de cruauté, ce n'est point par esprit de justice, mais par impulsion de pitié ou d'horreur. Les élans de charité, les bons mouvements du cœur, ayant toujours précédé la lente et graduelle acquisition par la conscience des idées de justice, on a dû longtemps faire honneur à la seule humanité d'actes qui, par la suite, ont paru avec raison ne pas dépasser le respect du droit strict. Qui sait, par conséquent, si ce que nous appelons aujourd'hui charité ne paraîtra pas de même, dans l'avenir, une simple justice ? Bien plus, dès maintenant, ne peut-on pas dire avec Fouillée que « l'exercice de la fraternité » est « un moyen d'acquitter envers les autres une dette, tantôt personnelle, tantôt collective, en un mot, une simple *réparation* », et que le nom qui con-

---

[1] Fouillée : *La Science sociale*, p. 324, Paris, Hachette.

vient à la bienfaisance est celui de « justice réparatrice », et non de charité. Quand nous croyons être charitables, nous ne serions donc que justes.

Encore ne faut-il pas que la justice soit décrétée prématurément, que les lois précèdent et forcent les mœurs; en d'autres termes, que les hommes soient matériellement astreints à faire tout ce que la charité dès maintenant leur inspire ; car la force est toujours odieuse ; quand elle s'exerce indûment, ou seulement quand il n'est pas prouvé qu'elle s'exerce légitimement, au nom du droit, elle peut provoquer la résistance des volontés les meilleures, rebuter les dévoûments prêts à s'offrir, et tuer la charité, sans faire éclore la justice.

Il y a plus. On trouvera un sens philosophique et profond à la distinction courante des devoirs de justice et de charité, si l'on se réfère à la théorie de Renouvier sur la *guerre* et la *paix*. L'état de *guerre*, c'est celui dans lequel les hommes vivent réellement les uns vis-à-vis des autres : leurs intérêts sont divisés, leurs passions s'entre-choquent ; il y a entre eux animosité, envie, jalousie et haine ; la violence, la ruse, l'hypocrisie et le mensonge sont leurs armes de combat ou de défense. L'état de *paix*, c'est celui dans lequel tous les hommes ont fait le rêve e vivre ; c'est celui d'une humanité parfaite, sans venin et sans fiel, le règne de Dieu sur la terre; les hommes n'auraient alors aucune raison de se haïr, et auraient toutes les raisons de s'aimer.

A-t-on en vue l'état de guerre ? Le devoir social apparaît sous la forme de la justice inflexible et rigoureuse. En effet « la justice sans force est contredite parce qu'il y a toujours des méchants... Il faut donc faire que ce qui est juste soit fort » (Pascal). A-t-on en vue l'état de paix ? La vertu sociale paraît être, au contraire, la charité ou l'amour, la bonté paradoxale, la clémence et le pardon. Nous sommes ici en présence de deux conceptions morales : l'une empirique, l'autre idéaliste ; l'une qui tient compte des faits, l'autre qui les nie, ou les tient pour non avenus ; l'une, qui se meut dans le relatif, ou dans la vérité humaine, l'autre, qui s'élève d'emblée à l'absolu. Voyons comment elles se développent l'une et l'autre.

Néglige-t-on d'observer les vices et les passions des hommes ? Feint-on d'ignorer qu'il existe parmi eux des bons et des méchants ? Suppose-t-on la paix dès maintenant établie sur la terre par le libre accord des volontés, ou, si l'existence du mal ne peut être niée, se refuse-t-on du moins à admettre « la solidarité du mal », et prétend-on, par un noble défi, ne pas se départir de la moralité absolue, si incompatible qu'elle soit avec les sociétés existantes ? On s'éloigne alors de cette vertu imparfaite, adaptée à l'état de guerre, qui s'appelle la justice, et on atteint une vertu supérieure, qui est la charité. La justice arme les bons contre les méchants, ou plutôt reconnaît à chacun ses droits, et proclame qu'il y a une « légitime défense ». La charité, qui est une loi de paix et d'amour, condamne tout emploi de la force. Dès lors, tandis que la justice est une revendication du droit, la charité est un renoncement au droit. Le droit, en effet, a recours à la force pour s'affirmer et se défendre ; la charité, qui répudie la violence, a horreur du droit qui l'implique. Si elle ne fait appel qu'à la bonne volonté, si elle ne s'arroge elle-même aucun droit, si elle ne se déclare pas exigible, c'est qu'elle repousse la force en toutes circonstances comme un mal, c'est qu'elle rejette toute idée du droit, comme lié à la force. Elle n'est pas seulement l'antithèse ou l'opposé de la justice ;

elle en est la négation. C'est ainsi qu'elle n'admet pas de *légitime défense*. « Il ne faut pas résister aux méchants ; il faut tendre la joue aux soufflets, se laisser enlever sa tunique, après qu'on a été dépouillé de son manteau (*Math.*, v, 39. — *Luc*, vi, 29). » L'homme charitable est un être doux, volontairement faible et désarmé. Il ne se reconnaît pas à lui-même de droits : il n'en reconnaît pas davantage aux autres. Il se désintéresse de la justice, non seulement pour son compte, mais pour le compte d'autrui. « A la question : Ne faut-il pas prendre la défense des hommes, au risque même de recourir à la force ? il n'y a, dit Tolstoï, qu'une réponse à faire : Non, on ne doit pas employer la force pour secourir et défendre ses semblables, parce que le bien ne peut être accompli à l'aide de la violence, c'est-à-dire du mal[1]. » Tout doit être l'œuvre de la bonne volonté ; on ne doit rien attendre que d'elle. Ainsi les ouvriers ne sont pas fondés à revendiquer comme un droit le prix de leur travail. Ceux de l'Évangile qui travaillent tout le jour reçoivent le même salaire que ceux qui travaillent une heure. Et ils ont tort de se plaindre ; la charité est affranchie de la justice et libre de ses dons. Elle l'est aussi de ses grâces. Elle est un amour qui se donne librement, qui se montre tiède pour les justes, ayant mené une vie exemplaire, et ardente, passionnée pour les pécheurs, que rachète, à ses yeux, un mouvement tardif de repentir et de foi. Elle est une bonté paradoxale, je dirai plus : scandaleuse, pour les esprits qui ont souci de la justice. Et il est dans la logique de sa nature de dérouter ainsi les consciences, de ressembler à un défi ou une gageure. Quand

---

[1] Cité par Kovalewsky. *La Morale de Tolstoï*, p. 167; in *Morale sociale*, Paris, Alcan, 1899. — Cf. un article de Renouvier sur la Morale de Tolstoï dans la *Critique philosophique*.

on pose en principe que le mal ou l'injustice n'existe pas, ou du moins que, moralement, on ne doit pas en tenir compte, il faut bien qu'on traite le méchant comme s'il était bon, qu'on ait pour lui des trésors d'indulgence et de pitié ; il faut bien qu'on entre de plain-pied dans la fiction, qu'on conforme ses actes à ce rêve sublime qu'il n'y a au monde ni bons ni méchants, qu'il n'y a que des êtres dignes de compassion et d'amour.

La charité se détournant du monde réel, et ne voulant avoir rien de commun avec celui-ci, on ne saurait invoquer en sa faveur les considérations d'utilité sociale, par lesquelles se recommande la justice. L'apôtre divin de la charité nous avertit que « son royaume n'est pas de ce monde » ; il a en vue le salut des âmes, non celui des sociétés. D'ailleurs les sociétés ne subsistent que par le droit ou la force, et la charité repousse l'un et l'autre. Elle est donc une vertu *impolitique*, on pourrait même dire, en un sens, qu'elle est antisociale, qu'elle a des tendances anarchiques. C'est ce qu'atteste l'exemple de Jésus. « Ce qui le distingue, dit Renan, des agitateurs de son temps et de ceux de tous les siècles, c'est son parfait idéalisme. Jésus, à quelques égards, est un anarchiste, car il n'a aucune idée du gouvernement civil. Ce gouvernement lui semble purement et simplement un abus. Il en parle en termes vagues, et à la façon d'une personne du peuple qui n'a aucune idée de politique. Tout magistrat lui paraît un ennemi naturel des hommes et de Dieu ; il annonce à ses disciples des démêlés avec la police, sans songer un moment qu'il y ait là matière à rougir » (*Vie de Jésus*, p. 131). Si c'est là du socialisme, c'est du socialisme au moins bien involontaire. La charité est au fond une vertu individuelle et intime. Elle tend, non à l'organisation des sociétés, mais au perfectionnement des âmes, duquel, il est vrai, résulte, mais naturellement et sans qu'on le cherche, l'amélioration sociale.

Remarquons enfin que la charité n'apparaît pas même à la conscience personnelle comme un devoir, car le devoir implique une idée de contrainte, qui lui répugne et lui est étrangère. Elle est toute spontanée et s'exprime systématiquement, — dans la mesure où elle peut être réduite en système, — par la doctrine de la grâce ou du libre et pur amour.

Tout autre est la justice. Elle a une fin proprement sociale. Elle consiste d'abord à proclamer et à reconnaître les conditions, sans lesquelles, moralement, la société ne peut être : le respect mutuel des personnes, l'égalité ou la réciprocité des devoirs et des droits. Elle tend à résoudre le conflit des passions, des intérêts individuels, à mettre fin à l'*état de guerre*, qui paraît être entre les hommes l'*état de nature*, à imposer la paix sociale, à la rendre possible, à en régler les conditions, à en assurer le maintien. Tandis que la charité repose sur ce postulat, que la paix est la condition naturelle de l'homme, qu'elle existe dans les sociétés, si rien n'y fait obstacle, ou sur ce paradoxe que, dès maintenant, nous sommes moralement tenus d'agir comme si elle était réalisée déjà, la justice part de ce principe que la guerre est le fait, la donnée première, mais que la paix est le but, la solution à trouver ; elle prévient les haines, les désarme, ou les réduit à l'impuissance ; elle fait appel, pour les combattre, à la raison ou à la force. Elle ne suppose point les hommes parfaits, elle n'aspire pas même à les rendre tels, elle travaille à les rendre simplement sociables, à leur faire la vie en commun tenable. Elle circonscrit son but, afin de le mieux atteindre, elle réduit au minimum les exigences du droit ; mais, ces exigences posées, elle les observe et les fait observer strictement et rigoureusement. C'est manquer également à la justice de ne pas la pratiquer pour son compte, et de ne pas la réclamer des autres. Tandis que la charité est individuelle, qu'elle consiste à vouloir personnellement tout le bien qu'on conçoit, qu'on imagine ou qu'on rêve, mais à ne pas s'opposer aux vices de la société et des hommes, tandis qu'elle est, en un sens, résignée et passive, qu'elle accepte le mal qui vient des autres et n'y fait pas obstacle, la justice est impersonnelle, abstraite, veut être observée de tous ; elle est de plus combative ; elle consiste à exiger des autres l'observation de la règle à laquelle on s'astreint soi-même ; elle a pour formule : *donnant, donnant,* pour loi : l'égalité, ou, comme disaient les Pythagoriciens, la réciprocité (τὸ ἀντιπεπονθός).

On peut arrêter là le parallèle, que le lecteur, s'il lui plaît, achèvera de lui-même. La justice et la charité ne sont pas seulement des vertus distinctes, elles sont des points de vue, des conceptions morales, ce n'est pas assez dire : des formes de conscience, des esprits opposés. L'une représente l'énergie et la raison viriles ; l'autre, la tendresse et la bonté féminines. L'une consiste à régler sa conduite d'après des principes abstraits ; l'autre, à ne suivre, en toute circonstance, que les inspirations de son cœur [1].

---

[1] Cf. Schopenhauer : *Le Fondement de la Morale*, p. 126, tr. fr. Alcan, édit. « Sans des principes solidement établis, dès que nos instincts, contraires à la morale, seraient excités par des impressions extérieures, jusqu'à devenir des passions, nous en deviendrions la proie. Savoir se tenir ferme dans ses principes, y rester fidèle, en dépit de tous les motifs contraires, c'est *se commander soi-même.* C'est ici la cause pourquoi les femmes, dont la raison plus faible est moins propre à comprendre les principes, à les maintenir, à les ériger en règle, sont communément

L'histoire confirme les vues qui précèdent. Elle montre en effet que la charité et la justice n'éclosent ni dans les mêmes conditions ni dans le même milieu. Ainsi l'idée de justice prédomine chez les peuples où l'ordre social est difficile à établir et à maintenir. La justice s'établit et s'organise d'elle-même dans les sociétés que menacent dans leur existence les délits et les crimes. Et si les tribunaux font défaut ou manquent à leur tâche, on voit aussitôt se former des associations pour remplir, à leur place, l'ingrate et périlleuse fonction de police. C'est ainsi qu'au Moyen âge, l'Église fonde la *paix de Dieu*, lève une milice, établit des tribunaux pour atteindre les déprédations et délits de toute sorte, que l'autorité seigneuriale et royale laissait impunis. Elle se montre par là infidèle à la tradition

bien au-dessous des hommes, pour ce qui est de cette vertu, la *justice*, et, par suite aussi, de la loyauté et de la délicatesse de conscience ; pourquoi l'injustice et la fausseté sont leurs péchés ordinaires, et le mensonge, leur élément propre ; mais aussi pourquoi elles dépassent les hommes en *charité;* en effet ce qui éveille la charité frappe d'ordinaire les *sens* mêmes, excite la pitié, et les femmes sont décidément plus que nous sensibles à la pitié. Mais, pour elles, rien n'existe réellement que ce qui s'offre aux yeux, la réalité présente et immédiate ; ce qui n'est connu que par des concepts, ce qui est lointain, absent passé, futur, elles se le représentent mal. Ainsi il y a compensation : la justice est plutôt la vertu des hommes, la charité celle des femmes. A la seule idée de voir, à la place des hommes, les femmes gouverner, on éclate de rire ; mais les sœurs de charité ne sont pas, de leur côté, moins supérieures aux frères hospitaliers. » Le grand misogyne tient ici la balance à peu près égale entre le mérite des hommes et celui des femmes. Ses préférences cependant sont pour la vertu virile, ou la justice. Il dit ailleurs : « L'équité (terme voisin de charité) est presque l'ennemie de la justice, et souvent lui fait grand tort : aussi ne faut-il pas trop lui accorder. L'Allemand aime l'équité, l'Anglais tient pour la justice. » (*Ibid.*, p. 133). Dédions cette pensée aux *bons juges* et à leurs badauds admirateurs. — De même les administrateurs aiment à se prévaloir de l'équité ; les administrés s'obstinent à réclamer la justice. Qui doit l'emporter en morale, de l'idéal le plus élevé ou de la règle la plus sûre ? Le régime de l'équité mène à l'arbitraire et à la faveur, celui de la justice à l'égalité jalouse de la supériorité et du mérite. Des deux inconvénients, il faudrait choisir le moindre, s'il était prouvé qu'on dût subir nécessairement l'un ou l'autre.

évangélique, renie ses principes, son idéal de *charité* ; elle tire du malheur des temps cette leçon morale et politique, que la société ne peut se passer de *justice* et s'organiser d'elle-même sous une loi d'amour. Les chevaliers sont aussi des défenseurs du droit, des *justiciers*, des « redresseurs de torts ». En Allemagne, la longue période de troubles, qu'on appelle le *grand interrègne*, voit se former la Sainte-Vehme, société privée qui a ses tribunaux, rendant une justice secrète, et qui compte parmi ses affidés des bourreaux. On trouve une ligue de même nature en Espagne, la Sainte-Hermandad. Ainsi donc, dans toutes les sociétés où se produisent les faits caractéristiques de l'état de *guerre* (meurtres, vols, etc.), le sentiment de la justice s'éveille et grandit; en face des abus de la force, le droit se pose et s'affirme.

Au contraire, partout où la douceur des mœurs ne laisse pas croire à la possibilité d'un danger social, partout où la vie, abondante et facile, s'offre libéralement à tous, et où par là même d'âpres convoitises n'engendrent pas parmi les hommes la rivalité et la guerre, on peut dire que l'esprit de *justice* s'affaiblit et se perd. Quand ils n'ont pas, ou ne croient pas avoir à se défendre les uns contre les autres, les hommes en viennent naturellement à s'aimer ; ils se détachent de la justice, devenue entre eux inutile, et ne reconnaissent pas d'autre loi que la charité. Les peuples qui ont montré le plus grand esprit de charité, et par là même la plus grande indifférence pour la justice, sont les peuples de l'Orient, ces privilégiés du climat, qui ne sont pas soumis aux dures conditions de la vie matérielle, et par suite n'ont pas connu les plus redoutables exigences de la vie sociale ; tels furent, parmi eux, les Hindous (morale bouddhique) et les Galiléens (morale évangélique). Au contraire, les races d'Occident, positives et pratiques, les Grecs, et surtout les Romains, ont conçu et ont dû concevoir le devoir social sous la forme de la justice et du droit.

Si la prédominance de la justice ou de la charité tient ainsi aux conditions du milieu social, on ne peut donc reconnaître ni à l'une ni à l'autre une valeur absolue. Tel climat, telle morale. Les maximes de l'Évangile, par exemple, ne sont bonnes que « pour un pays où la vie se nourrit d'air et de jour » (Renan, *Vie de Jésus*, p. 185). De même, tel temps, telles lois. On ne se représente pas le code draconien subsistant au delà de l'époque barbare qui l'avait vu naître, et à laquelle il convenait.

Ces considérations historiques paraissent-elles suspectes et hasardeuses? Que chacun rentre en lui-même. Il constatera qu'il lui arrive d'osciller pour son propre compte entre la charité et la justice, et de pencher pour l'une ou pour l'autre, suivant que l'expérience, bien ou mal interprétée, l'amène à croire que les instincts généreux de l'humanité peuvent produire d'eux-mêmes la paix dans la société, ou, au contraire, que les passions brutales y font naître et y entretiennent fatalement la guerre. Notre humeur optimiste ou pessimiste, philanthropique ou misanthropique, décide donc de notre choix entre le droit et l'amour. Plus nous sommes par nature étrangers aux passions brutales qui poussent au crime, plus nous demeurons, par le bénéfice des circonstances, loin de la mêlée furieuse où ces passions s'agitent, plus nous nous désintéressons de la justice pure et nous attachons à la charité (rêves humanitaires des *philosophes*, de l'abbé de Saint-Pierre, par exemple, — leur foi au principe de *fraternité*, — clémence *systématique* des jurys composés en majorité d'hommes appartenant à une condition élevée, — *sensiblerie* des classes aristocratiques avant 89, — *pacifisme* des intellectuels d'aujourd'hui); plus, au contraire, le spectacle des crimes ou des coups de la force nous est familier, plus l'insécurité de l'état social se découvre à nos yeux, plus nous réclamons l'établissement d'une justice stricte et rigoureuse (sévérité professionnelle des magistrats, dureté résolue des politiques, etc.)

Sommes-nous donc condamnés à suivre la charité ou la justice selon la fortune des temps ou le caprice de notre humeur, ou, ce qui est pis encore, doit-il arriver, par la faute de notre nature ou de notre éducation, que nous ayons en réalité deux morales qui se juxtaposent et se succèdent en nous, l'une, utilitaire et païenne, l'autre, chrétienne et humanitaire, et que nous allions de l'un à l'autre des « deux Évangiles » dont parle Spencer, celui qu'on se laisse prêcher un jour sur sept, et celui qu'on met en pratique les six autres jours? Non; l'accord peut s'établir dans nos idées morales, sans que nous ayons à opter entre la justice et la charité; nous pouvons, sans hypocrisie ni illogisme, les adopter toutes les deux ; si distinctes et opposées qu'elles soient, on va montrer qu'elles ne se contredisent pas, bien plus qu'elles se complètent et sont solidaires. Il suffit de faire à chacune sa part, de les maintenir dans leurs attributions propres, et d'en saisir le rapport de dépendance ou le lien hiérarchique.

Tout d'abord il n'y a pas une de ces vertus qui se suffise à elle-même, qui dispense de l'autre. La charité a pour condition la justice, la justice a pour correctif et pour complément la charité.

En premier lieu, il n'y a pas de charité sans justice.

Aristote a pu dire : « Ceux qui s'aiment n'ont pas besoin de justice; car ceux qui s'aiment se font du bien entre eux, et, à plus forte raison, ne se font pas de mal »; mais il entendait par là que l'amitié ou l'amour suppose la justice, et non qu'il en dispense. Encore, à vrai dire, ne la suppose-t-il pas toujours. Il peut être en effet déréglé et aveugle ; qui n'a pas vu, par exemple, la tendresse imprudente des mères tourner au malheur de leurs enfants ? Qui ne sait encore que l'amour, désintéressé et généreux en son principe, peut être tyrannique et odieux en ses effets ? Il n'est pas sûr de se fier aux instincts les meilleurs de notre nature, de croire qu'il n'y a qu'à s'y abandonner, à les suivre, et à s'affranchir de toute loi. En voulant s'élever au dessus de la justice, la charité risquerait de tomber au-dessous. Un planteur naguère pouvait croire, de très bonne foi, et non à tort, qu'il assurait le bonheur de ses nègres esclaves, en les traitant avec humanité et douceur, beaucoup mieux qu'il n'eût fait en les affranchissant : il ne lui paraissait pas contraire à la *charité* de maintenir les droits que l'usage lui reconnaissait sur eux. De même, pour entrer dans la fiction poétique de Hugo, un Torquemada pouvait n'avoir au cœur que des sentiments de charité et d'amour, alors qu'il brûlait le corps des hérétiques en vue de sauver leur âme. Il faut donc craindre les bons cœurs, qui ne craignent pas eux-mêmes la raison, et ne reconnaissent pas la justice ; Dieu nous garde des ardeurs farouches ou seulement des indiscrétions du zèle charitable ! La charité a besoin d'être réglée, c'est-à-dire subordonnée à la justice. La justice en effet est plus nécessaire, plus indispensable que la charité ; elle représente le minimum de la vertu sociale, qui doit être exigé d'abord ; il faut s'assurer qu'on est juste, avant d'ouvrir, ou alors qu'on ouvre son cœur aux élans de la charité. Il faut satisfaire à la justice avant de songer à pratiquer l'amour[1].

Mais s'il n'y a pas de charité sans justice, il n'y a pas non plus de justice sans charité. On a dit : Le droit strict est la souveraine injustice, *summum jus, summa injuria.* Par là il faut entendre que ce n'est pas seulement la légalité, l'observation du code, mais le respect de la justice elle-même, étroitement et rigoureusement définie, qui peut être immoral, et se trouve souvent l'être. La justice, en effet, comme toute vertu, a son principe dans la bonne volonté. Or il est contradictoire que la bonne volonté se limite à l'excès, ait moins le souci de s'exercer que celui de se restreindre, songe moins à se déployer qu'à se défendre contre elle-même, à exploiter son domaine qu'à le circonscrire, à le hérisser de frontières jalousement gardées. La bonne volonté vraie ne se ménage pas à ce point, ne trace pas avec cette netteté les bornes de ce qu'elle peut et de ce qu'elle doit ; elle est plus généreuse et plus large, elle craint moins d'outrepasser son devoir que de rester au-dessous. Elle ne prend pas non plus ombrage de la charité ; elle n'en redoute pas les empiétements ; elle l'appelle plutôt à son aide, et s'en inspire au besoin. La justice véritable n'est point étrangère à la bonté, fermée à la tendresse. Elle n'a rien de commun avec le purisme moral des Stoïciens et de Kant, qui voit une faiblesse, un phénomène *pathologique*, dans tout mouvement d'humanité, et ferait prendre la raison ou la conscience pour une sécheresse de cœur. Elle a pour symbole, comme dit Aristote, non une règle de fer rigide, mais la règle de plomb, dont se servaient les architectes Lesbiens, règle

[1] Sur le conflit de la charité et de la justice, voir le dramatique *Entretien d'un père avec ses enfants*, de Diderot.

malléable, suivant les contours de la pierre et en donnant une mesure précise. La justice parfaite est celle qui s'adapte à la diversité des circonstances et des tempéraments individuels, ou celle qui obvie, comme dit encore Aristote, « aux inconvénients qui résultent de la trop grande généralité de la loi ». Son vrai nom est l'*équité*. La justice stricte est impersonnelle et abstraite; elle a la portée, mais aussi la raideur des règles générales et des lois; l'équité est la justice humaine et concrète, rétablissant la complexité des données du réel, faisant face à l'imprévu de la vie, tenant compte de la particularité des cas. La justice stricte est simpliste et grossière; l'équité est délicate et nuancée. La justice plane au-dessus des individus, et systématiquement les ignore; l'équité entre, si on peut dire, dans l'âme des personnes, pour les juger, les comprendre, les traiter comme il convient. Mais c'est là le propre de la charité ou de l'amour. « Le plus haut degré de la justice est donc, comme dit Aristote, de la nature de l'amitié » (τῶν δικαίων τὸ μάλιστα φιλικὸν εἶναι δοκεῖ. Eth. Nic. VIII, 1). Autrement dit, l'équité, c'est la justice, qui se laisse émouvoir et attendrir, qui n'est point sans entrailles, ou la justice imprégnée de l'esprit de charité.

Ainsi la justice et la charité se rejoignent à la limite; si opposées qu'elles soient, elles ne sont pas contradictoires. Il faut maintenir pourtant leur distinction. Le danger n'est pas que les hommes viennent jamais à se passer de justice ou à manquer de charité; l'une leur est trop nécessaire, l'autre trop naturelle; mais on peut craindre qu'ils n'aperçoivent pas, dans l'ordre social, la limite du *possible* et du *désirable*, qu'ils brouillent les notions de charité et de justice, et par là compromettent, tendent à ruiner l'une et l'autre. Ainsi à ceux qui voudraient résoudre par l'amour tout problème social, il faut rappeler qu'ils n'ont pas le droit de spéculer sur les vertus humaines, de les escompter, qu'ils ne peuvent pas même répondre qu'ils seront toujours, pour leur part, exclusivement portés au bien par l'élan des passions généreuses. Il ne faut pas permettre aux idéalistes de s'enchanter de leurs rêves ; il faut les mettre en présence des faits, les forcer à reconnaître que la *guerre*, comme dit Renouvier, existe toujours, latente ou actuelle, dans les sociétés humaines. La justice, c'est-à-dire la force, aura toujours son rôle à jouer dans le monde. Les hommes aux aspirations élevées, qui ferment là-dessus les yeux, se rendent par là même suspects ; en niant l'évidence, ils paraissent aux esprits positifs illuminés ou menteurs. La force régulière, mise au service du droit, vaut d'ailleurs mieux que la bonté incertaine, à laquelle se remettent les esprits confiants. — Elle n'établit pas seulement un ordre nécessaire, elle ne contient pas seulement dans le présent les passions brutales, elle est encore la meilleure préparation au progrès à venir, le véritable acheminement à la paix sociale et au règne de l'amour. « Si l'empire de la justice nous semble insuffisant pour le bonheur des hommes, dit très bien Renouvier, c'est que nous sommes malheureusement privés de ce spectacle que la terre n'a jamais contemplé. Jamais les hommes n'ont pu se rendre compte, et même de bien loin, de ce qui arriverait dans un monde où chacun ferait son devoir, je dis seulement à peu près, et en supposant qu'il ne le ferait que par devoir, tous sentiments exclus, si c'est possible. Mais ce n'est pas possible ; en réalité, ce monde, où la raison commanderait, serait un monde où la bonté, libre enfin des chaînes dont l'iniquité la charge de toutes parts, nous paraîtrait régner toute seule. La justice ne paraîtrait pas plutôt établie, si vraiment elle l'était, qu'on verrait le mérite éclater de toutes parts dans les relations humaines.[1] » La justice doit donc être maintenue, quand ce ne serait pas pour elle-même, dans l'intérêt de la charité; elle est la base solide sur laquelle seulement peut s'édifier la charité.

La justice représente cette partie du devoir social, qui est déjà entrée dans la phase positive, qui a pour elle l'adhésion de tous les esprits, qui a sa formule nette et précise, et qui, par suite, a pu passer dans l'ordre des faits, s'organiser sous forme d'institution et de Code; elle est ce qui nous est acquis, et ce que nous n'avons qu'à garder. Au contraire, la charité représente cette partie du devoir social, qui est encore mal fixée, mal définie; elle est diversement entendue, diversement pratiquée, elle cherche sa voie; elle représente ce qui nous reste à acquérir, le progrès à fonder, non la tradition établie.

Il y a, en morale, comme en politique, le parti de l'ordre et celui du progrès; l'un se réclame de la justice, l'autre de la charité. Mais il faut maintenir entre eux la balance; la prédominance de l'un ou de l'autre serait également fâcheuse. Il faut être bien résolu à garder toutes les conquêtes faites dans l'ordre de la justice, ne pas remettre en question les droits les mieux établis, encore moins l'idée même de droit; la prétention de rompre avec le passé, de faire fi de la tradition, serait plus dangereuse encore que naïve; rien ne rend plus défiant à l'égard des réformes philanthropiques et sociales, proposées au nom de la charité ou de la fraternité, rien par suite n'en retarde davantage la réalisation, que la facilité avec laquelle ceux qui les réclament s'affranchissent de la plus élémentaire justice, que

---

[1] Renouvier : *Science de la Morale*, édit. F. Alcan, Paris.

leur évidente propension à revenir à la barbarie par la prétendue voie du progrès. Mais, d'autre part, il ne faut pas avoir l'étroitesse des purs conservateurs, il faut reconnaître que la justice elle-même est soumise à la loi d'évolution, et que, par conséquent, si nous avons à la maintenir, à la respecter, nous avons aussi à la réformer, à l'épurer, à l'élargir, c'est-à-dire à la pénétrer de plus en plus de l'esprit de charité. En un mot, tout en gardant la distinction nécessaire de la justice et de la charité, il faut en opérer la synthèse ; il faut donner, suivant l'heureuse formule de Comte, l'ordre établi pour base au progrès qui nous reste à accomplir. La charité et la justice, ainsi entendues et conciliées, paraîtront moins des devoirs différents que des points de vue divers et complémentaires pour considérer les mêmes devoirs, et nous pouvons conclure sur ce mot de Fouillée : « Au point de vue moral, dans nos intentions et au fond de notre cœur, tout doit être amour, même la justice ; mais au point de vue social, dans nos actions et nos relations avec les autres hommes, tout doit être justice, même l'amour[1]. »

Sujets à traiter :

I. — *La charité est-elle appelée à disparaître, doit-elle finalement rentrer tout entière dans la justice ?*

II. — *La charité et la solidarité.*

III. — *La solidarité et la justice.*

IV. — *Chercher les raisons du discrédit qui s'attache aujourd'hui à l'idée de charité. Discuter ces raisons.*

V. — *Commenter cette pensée de Fouillée : « Au point de vue moral, dans nos intentions et au fond de notre cœur, tout doit être amour, même la justice ; mais au point de vue social, dans nos actions et nos relations avec les autres hommes, tout doit être justice, même l'amour. »*

[1] Fouillée : *Science sociale contemporaine*, p. 378. Paris, Hachette.

VI. — *Commenter cette pensée :* « *Accomplir un devoir ou user d'un droit légitime est au fond la même chose. On recule parfois devant le devoir de défendre son droit par un mouvement de générosité irréfléchi. Je l'ai fait souvent, par faiblesse peut-être, et le résultat n'a jamais été bon pour les autres. L'impunité a empiré leur mauvais vouloir et les a rendus plus coupables, partant plus malheureux.* » (G. Sand : *Histoire de ma vie*, t. IV, p. 76, note.)

CHAPITRE VIII

LE DROIT

SOMMAIRE

Le droit *naturel* et le droit *positif*. Distinction et relation.

I. *Théorie empirique du droit.* — Le droit, c'est ce qui est prescrit et imposé, soit par les *lois*, soit par les *mœurs*, c'est la *force* ou *l'opinion*, ou mieux, c'est la force qui se fait d'abord craindre, ensuite respecter et agréer. Il ne faut pas l'analyser. « Qui le ramène à son principe l'anéantit » (Pascal).

II. *Théorie rationaliste du droit.* — Le droit, comme le devoir, est un *idéal*. Il ne peut être atteint par le démenti des faits. Il est *inviolable, inaliénable, imprescriptible*. Il a son origine ou son fondement dans la dignité de la personne; il est le titre de la personne au respect. La dignité de la personne réside, non dans la beauté physique, la noblesse de l'attitude et des traits, non dans la supériorité intellectuelle ou morale, dans la raison ou la vertu, non dans la *nature* de l'homme, en un mot, mais dans le mystère de sa destinée, dans sa virtualité ou perfectibilité. De là vient que tous les hommes sont égaux en droit, ou du moins doivent jouir tous d'un droit égal de développer leur nature ou de déployer leur puissance.

Le droit n'est pas un pur *idéal*. Il autorise pour sa défense le recours à la force. Il est exigible. Deux sens du mot *droit* : le droit de *contrainte* ou de *légitime défense*, et le droit qu'il s'agit de défendre, le droit proprement dit ou *liberté*. Ces deux notions du droit n'ont pas la même extension. La *liberté* est le droit de faire tout ce qui ne nuit pas à autrui. Il faut unir les deux éléments du droit ainsi distingués : le droit est la *liberté*, usant de la force pour se défendre.

LE DROIT

Comme on a distingué deux sortes de bien : celui que les hommes poursuivent en fait, à savoir le bonheur, et celui qu'ils doivent poursuivre, le bien idéal ou le devoir, on distinguera deux sortes de droit : le droit historique ou réel, lequel existe et paraît n'exister qu'en vertu des institutions et des lois (on l'appelle encore droit positif ou écrit), et le droit qui réside ou est censé résider dans la conscience des hommes, avant d'être inscrit et sans avoir besoin d'être inscrit dans les codes, à savoir le droit naturel ou non écrit, qu'on appelle encore *le droit de l'homme* (en tant qu'homme, non en tant que citoyen d'un État, et soumis aux lois de cet État).

On établit souvent une opposition absolue entre le droit naturel et le droit positif. Le premier serait, par définition, immuable, tandis que le second, dépendant « des fantaisies et des caprices » des législateurs, se transformerait d'époque à époque, « changerait de qualité en changeant de climat ». Mais cette opposition est forcée. On peut d'abord contester, sinon le fait des variations du droit historique, du moins le sens et la portée de ce fait : quelle que soit la diversité des lois humaines, ces lois, en effet, impliquent et attestent des principes communs. Ensuite, c'est l'existence même du droit naturel qui peut être mise en question : si ce droit existait, il serait, en effet, connu en tous pays ; on le verrait « planté par tous les États du monde et dans tous les temps ». Enfin le droit positif et le droit naturel ne sauraient se concevoir l'un sans l'autre. Le droit positif ne se suffit pas à lui-même : il faut en expliquer l'existence, lui trouver un fondement : or, que peut-il être, sinon la reconnaissance et la consécration par les lois du droit naturel? Le droit naturel ne se suffit pas non plus, à lui seul : il ne saurait, sans se renier et se trahir, demeurer idéal ou platonique ; il doit se réaliser, passer dans les codes, sans quoi il n'est rien. La distinction entre le droit naturel et le droit écrit est donc au fond artificielle et verbale. Mais supposons-la réelle ; et, considérant tour à tour comme valables la conception historique ou empirique et la conception rationnelle ou idéaliste du droit, voyons quels arguments elles invoquent et quelles conséquences elles entraînent.

I. — Théorie empirique du droit

Si le fait seul existe, ou seul compte (et c'est là le point de vue empirique), le droit sera ce qui est établi, prescrit, imposé par les lois. Encore faut-il distinguer deux sortes de lois : celles qui plient et soumettent les corps et celles qui soumettent les âmes, celles qui se font craindre et celles qui se font respecter, celles qui ont pour principe la force et celles qui s'appuient sur l'autorité. Les premières sont les lois proprement dites, les secondes sont les mœurs, la coutume, l'opinion. En d'autres termes, il y a deux sortes de liens sociaux, ou, comme dit Pascal, de « cordes qui attachent le respect des uns envers les autres », les « cordes de nécessité » et les « cordes d'imagination ». Ainsi les rois se font craindre, déployant autour d'eux la force, étant « accompagnés de gardes, de tambours, d'officiers, et de toutes les choses qui ploient la machine vers le respect et la terreur » ; mais quelquefois aussi, ils imposent « seuls et sans ces accompagnements », par le simple prestige du rang, par la majesté, par « le caractère de la divinité », qu'on croit voir « empreinte sur leur visage ». Dans le premier cas, c'est le règne de la force; dans le second, celui de l'imagination [1].

Quel est le principe, j'entends quelle est l'origine et quel est le fondement dernier du droit? Pascal répond sans hésiter : la force. Le droit est la volonté du plus fort. La force seule peut imposer, faire observer ses lois ; seule aussi, elle peut en poser ou en établir. Il n'y a pas de principe clair, incontesté : « la force est très reconnaissable, et sans dispute ». Tous les principes qu'on invoque pour fonder le droit sont réductibles à la force. Ainsi « pourquoi suit-on la pluralité ? Est-ce à cause qu'ils ont plus de raison ? Non, mais plus de force ». La force se fait obéir, parce qu'elle se fait craindre. Mais elle se fait aussi respecter; elle a son prestige propre; elle éblouit, elle impose. Elle a au dehors pour appui la servilité des âmes, la complaisance, l'humilité et la bassesse de ceux qu'elle a vaincus. Elle ne brise pas seulement, elle dompte et apaise les résistances. La « morale des esclaves » (Nietzsche) justifie et approuve, ce n'est pas assez dire : acclame le règne des tyrans. « La force est donc la reine du monde. » Mais si son empire est sans relâche, il n'est pas toujours senti. Parfois il semble qu'elle ne s'exerce pas; c'est qu'alors elle n'a plus à s'exercer; elle a réalisé ce qu'elle veut, elle a montré ce qu'elle peut ; désormais elle n'a plus qu'à parler pour être obéie. Elle dicte ses ordres, fait connaître ses volontés, et cela s'appelle loi. Se sentant acceptée, sûre de l'obéissance, elle se régularise et se discipline d'elle-même, dans son intérêt propre, et pour le plus grand bien de ceux à qui elle commande. « Figurons-nous, dit Pascal,

---

[1] Pascal: *Pensées*, sect. V, § 304, 303, édit. Brunschwicg.

que nous voyons (les sociétés) commençant à se former. Il est sans doute que (les hommes) se battront jusqu'à ce que la plus forte partie opprime la plus faible, et qu'enfin il y ait un parti dominant. Mais, *quand cela est une fois déterminé, alors les maîtres, qui ne veulent pas que la guerre continue, ordonnent* que la force qui est entre leurs mains succédera comme il leur plaît ; les uns la remettent à l'élection des peuples, les autres à la succession de naissance, etc. *Et c'est là où l'imagination commence à jouer son rôle.* Jusque-là le pouvoir force le fait : ici, c'est *la force qui se tient par l'imagination en un certain parti*, en France, des gentilshommes, en Suisse, des roturiers, etc. ». La loi, c'est donc la force qui a fait ses preuves et n'est plus mise en question, la force désormais assise, incontestée, se soutenant par la séduction et le prestige, après s'être imposée par la crainte, maintenant agréée, et non plus seulement subie ; c'est aussi la force satisfaite, apaisée, assouvie, désormais résolue à se montrer inoffensive, offrant aux autres la paix qu'elle désire pour elle-même, paraissant généreuse, magnanime et clémente, ménageant, épargnant ceux qu'elle a domptés, en coquetterie avec eux, les comblant de ses faveurs et de ses dons.

Si on donne au mot force tout son sens, si on entend par là, non pas seulement la force matérielle et brutale, mais la supériorité de l'intelligence, l'ascendant du génie, la puissance souveraine de l'éloquence, tout ce qui, d'une façon générale, assure, ce qu'on appelle, d'un mot si énergique et si juste, la *maîtrise* d'un homme sur les autres hommes, la théorie qui fait dériver le droit de la force, paraîtra encore plus exacte, plus précise et plus juste, surtout mieux adaptée aux mœurs des sociétés modernes.

Le droit est le nom poli que les « esclaves » donnent à la force, physique ou intellectuelle, à laquelle ils sont soumis, et dans le culte de la force, ainsi désignée et comprise, entrent deux éléments, en apparence contraires, mais qui se concilient fort bien et se renforcent : la crainte et le respect.

Si cette analyse est exacte, le droit repose, en définitive, sur une illusion ; il disparaîtrait, cette illusion ôtée ; c'est cette illusion qu'il faut donc entretenir ou faire naître. Pascal l'a dit avec son implacable franchise et son admirable netteté : si l'on veut que subsiste ce que les hommes appellent la justice, il ne faut pas en scruter l'origine et le fondement. « C'est un jeu sûr pour tout perdre ; rien ne sera juste à cette balance. » Les hommes, en effet, n'obéissent à la force qu'à la condition de ne pas se l'avouer, d'y mettre les formes, de la parer d'un nom honorable, de la proclamer le droit. Il faut donc ou les tromper, tout au moins les laisser dans leur erreur naturelle, ou, si l'on veut être franc avec eux, leur présenter la coutume comme faisant « toute l'équité, par cette seule raison qu'elle est reçue », et leur dire « qu'il faut obéir aux lois, parce qu'elles sont lois, comme il faut obéir aux supérieurs, non parce qu'ils sont justes, mais parce qu'ils sont supérieurs ».

Le malheur est que « le peuple n'est pas susceptible d'une telle doctrine », est incapable de comprendre que, la justice n'existant pas, il faut la supposer, faire comme si elle existait, admettre, à son défaut, et comme son équivalent, la coutume, et obtenir ainsi « la paix, qui est le souverain bien ». Pascal reconnaît tout ce que sa théorie a de paradoxal, de violent et d'outré, et il en indique lui-même la témérité et la faiblesse. Il « est dangereux de dire au peuple que les lois ne sont pas justes », car « il n'y obéit qu'à cause qu'elles sont justes ». Mais le peuple a donc l'idée de la justice? Où prend-il cette idée? On ne peut dire que l'origine en est telle que Pascal l'explique, puisque cette explication ruine l'idée même de justice, en dénonce, et partant en dissipe l'illusion. Et l'idée de justice, d'autre part, est en nous à la fois si indestructible, si exigeante et si distincte, si particulière, si vraiment unique, que nous ne saurions admettre ni qu'on s'en affranchisse, qu'on s'en passe, ni qu'on lui donne comme équivalent, fût-ce comme pis-aller, cette contrefaçon ou usurpation du droit, qu'on appelle la coutume.

La théorie empirique du droit aboutit donc à un aveu d'impuissance. Ne pouvant expliquer le droit, elle le nie. « Qui ramène la justice à son principe, dit Pascal, l'anéantit ». Ce principe, en effet, du point de vue empirique, ne peut être que la force. Or la force transformée, régularisée, sublimée, peut bien être prise à tort pour le droit; elle n'en est pas moins essentiellement distincte; bien plus, elle en apparaît comme la négation. Notre conscience répugne si fort au culte de la force, qui lui paraît monstrueux, à celui de la coutume, qui lui paraît absurde, qu'elle abandonnerait l'idée du droit plutôt que d'admettre que le droit n'est que l'un ou l'autre de ces deux principes.

THÉORIE RATIONALISTE DU DROIT

Le droit est-il donc une notion mal formée et vide, un préjugé appelé à disparaître? Non; et, s'il a paru tel, c'est qu'on s'est placé, pour le définir et l'expliquer, au seul point de vue du fait. De ce point de vue on ne pouvait autrement conclure. Mais le droit précisément est un idéal, non une réalité. Quand il serait prouvé (et il l'est malheureusement trop) que la force, la coutume et le préjugé font la loi au monde, quand même il serait prouvé que psychologiquement, selon les lois de la nature humaine, il en doit être longtemps, sinon toujours ainsi, il ne serait pas prouvé par là que, moralement, du point de vue de la conscience, cela soit tolérable et juste. Quand le droit serait partout méconnu et violé, comme il a pu l'être entièrement à certaines époques, comme il l'est plus ou moins à toutes les époques, sans excepter la nôtre, il ne disparaîtrait pas pour cela de la conscience des hommes, il se réfugierait et se conserverait là, inaltérable et pur.

Il en est du droit comme du devoir : il ne peut être atteint par le démenti des faits. La raison, qui le pose sans consulter l'expérience, le maintient aussi contre l'expérience qui le contredit. Comme le devoir est *obligatoire*, ce qui veut dire qu'on doit l'accomplir, quoiqu'on ait le pouvoir d'y manquer, le droit est *inviolable*, ce qui veut dire seulement qu'il ne doit pas être violé, quoiqu'il puisse l'être, et le soit souvent en fait. Mais quand elles se produisent, les violations du droit ne peuvent être invoquées contre le droit, non plus que les manquements au devoir contre le devoir. Tandis que la loi civile admet qu'un homme abandonne ses droits, s'en dessaisisse en faveur d'un autre, bien plus, regarde le simple fait de renoncer à un droit pendant un certain temps, ou la négligence à l'exercer, comme équivalant à l'abdication réelle, et entraînant la perte légitime de ce droit (et c'est là ce qu'on appelle la *prescription*), la loi morale pose le droit comme sacré pour celui qui l'exerce, ou a à l'exercer, aussi bien que pour celui contre lequel il s'exerce, autrement dit, pose le droit comme *inaliénable* (non susceptible d'être cédé par un individu à un autre) et *imprescriptible* (non soumis à la *prescription*, non susceptible d'être périmé).

Où le droit, ainsi entendu, prend-il son origine? Dans l'idée de la dignité humaine. L'homme, par cela seul qu'il est homme, commande le respect. Sa personne est sacrée. *Homo res sacra homini.* Le devoir consiste, selon Kant, à traiter l'humanité, en soi et dans les autres, comme une *fin*, et à ne s'en servir jamais comme d'un *moyen ;* cela revient à dire : à respecter la personne humaine comme telle, à la distinguer des choses, à avoir pour elle les égards qu'on n'a pas pour les choses, à la considérer comme s'appartenant à elle-même, maîtresse de sa destinée, ne relevant que d'elle-même et de sa raison, étant à elle-même sa *fin*, opposée par là aux choses, lesquelles n'ont point d'existence ni de valeur propres, n'existent que *pour nous*, et ne comptent, à nos yeux, que comme *moyens*. Or, si le devoir est le respect de la personne, le droit est le titre de la personne au respect, je dirais d'un mot : la respectabilité, si ce mot n'était pas couramment détourné de son sens primitif et propre.

Mais quel est le titre de l'homme au respect ? Autrement dit, qu'est-ce qui fait sa valeur ? Qu'est-ce qui constitue sa dignité ? Ce n'est sans doute pas tel attribut extérieur ou physique, la majesté empreinte sur son visage et ses traits, la noblesse de son port, de son attitude :

Os homini sublime dedit cœlumque tueri.

En effet, à ce compte, les nègres, au nez épaté, aux lèvres épaisses, au regard abruti, devraient être exclus du droit ; on pourrait les asservir et les traiter sans pitié : on les trouverait toujours, comme dit Montesquieu, trop laids pour les plaindre. Serait-ce donc l'intelligence, attribut qui rend l'homme supérieur aux animaux ? Faut-il dire avec Pascal : « Toute notre dignité consiste dans la pensée. C'est de là qu'il nous faut relever, non de l'espace et de la durée que nous ne saurions remplir. » Renan, dont c'est là aussi le principe ou la thèse, en tire les conséquences. « Je ne vois pas de raison, dit-il, pour qu'un Papou soit immortel » ; il n'en eût pas vu sans doute davantage pour qu'un Papou eût des droits dans la vie présente. Est-ce enfin la dignité proprement morale, ou la vertu, qui est le fondement du droit? Mais cette dignité n'apparaît pas chez tous les hommes ; elle n'apparaît pas encore chez l'enfant, elle n'apparaît plus chez l'homme dégradé, avili ; dira-t-on que l'enfant, le criminel n'ont point de droits? Si l'on veut que le droit appartienne à tous les hommes, bien plus, soit égal chez tous, il faut renoncer à le fonder sur quelque attribut, soit physique, soit intellectuel, soit proprement moral, qui ne serait pas commun à tous les hommes, et le même chez tous. Or on n'a pas trouvé encore, et il semble qu'on chercherait en vain un tel attribut.

Le droit, commun à tous les hommes, et égal chez tous, est-il donc une notion mystique, devant laquelle on s'incline sans la comprendre, ou un principe *a priori*, qu'on élève au-dessus des faits, et qu'on renonce à mettre d'accord avec eux, ou encore une inspiration aveugle du sentiment, un parti pris optimiste et généreux, rentrant dans ce qu'Edmund Clay appelle la « bonté paradoxale [1] »? Cela s'accorderait mal avec le caractère net, précis et rigoureux qu'on reconnaît communément à la justice.

En réalité, il faut faire appel à d'autres principes que ceux qu'on a cru trouver dans la *nature* de l'homme, et partir d'un point de vue autre que celui où l'on s'est placé,

---

[1] E. Clay : *L'Alternative*, Paris, Alcan.

à savoir du point de vue de l'*évolution* ou du *devenir*, pour découvrir la base ou le fondement du droit. Ce qui rend toute personne humaine inviolable et sacrée, ce n'est pas son mérite actuel, souvent médiocre et nul, c'est son mérite à venir, celui qu'on la juge capable d'acquérir. Elle apparaît comme respectable, non par ce qu'elle *est*, car il lui arrive souvent d'être sans vertu, bien plus d'avoir toutes les défaillances, toutes les dégradations et souillures morales, mais par ce qu'elle *peut être* ou devenir. Sa dignité tient, non à sa nature, telle qu'elle se manifeste actuellement, mais à sa liberté, à sa virtualité, à la force cachée dont elle dispose pour le bien, alors qu'elle fait fréquemment le mal.

« Ce qu'on respecte dans l'être doué de volonté et de raison, dit très bien Fouillée, c'est moins ce qu'il est actuellement que ce qu'il peut être : c'est le possible débordant l'actuel, l'idéal dominant la réalité. C'est, pour ainsi dire, la réserve de volonté et d'intelligence enfermée dans une tête humaine, c'est la progressivité de l'individu, c'est celle de l'espèce même (qui repose en partie sur cette tête) que nous respectons et appellons droit. Dans l'enfant on respecte l'homme, dans l'homme on respecte l'humanité, et, pour ainsi dire, le dieu idéal. Jusque dans la mauvaise volonté on respecte la bonne volonté possible... Le droit repose moins sur l'état actuel que sur le développement possible des êtres ; le droit a les yeux tournés vers l'avenir ; ce qu'il réserve, ce qu'il sauvegarde, c'est précisément la virtualité, la puissance de progrès. La loi ne punit-elle pas le meurtre d'un enfant de deux ans comme celui d'un homme ? Cependant, il aurait pu être incapable, infirme, plus nuisible qu'utile ; — oui, mais il aurait pu être un honnête citoyen ou même un génie. Le droit a pour but d'assurer le développement libre de toutes les intelligences et de toutes les volontés[1]. »

On comprend dès lors que tous les hommes aient des droits, et des droits égaux. En effet, s'ils n'ont pas la même valeur naturelle, on peut, on doit supposer qu'il est au pouvoir de chacun de s'élever à la dignité la plus haute. Nul ne sait quelles ressources morales un homme, fût-il souillé de crimes, peut trouver en son âme. Aussi le précepte évangélique : « Il ne faut pas vouloir la mort du pécheur » émane-t-il de la pure justice, et ne doit-il pas être interprété comme l'expression de la charité paradoxale et outrée. A plus forte raison, l'enfant est-il, au point de vue du droit, l'égal de l'homme. Sans doute, n'ayant ni volonté ni raison, il n'est pas encore un être moral ; mais il suffit qu'il soit appelé à le devenir pour être respectable déjà. Bien plus, ses droits sont antérieurs à sa naissance : nous voyons avec raison aujourd'hui un crime dans les manœuvres abortives qu'Aristote croyait pouvoir être autorisées et même prescrites par le législateur, en vue de prévenir le danger social résultant d'un excès de population.

Le droit repose donc en somme sur une hypothèse, mais légitime, qui est que tout être humain est respectable, à cause de l'infini qu'il enveloppe, parce que devant lui s'ouvre un avenir mystérieux et plein de promesses, parce qu'il y a en lui un fonds irrévélé de puissances. Mais, dans cette hypothèse, le droit ne saurait encore être égal. En effet les mêmes virtualités et puissances ne sont pas en tous les hommes : l'idiot n'a pas toutes les facultés de l'homme, il ne peut donc en avoir tous les droits. Du même point de vue, il y a d'individu à individu une inégalité

---

[1] Fouillée : *Idée moderne du droit*, pp. 260 et 342, Paris, Hachette.

réelle, qui est le fait de la nature, non de la société : cette inégalité, non seulement intellectuelle, mais morale, doit se traduire par une inégalité de droits. Le droit *naturel* ou *universel* reste donc toujours injustifié. Mais peut-être est-il injustifiable en effet. Puisqu'entre tous les hommes l'inégalité de mérite, soit actuel, soit virtuel, est psychologiquement un fait, la justice n'exige point que tous les hommes possèdent les mêmes droits, mais seulement que tous jouissent du droit égal de développer toute leur nature, de déployer toutes leurs puissances, quelles qu'elles soient, droit dont l'exercice se traduira nécessairement par une inégalité d'action. C'est là en effet tout ce qu'implique de raisonnable, c'est-à-dire de réel et de possible, la notion de *droit naturel*.

Mais il faut pousser plus loin encore l'analyse du droit. Le droit n'est pas ou ne peut pas rester un pur idéal; il faut qu'il devienne une réalité effective. Or il ne peut le devenir que par un appel à la force. « Il est juste que ce qui est juste soit suivi, dit Pascal... Il faut donc mettre ensemble la justice et la force. » La justice est exigible, ce qui veut dire non seulement qu'elle peut, mais en-encore qu'elle doit être exigée. C'est avec raison qu'on la représente un glaive à la main. La justice n'est pas sans doute réductible à la force ; elle n'a pas dans la force son fondement, mais elle a dans la force son appui naturel, son complément obligé. Il suit de là que le droit doit être deux fois juste, juste en lui-même, et juste au point de légitimer, ou de rendre juste, l'emploi de la force pour sa revendication ou sa défense.

Si le droit était conçu comme idéal et platonique, on ne craindrait pas de l'élever trop haut, de le pousser trop loin ; on n'hésiterait pas, par exemple, à reconnaître et à proclamer le droit à l'assistance, au travail, etc. Mais si le droit implique l'usage de la force, on ne saurait, au contraire, trop en rabattre, trop le limiter et le restreindre. Comment admettre, par exemple, que l'indigent puisse, toujours et en toute circonstance, réclamer l'assistance comme son dû, les armes à la main ?

Il y a, en réalité, deux conceptions très différentes, pour ne pas dire antinomiques, du droit : l'une, spéculative, l'autre, pratique ou réelle, l'une, large, généreuse, comme sont les aspirations et les vœux, l'autre réservée, défiante, en garde contre les risques, les empiétements et les abus, qui peuvent sortir d'engagements formels et précis. C'est de la première que s'inspire le socialisme humanitaire et rêveur, c'est la seconde qui caractérise l'esprit conservateur et juridique. Cette distinction est capitale : il faut choisir entre ces deux points de vue.

Or il est conforme à l'usage et au bon sens (en prenant ce dernier mot en son meilleur sens) de réserver le nom de droit au droit qui légitime et autorise l'emploi de la force, et de ne pas étendre ce nom au simple desideratum moral, aux vœux de la raison, qui conçoit un monde meilleur, mais impossible, et légifère pour une humanité parfaite. Le droit proprement dit est l'idéal social, restreint aux limites du possible, et partant exigible. Il est une notion à la fois rationnelle et empirique ; il n'est ni une idée pure ni un fait brutal. Il n'est pas la justice intégrale ou parfaite, il est ce minimum de justice qui peut être dès maintenant réclamé et requis. Il n'est pas non plus la force triomphante et absolue ; il est la force maintenue dans les limites de la justice, ou plutôt exclusivement mise au service de la justice. Ainsi se trouvent justifiées dans ce qu'elles renferment chacune de vérité partielle, et mises d'accord entre elles, les théories empirique et rationaliste du droit.

Précisons la notion de droit ainsi définie. Cette notion, selon Schopenhauer, est négative. Elle s'oppose à celle de *tort* ou de *dommage*. Toujours l'expérience du mal précède et suggère l'idée du bien. On constate l'injustice, on s'en indigne ; on se l'interdit alors et on se défend contre elle. La justice n'est que la négation de l'injustice. *Jus est quod injustum non est* (Grotius : *De jure pacis et belli, liv.* I, ch. I, § 3). Le *tort* étant le *dommage*, le droit est l'*absence de dommage*, en entendant par là l'acte d'éloigner un dommage aussi bien que celui de ne pas nuire ou causer un dommage.

Il y a un droit *naturel* ou purement moral, antérieur à tous les codes, lequel repose sur les principes *a priori* de l'entendement, en particulier sur celui-ci : *causa causæ est causa effectus* (la cause d'une cause est la cause de l'effet de cette cause). Mais ce droit naturel ne laisse pas d'être issu de l'expérience, en ce sens qu'il n'apparaît qu'à la suite de la notion de *dommage*. Voici d'ailleurs quelle en est la genèse. « Si j'accomplis tel acte pour me protéger contre l'agression d'un autre, je ne suis pas la cause de cet acte, mais bien lui ; donc je puis m'opposer à tout empiétement de sa part, sans lui faire injustice. C'est comme la loi de la réflexion transportée dans le monde moral. Ainsi réunissez ces deux éléments : la notion empirique de dommage, et la règle susdite, fournie par l'entendement pur (causa causæ, etc.), et aussitôt apparaissent les deux notions capitales de *droit* et *tort*. Ces notions, chacun les forme *a priori*, puis, dès que l'expérience lui offre une occasion, il les applique[1]. »

---

[1] Schopenhauer : *Le Fondement de la morale*, tr. fr., p. 129 Paris. F. Alcan.

Le droit que Schopenhauer définit ici est celui de *légitime défense*. Or ce droit, si important qu'il soit, est dérivé, non primitif. En effet, la légitime défense suppose un droit à défendre ; elle est sans doute elle-même un droit, mais un droit qui découle d'un autre, se réfère à un autre, à avoir le droit de défendre le droit. Pour éviter l'imbroglio homonymique, nous l'appellerons *droit de contrainte*. et donnerons au droit qui la fonde et qu'elle sert le nom de *liberté*. Le droit de faire appel à la force ou d'user de légitime défense n'est pas le droit essentiel ou unique ; il n'est que la sauvegarde et le pouvoir protecteur du droit. Si vague et équivoque que soit le mot de liberté, il n'en est pas cependant de meilleur pour désigner le droit. La liberté est précieuse et légitime en soi. Elle n'est pas seulement la condition du bien moral ; il ne faut pas la définir le simple pouvoir de faire son devoir. La notion de droit a plus d'extension que celle de bien et de devoir. « Un acte, dit très justement Höffding, peut, sans être ni un devoir ni une vertu, être pourtant moralement légitime, pourvu qu'il n'entre en conflit avec aucun devoir ni aucune vertu. Est moralement légitime tout ce qui n'est pas atteint par une défense morale[1]. » La liberté n'est pas sans doute le droit de tout faire ; elle a des limites, mais ces limites ne sont pas les limites étroites de la moralité ; elle est le droit de faire tout ce qui est innocent, et non pas seulement, comme on la définit quelquefois, le droit de faire son devoir.

La difficulté est, il est vrai, de savoir ce qui est innocent, ou moralement légitime. Höffding répond : « C'est le libre déploiement de la vie, le libre emploi des forces », et Schopenhauer : « C'est ce qui ne cause pas la souffrance, ce

---

[1] Höffding : *Morale*, trad. franç., par L. Poitevin, p. 129 ; Alcan, édit.

qui ne va pas contre le sentiment de la pitié. » On va montrer que l'un de ces critères revient à l'autre. La dernière concorde avec l'article 4 de la Déclaration des droits : « La liberté consiste à *faire tout ce qui ne nuit pas à autrui;* aussi l'exercice des droits naturels de chaque homme n'a de bornes que celles qui assurent aux autres membres de la société la jouissance de ces mêmes droits. » En effet, si la liberté est l'expansion naturelle de la vie, toute entrave à la liberté sera une cause de souffrance, et la souffrance est ainsi l'indice naturel du tort causé à autrui ou du droit méconnu. Tout au moins c'est « à celui qui prétend empêcher la vie dans son développement spontané et causer de la douleur » qu'il convient de se justifier, de prouver son droit, « tandis que, dans le cas où l'on favorise l'évolution de la vie et où l'on produit une augmentation de bonheur[1] », on ne saurait encourir le soupçon d'être injuste. La justice ou le droit se prouve donc en quelque sorte négativement. Il faut prendre un détour pour le définir. Le droit se pose en s'opposant à son contraire : le tort ou le dommage, la souffrance gratuitement imposée à autrui, la limitation apportée sans raison au libre déploiement de la vie. La pensée de Schopenhauer, ainsi interprétée, prend un sens exact et précis. Elle indique, sinon le caractère essentiel ou le principe du droit, du moins un moyen de le reconnaître, une voie indirecte pour le déterminer, pour en fixer et préciser la notion. Elle fournit en même temps une base assez large pour établir le droit.

En résumé, le droit a deux aspects : l'un, idéal, l'autre, réaliste ou positif; il est la liberté au sens le plus large du terme, le droit de la vie à se déployer librement en tous

---

[1] Höffding : *loc. cit.*

sens, et il est, plus particulièrement, la liberté usant de son droit, employant la force pour se maintenir et se défendre, entrant en lutte avec d'autres libertés. La notion de droit est également incomplète, alors qu'on néglige l'un ou l'autre de ces éléments.

Sujets à traiter :

I. — *Exposer et critiquer les diverses théories sur l'origine et le fondement du droit.*

II. — *Distinction et relation du droit et de la force.*

III. — *Le droit et le devoir. Analogies et relations.*

IV. — *Analyse et critique de l'idée du droit* naturel.

V. — *Analyse et critique de l'idée du droit* positif.

VI. — *En quel sens le droit est-il un* idéal, — *un* fait, — *un fait et un idéal tout ensemble ?*

CHAPITRE IX

LES DROITS

SOMMAIRE

Leur ordre d'évolution historique et d'importance morale. Principaux droits d'après la Déclaration de 1789 : la *liberté* sous toutes ses formes, la *sécurité*, la *propriété*. Leur valeur relative. Rapports de la *liberté* et de la *sécurité*, — de la *liberté* et de l'*égalité*. — Le droit par excellence est le droit de *vivre*, au sens large du mot. De ce droit découlent les droits relatifs : 1° à la *vie physique* (liberté du travail, propriété, liberté individuelle, etc.); 2° à la vie *morale* (liberté de pensée, de conscience, droit à être respecté dans son honneur); 3° à la vie *sociale* (droit domestique, civique, droit d'association).

LES DROITS

Avant de passer en revue, d'étudier séparément les devoirs sociaux, il convient de les énumérer et de les classer. L'ordre à suivre est celui qui va de l'inférieur au supérieur, c'est-à-dire des devoirs essentiels, élémentaires, simples, les plus anciennement reconnus et les plus nettement définis, aux devoirs les plus élevés en dignité, qui se trouvent être aussi ceux qu'on a posés et définis en dernier lieu, dont on est encore à chercher la formule précise. Les premiers sont, par exemple, ceux qui enjoignent de respecter la vie, la liberté, la propriété d'autrui; les seconds, ceux qui prescrivent la tolérance, le dévoûment et le sacrifice.

Suivant les psychologues, les impressions, les idées et les sentiments se superposeraient en quelque sorte dans le cerveau de chaque individu, comme les roches sédimentaires à la surface du globe. Les impressions, qui se sont gravées les premières, disparaissent les dernières, comme le prouve l'exemple des vieillards, gardant intacts les souvenirs de leur première enfance, quand ils perdent tous les autres. De même, le cerveau humain, en général, tel que l'a façonné l'expérience des siècles, renferme des idées morales, entrées dans ses couches profondes, et qui ne peuvent désormais périr qu'avec lui : telles sont celles relatives à l'homicide, au vol. Mais il en renferme d'autres qui n'ont pas encore assez pénétré sa substance et ne résident que superficiellement en lui ; telle est, par exemple, l'idée moderne de tolérance. Le moraliste, poursuivant un but de prédication, jugera peut-être inutile de s'étendre sur les devoirs reconnus dans les codes les plus anciens ; il aura hâte d'arriver à ceux dont l'idée commence seulement à se faire jour dans la conscience humaine. Mais une conscience éclairée doit connaître ses origines. D'ailleurs, au point de vue pratique, il n'importe pas moins de garder les plus anciennes conquêtes de l'humanité que d'en faire de nouvelles. Les premières notions du juste, celles que n'ont pas dépassées nos ancêtres, sont l'indispensable et solide assise sur laquelle s'est édifié l'idéal de fraternité moderne. Du reste, on se convaincra, à la réflexion, qu'il n'est pas de devoir si simple qu'il n'y ait lieu d'en approfondir la notion, d'en déterminer le sens et la portée.

La justice est le respect des droits. Il y aura donc autant de devoirs de justice que de différents droits. Or, selon la Déclaration de 1789, les droits seraient « la liberté, la propriété, la sûreté, la résistance à l'oppression ». La Déclaration de 1793 ajoute: « l'égalité », et retranche « la résistance à l'oppression », comme étant « la conséquence des autres droits de l'homme[1] ». Qu'on adopte le texte de la Constituante ou celui de la Convention, l'énumération n'est ni suffisamment claire ni méthodique. La *liberté* est prise ici pour le droit en général[2]; « elle est le pouvoir de faire tout ce qui ne nuit pas à autrui »; encore faut-il que la loi spécifie les actions nuisibles aux autres, ou fixe les limites de la liberté naturelle de chacun : « Tout ce qui n'est pas défendu par la loi ne peut être empêché, et nul ne peut être contraint à faire ce qu'elle n'ordonne pas ». La liberté sans épithète, ou le pouvoir de déployer son action dans les limites de la loi, est le droit général et abstrait; il faut, pour donner au mot liberté son sens plein, réel et concret, spécifier les différentes libertés: la liberté personnelle (*habeas corpus*), la liberté du travail, ou accession de tous à tous les emplois, la liberté de pensée et de conscience.

La *sécurité* est définie par la Déclaration de 1793 « la protection accordée par la société à chacun de ses membres pour la conservation de sa personne, de ses droits et de ses propriétés »; autrement dit, elle est le droit de *défense*, transféré de l'individu à la société; « la *résistance à l'oppression* » est un autre aspect du même droit, à savoir le

---

[1] Cf. la Déclaration d'indépendance des Etats-Unis : « Nous considérons comme évidentes par elles-mêmes les vérités suivantes : Tous les hommes sont naturellement égaux; ils sont pourvus par leur Créateur de *certains* droits inaliénables, *parmi lesquels* sont la vie, la liberté, la poursuite du bonheur ». Les mots soulignés indiquent que l'énumération ne prétend pas être exhaustive ou complète.

[2] Cf. Kant : « La liberté (l'indépendance à l'égard d'une autre volonté nécessitante), en tant qu'elle peut coexister d'après une loi générale avec la liberté de tout autre, est le *droit unique*, primordial, appartenant à tout homme, en vertu de son humanité. » (*Doctrine du droit.*)

droit, pour l'individu, de se défendre contre la société injustement constituée ou l'État tyrannique. La *propriété* n'a pas besoin d'être définie. Quant à l'*égalité*, elle n'est pas proprement un droit, mais un caractère essentiel ou une condition nécessaire du droit. La liberté (ou le droit), dit la Déclaration de 1793, « a pour règle la justice (ou l'égalité) ; sa limite morale est dans cette maxime : Ne fais pas à un autre ce que tu ne veux pas qu'il te soit fait. »

La *liberté* et l'*égalité* expriment la *justice*. La *fraternité* est le nom moderne de la *charité*. La Déclaration des droits de 1789 ne mentionne pas la *fraternité*, considérant sans doute qu'elle est un devoir, non un droit, qu'elle est moralement nécessaire, non juridiquement ou matériellement exigible. La Déclaration de 1793, au contraire, proclame le droit à l'assistance : « Les secours publics sont une dette sacrée. La société doit la subsistance aux citoyens malheureux, soit en leur procurant du travail, soit en assurant les moyens d'exister à ceux qui sont hors d'état de travailler. » La République de 1848 devait faire l'application malheureuse de ce principe ; le mot *droit* perd, dans la langue des Conventionnels et des Républicains de 1848, son sens précis[1] ; la fraternité ou charité est confondue par eux avec la justice.

Ce n'est pas assez d'énumérer les droits ; il faut les déduire les uns des autres ou montrer leurs rapports. Part-on de ce principe que la fin de l'homme est « la poursuite du bonheur[2] » et que « le but de la société est le bonheur commun[3] » ? Il faut alors choisir entre les diverses conceptions du bonheur. Le bonheur consiste-t-il dans la

---

[1] Celui qui a été indiqué p. 247 et suiv., le sens de droit matériellement exigible.

[2] Déclaration d'indépendance des États-Unis.

[3] Déclaration des droits de 1793.

plus large expansion de la vie, dans la *liberté* avec tous ses inconvénients et ses risques, ou au contraire dans la protection sociale la plus forte, dans la *sécurité* la plus grande? On ne peut pas poursuivre à la fois ces deux fins : la *liberté* et la *sécurité*, il faut choisir entre elles, ou les concilier, subordonner l'une à l'autre, limiter l'une par l'autre. C'est la *liberté*, dirons-nous, qui prime la *sécurité*. « La sécurité n'a de valeur que comme condition de la possession, de la jouissance et de l'action libres. L'insécurité arrête, déprime et divise. La liberté n'est pas la sécurité, c'est le contraire. Et si l'on veut la sécurité à tout prix, la liberté en pâtira aisément. Il faut courir des risques pour faire avancer l'évolution, et, pour tous les risques de ce genre, c'est la confiance qu'on a dans les effets des forces libres qui donne du courage. Si l'on fixe avant tout les yeux sur la sécurité, on tarira facilement la source de l'évolution. Par crainte des périls que peut amener le développement de la vie, on en vient à l'arrêter[1] ».

Mettons en parallèle, non plus la *liberté* et la *sécurité*, mais la *liberté* et l'*égalité*. Faut-il se proposer de rendre tous les hommes *égaux*, fût-ce dans la médiocrité du développement et du bonheur, ou de leur assurer la destinée la plus large, la plus pleine, la liberté la plus grande, fût-ce aux dépens de l'égalité? La réponse ne semble pas douteuse. En dehors des esprits envieux et mal faits, tout le monde dira que l'égalité ne doit pas être cherchée contre la nature et le droit, mais qu'elle n'est désirable et juste que dans la mesure où elle est la condition du développement de toutes les aptitudes individuelles et de toutes les libertés.

[1] Höffding. *Morale*, p. 315, trad. franç. par L. Poitevin. Paris, Alcan, 1903.

La liberté, à laquelle sont ainsi subordonnées la sécurité et l'égalité, est-elle donc précieuse en elle-même et par elle-même? Non, elle ne vaut que comme condition du développement plein, normal et harmonieux, de la vie, et partant du bonheur. C'est la vie, c'est la destinée humaine qui est donc seule, à vrai dire, respectable et sacrée, qui est le droit primordial et le fondement de tous les droits.

L'homme a le droit de vivre et d'étendre sa vie dans tous les sens ; il n'y a pas d'autres limites à ce droit que celles qui naissent de ce droit même ; une vie humaine peut se développer librement, mais jusqu'au point seulement où elle devient une entrave à une autre vie ; le droit d'un homme a donc pour limite, mais n'a pour limite que le droit d'un autre.

L'homme a d'abord le droit de *vivre*, au sens élémentaire du mot, partant de pourvoir aux besoins matériels de la vie par son *travail*, et de *posséder en propre* le fruit de son travail. Tels sont — en y joignant la *liberté*, le droit de disposer de sa personne, la *liberté individuelle* ou le droit d'aller et de venir, — les *droits du corps*.

L'homme a ensuite le droit de vivre au sens intégral, c'est-à-dire *moral* aussi bien que *physique* du mot. Ainsi il a des droits comme *être pensant*. Il a le droit de ne relever que de lui-même ou de sa conscience dans tout ordre de pensée, religieuse, scientifique, philosophique et politique. Ce n'est pas, en effet, l'État non plus que l'Église qui fonde le droit, puisqu'au contraire l'État se réclame du droit, l'invoque comme principe de son autorité. La liberté de pensée et de conscience serait un droit platonique et vain, si elle n'entraînait comme conséquences la liberté de la presse, de l'enseignement, la liberté des cultes. La liberté dans l'exercice de la pensée est peut-être le plus précieux des droits ; elle n'est pas cependant un droit privilégié ou *absolu;* elle a pour limites, d'abord les droits qui naissent de cette liberté même, à savoir le droit égal de toutes les opinions à se manifester et à se défendre, ensuite tous les autres droits ; la liberté de pensée, par exemple, n'annule pas le droit de vivre, et, pour la respecter, il serait abusif d'autoriser la prédication de la violence et du meurtre. — L'homme n'est pas seulement un être de pensée, mais encore et surtout de sentiment : il a donc des droits comme tel, il doit être respecté dans sa personnalité intime, dans son honneur, dans sa réputation. Tels sont, si on peut dire, les *droits de l'âme.*

L'homme a enfin des droits comme *être social*, à savoir le droit de s'associer à d'autres hommes pour toutes les fins qui sont conformes, ou simplement qui ne sont pas contraires aux droits. La vie humaine serait bien pauvre, manquerait de bien des sources de développement et de bonheur, si l'individu était isolé. Mais, en fait, il ne l'est jamais. Il fait partie d'une famille, d'un État ; il a des droits comme père, fils, époux, citoyen. Il fait partie encore de groupements de tout ordre, économiques, politiques, philanthropiques, religieux. L'évolution sociale n'est jamais achevée : on voit surgir chaque jour des sociétés de plus en plus nombreuses, de plus en plus définies. Plus fortes, mieux armées que les individus pour la défense des droits, les sociétés sont plus difficiles que les individus à maintenir dans le droit, et peut-être aussi naturellement moins respectueuses de la justice. Il suit de là qu'il faut, non en entraver le développement, mais les réglementer, les défendre les unes contre les autres, ou mieux les organiser sous le régime commun du droit. Il faut les respecter, comme formes du développement des libertés et des droits, mais les empêcher de devenir un instrument d'oppression et de tyrannie. L'évolution progressive des sociétés complique le problème de la justice, loin de le résoudre, comme on le prétend parfois. La justice est la règle suprême des sociétés comme des individus, et doit résoudre les conflits existant entre eux.

Sujets à traiter :

I. — *Commenter la devise républicaine :* Liberté, égalité, fraternité. *Définir ces notions, en indiquer l'importance relative ou l'ordre hiérarchique, autrement dit, déterminer la valeur propre à chacune, et les subordonner les unes aux autres.*

II. — *La liberté est-elle le droit par excellence ? Doit-elle primer l'égalité et la fraternité ?*

III. — *L'égalité est-elle le caractère essentiel et fondamental du droit ? La vraie et fausse égalité.*

IV. — *De quel principe se déduisent les différents droits ?*

CHAPITRE X

LE RESPECT DE LA VIE HUMAINE

SOMMAIRE

Insuffisance du sentiment de la pitié pour assurer le respect de la vie humaine. Ce sentiment n'existe guère ou est bien faible chez les barbares. Il n'est pas assez éveillé ni assez efficace chez les civilisés mêmes. Il peut être d'ailleurs déréglé. L'excès en est à craindre aussi bien que le défaut. Le respect de la vie humaine doit être fondé sur le *droit*. Dignité et valeur de cette vie.

Où s'arrête le respect dû à la vie humaine. Il est permis de tuer pour n'être pas tué. C'est ce qu'on appelle la *légitime défense*. Elle existe :

1° Pour les individus à l'égard des autres individus, mais seulement dans les cas où il ne peut compter sur la société pour le défendre. On invoque à tort comme des cas de ce genre : la *vendetta*, le *duel*, le *tyrannicide*. Examen de ces cas.

2° Pour un peuple à l'égard des autres peuples (guerre défensive).

3° Pour la société à l'égard des criminels. Jusqu'où va le droit de défense en ce dernier cas. La question de la peine de mort.

LE RESPECT DE LA VIE HUMAINE

La loi : « Tu ne tueras point » a été posée à l'origine des sociétés. S'il est un sentiment naturel à l'homme, c'est l'amour de la vie. Mais, par cela seul qu'il lui répugne si fort à lui-même de mourir, il ne manque pas de compatir à la mort de ses semblables ; le sang versé lui fait horreur et pitié.

La pitié est-elle donc, sinon, comme l'assure Schopenhauer, le fondement de la morale tout entière, du moins le sentiment dont s'inspire le respect de la vie humaine ? Non, car on ne saurait faire fond uniquement sur elle. Nul ne croira sa vie, et, en général, ses droits assez garantis, parce que, le cas échéant, les souffrances des victimes attendrissent et désarment leurs bourreaux. L'insuffisance du sentiment en morale est ici manifeste. D'ailleurs, si la pitié est naturelle au cœur de l'homme, elle ne l'est pas plus que la vengeance, la colère et la haine ; elle pourra donc toujours être tenue en échec par les passions antisociales et violentes. Peut-être même y a-t-il, en certaines âmes, une malignité foncière, un instinct de cruauté, un amour du mal pour le mal. La perversion des sentiments peut être le fait de la nature, elle n'est pas nécessairement, comme le croit Rousseau, celui de la société. Notre âme ne s'ouvre pas toujours et d'emblée aux bons sentiments ; au contraire, il semble qu'elle s'y élève par degrés et ait besoin d'efforts pour s'y maintenir. Comment la pitié préviendrait-elle toujours et sûrement les crimes homicides ? Elle se rencontre à peine chez les peuples primitifs, et tant de cœurs lui restent encore aujourd'hui fermés ! N'imaginons pas, en effet, que le barbare ressente le tragique effroi dont nous sommes saisis en présence d'un meurtre sanglant. L'odieuse brutalité du crime le révolte peut-être moins que son injustice avérée et patente ; le dommage causé lui est plus sensible que la douleur infligée.

Sa pitié en tout cas est peu exigeante, facile à apaiser. Chez tous les peuples, à l'époque primitive, le meurtrier se juge quitte envers la société et envers sa conscience, quand il a *indemnisé* la famille de sa victime. « On reçoit, dit Ajax dans l'*Iliade*, la *compensation* (ποινην) pour le meurtre d'un frère ou d'un fils ; le meurtrier reste parmi les siens, ayant payé une large compensation, et l'offensé, ainsi dédommagé, s'apaise et renonce à son ressentiment. » Chez les Germains, « l'indemnité imposée au meurtrier est un nombre déterminé de bêtes de gros et de petit bétail, et la famille tout entière reçoit ainsi satisfaction[1] ». Chez les Francs, on voit si peu dans l'homicide un acte monstrueux et contre nature qu'on s'en réjouit, en certains cas, comme d'un événement heureux ou d'une bonne affaire. Dans Grégoire de Tours, un meurtrier parle ainsi : « Tu me dois rendre beaucoup de grâces de ce que j'ai tué tes parents, car, par le moyen de la compensation que tu as reçue, l'or et l'argent abondent en ta maison ». (*Hist.*, VII, 19)[2].

La pitié n'est donc pas un sentiment primitif, universel et inné. Par le progrès de la civilisation et des mœurs, elle ne s'est pas non plus si bien développée dans les âmes que la sécheresse et la dureté du cœur soient devenues étrangères aux peuples les plus policés. La proportion des actes de violence est telle dans notre vie sociale que, sous la rubrique de *faits divers*, leur liste remplit chaque jour une page de nos journaux. La guerre est encore aujourd'hui populaire ; il semble que l'homicide n'ait qu'à être réglé pour devenir glorieux. Le plus pacifique d'entre nous s'émeut au récit d'un beau carnage, et non pas toujours et précisément de pitié. Nous nous attribuons une humanité mensongère. Pendant que nous faisons le rêve de la fraternité universelle, nous gardons au fond du cœur les passions brutales qui sont le germe de la guerre existant

---

[1] *Luitur homicidium certo armentorum ac pecorum numero, recipitque satisfactionem universa domus.* Tacite, *Germanie*, 21.

[2] Nous empruntons ces citations à Littré : *Origine de l'idée de justice.*

entre les hommes. A ceux qui accueillent trop aisément l'espoir de l'avènement définitif de l'amour et de la paix dans l'humanité, rappelons qu'en France l'époque de la philanthropie sincère, enthousiaste et émue fut aussi celle de la tyrannie brutale et sanguinaire. Les Jacobins étaient des humanitaires de sentiment et de principe et des gouvernants féroces. Il y avait dans Robespierre l'âme d'un prêtre et d'un bourreau. Gardons-nous de l'illusion d'un sentimentalisme naïf. N'espérons pas voir disparaître les crimes de la terre, par la vertu de « la religion de la souffrance humaine », autrement dit, par la seule impulsion de la pitié. Les hommes resteront toujours doués pour le mal comme pour le bien. Par les crimes du passé on peut augurer de ceux que l'avenir peut commettre. Il est vrai, certaines atrocités ont à jamais disparu : le cannibalisme, la pénalité barbare, etc. ; mais la férocité, qui en était le principe, demeure un fait persistant. Les écrivains, qui s'intitulent réalistes, observent des traces évidentes de la sauvagerie primitive dans tout milieu social, chez les ouvriers (*Germinal*), chez les paysans (*La Terre*), et leurs tableaux sont vrais, encore que chargés. On sait que Zola a prophétisé le meurtre de Watrin. Et il ne faut pas croire que l'éducation ou l'amélioration des conditions sociales suffise pour affranchir les hommes des passions brutales.

Mais, quand même ces passions disparaîtraient, la vie humaine ne serait pas pour cela préservée. Quand les hommes ne seraient plus meurtriers par cruauté, ils pourraient en effet l'être encore par indifférence ou veulerie. C'est ainsi que notre pitié est si peu éveillée, ou du moins si peu énergique et active, que nous laissons par négligence périr nos enfants. La statistique a depuis longtemps révélé la dépopulation causée par l'industrie nourricière[1]. Pour n'être pas préméditée, voulue, la mort des nouveau-nés, abandonnés aux soins mercenaires, n'en est pas moins consentie. Si elle n'est pas le fait d'une cruauté positive et réelle, elle n'en atteste pas moins l'absence ou le défaut de pitié.

La pitié ne peut donc pas être le fondement de la morale; elle ne peut pas être, en particulier, la sauvegarde de la vie humaine. En effet, il lui manque d'abord d'être primitive et universelle; il lui manque ensuite, alors que, par le progrès de la civilisation, elle est entrée dans les mœurs, d'être assez ardente et assez éclairée pour être un principe d'action toujours sûr. Elle n'est pas seulement, à l'ordinaire, un sentiment tiède; elle est encore mal réglée. Nous ne l'éprouvons pas également pour tous les hommes; nous en manquons, ou du moins nous l'éprouvons trop faiblement, à l'égard de nos ennemis, soit publics, soit privés. Enfin, si l'on en déplore le plus souvent le défaut, il faut aussi en redouter les excès. Il y a une « pitié meurtrière, qui met des coussins sous les coudes des pécheurs » (Bossuet), qui excuse, absout et encourage les vices, qui peut s'opposer à l'accomplissement de devoirs essentiels, comme la répression des crimes ou la guerre défensive. La pitié ne peut donc, en aucune façon, être prise pour règle ou principe d'action. Il faut en craindre à la fois les emportements et les défaillances. Mais si elle n'est pas le principe sur lequel se fonde le respect de la vie humaine, quel est donc ce principe ?

Ce ne peut être que le droit. L'homme a le droit de vivre, et ce droit peut être établi d'abord *négativement*;

---

[1] Cf. Bertillon. *Statistique humaine de la France*, ch. VIII. Paris, Alcan.

il repose sur la possession, en ce sens où l'on dit : *possession vaut titre ;* il n'a pas à être prouvé ; c'est celui qui voudrait détruire ce qui est, anéantir la vie, qui devrait prouver qu'il use d'un droit, et ne s'arroge pas un pouvoir exorbitant et monstrueux. En outre, si le droit de vivre ne paraît pas ressortir assez de l'impossibilité de poser le droit contraire, si l'on veut qu'il reçoive une justification *positive* et *réelle*, on dira que ce droit se fonde sur la valeur morale de la vie ou de la destinée humaine. Et par là on entend, non pas qu'une vie humaine n'est sacrée qu'autant qu'elle est utile et bonne, mais que toute vie est sacrée, par cela seul qu'un principe de moralité réside en elle, que la moralité *peut*, sinon *doit* en sortir. En d'autres termes, quand la moralité serait le terme, non pas naturel et nécessaire, mais présumable et seulement possible, auquel vient aboutir le développement d'une vie humaine, ce serait assez pour que cette vie nous parût digne de respect. Ainsi nous avons une raison de condamner l'homicide, en dehors même de l'horreur qu'il inspire. Nous ne répudions pas le sentiment de la pitié, mais nous voulons qu'il soit justifié au nom d'un principe rationnel, et qu'ainsi on sache pourquoi et dans quelle mesure il convient de s'y abandonner et de le suivre. Ce n'est pas méconnaître le rôle de la pitié que de trouver à ce sentiment un sens et de dégager l'idée morale à laquelle il répond. Enfin il importe, au point de vue pratique, de ne pas donner pour base au respect de la vie humaine la pitié, car la vie humaine serait alors seulement épargnée, octroyée par grâce et merci, tandis que si elle a les caractères du droit, si elle est inviolable et sacrée, elle devient exigible, et le respect en peut être au besoin imposé par la force.

Il n'y a pas en morale de règles absolues, applicables dans toute leur rigueur. Ce qui le prouve, c'est qu'on ne peut ni ne doit observer toujours, et à la lettre, la maxime du Décalogue : *Tu ne tueras point*. Il est, en effet, un cas au moins, où il est permis de donner la mort : c'est celui où l'on n'a pas d'autre moyen de défendre sa vie injustement attaquée.

Le droit de légitime défense ne contredit d'ailleurs qu'en apparence le respect de la vie humaine. Ma vie, en effet, est sacrée au même titre que celle de mes semblables : je *puis* donc la défendre comme je défendrais la leur. Bien plus, je le *dois*. L'obligation de se défendre soi-même n'est, moralement, ni moins impérieuse ni moins bien fondée que celle de secourir les autres dans le danger. Pousser l'abnégation jusqu'à épargner la vie de celui qui m'attaque serait folie ou lâcheté ; ce serait abdiquer ou trahir le devoir, loin de le dépasser. La morale théologique défend de « se servir de l'épée ». Elle fait de la force l'objet d'une proscription absolue, elle la condamne en elle-même, quel qu'en soit l'usage, et alors qu'elle serait mise au service du droit ; elle voit dans le meurtre, considéré matériellement ou en soi, une *souillure* ; elle enjoint de se conserver *pur* du sang versé. En cela, elle s'inspire non d'un principe de justice, mais d'une idée mystique. Si, en un sens, il est bon et avantageux d'éprouver pour l'acte brutal de l'homicide une horreur sacrée, analogue à la répugnance physique ou au dégoût, du point de vue moral, il convient cependant de le considérer autrement, à savoir avant tout et uniquement comme une violation du droit. C'est par là que l'homicide est un crime. Si la mise à mort d'un homme était réclamée au nom de la justice, si elle apparaissait comme une mesure de défense nécessaire, il ne faudrait pas s'en détourner comme d'une action sacrilège, il faudrait avoir le courage de la décréter. Il importe donc de définir l'homicide, de remonter au principe qui le condamne, et de ne pas se contenter d'en inspirer l'horreur et le dégoût.

CAS DE LÉGITIME DÉFENSE

Le cas de légitime défense, c'est-à-dire l'autorisation de tuer pour n'être pas tué, existe : 1° pour les individus, 2° pour un peuple à l'égard des autres peuples, 3° pour la société à l'égard de ses membres qui se mettent en révolte contre les lois.

Les hommes, menacés dans leur existence de peuple, sont tenus de se défendre, comme s'il s'agissait de leur vie individuelle. La guerre *défensive* est un devoir sacré. De même la société ne saurait permettre que les malfaiteurs complotent sa ruine : elle a le droit et le devoir d'opposer la force à la force, et de tuer, si elle n'a pas d'autre moyen de les mettre hors d'état de nuire, ceux de ses membres dont la vie est, pour les autres, une menace et un danger. Il n'y a pas de principe supérieur de justice, il n'y a qu'une sentimentalité mystique, qui condamne la guerre défensive et les mesures de police et de défense sociales. Il serait au contraire d'une justice à rebours de prêcher l'impunité des crimes et l'abandon de la défense nationale. On ne peut être humanitaire et pacificiste, sans restriction, sans réserves. Pour reprendre un mot célèbre, que nous nous résignons à citer encore, non parce qu'il est piquant, mais parce qu'il est vrai, tout honnête homme a le droit de dire : « L'abolition de la peine de mort, j'en suis ! mais que MM. les assassins commencent ! » Et tout peuple loyal, de même : L'abolition de la guerre! j'y souscris, je l'appelle de mes vœux, mais que tous les peuples désarment!

Il faut donc reconnaître le droit de légitime défense. Mais cela ne suffit pas. Il faut dire encore comment et par qui ce droit doit être exercé.

C'est un principe universellement admis que nul ne doit se défendre lui-même ou se faire à lui-même justice. Il y a à cela deux raisons : l'une, de fait, l'autre, de droit : une impossibilité matérielle et une inconvenance morale. L'individu, réduit à ses propres forces, serait, en effet, souvent hors d'état de défendre et de faire valoir ses droits; il a donc intérêt à recourir à la protection de la société, plus forte qu'aucun individu isolé. Mais, quand même l'individu aurait pour lui la force, il conviendrait qu'il n'en usât point; étant juge en sa propre cause, il mettrait, en effet, ou pourrait mettre trop de passion et de colère à venger les offenses subies; il userait de représailles, lorsqu'il croirait exercer seulement un acte de réparation et de justice. Il doit donc être défendu à la fois contre lui-même et contre les autres. Il doit renoncer à exercer personnellement ses droits, il doit en faire abandon à la société. Il faut que des cas se présentent où la société ne le protège plus, où il n'ait à compter, où il ne puisse compter que sur lui-même, pour qu'exceptionnellement il se défende et soit autorisé à le faire. Mais quels sont ces cas?

On en invoque d'ordinaire trois : la vendetta, le duel, le tyrannicide. Sont-ils recevables et fondés?

La *vendetta* est la vengeance qu'une famille tire du meurtre ou de tout autre attentat commis contre l'un des siens. Elle a pu se justifier à l'origine. Il y eut des pays, comme la Corse sous la domination génoise, où la justice, impuissante ou corrompue, laissait les crimes impunis ; les particuliers, n'y étant pas protégés par les lois, se firent une habitude, et aussi un honneur, de se protéger eux-mêmes. Mais la vendetta n'apparaît plus aujourd'hui que comme la survivance d'une pratique barbare à une époque de civilisation. Il y a abus, de la part des individus, à vouloir jouer encore le rôle de justiciers, après que s'est établie une justice régulière pour la poursuite des crimes. La vendetta a d'ailleurs ceci de monstrueux qu'elle est une guerre de représailles de famille à famille, le crime initial suscitant une vengeance qui s'exerce, non sur le coupable lui-même, mais sur tous les siens ; la justice ainsi n'est jamais satisfaite, et la vengeance engendre la vengeance sans fin.

Le duel n'est pas moins suranné et barbare. A l'origine, il reposait sur une idée morale. Il était un appel au *jugement de Dieu*. On croyait que, dans les combats singuliers, l'offensé, grâce à la protection divine, pouvait faire triompher son droit. Mais aujourd'hui qu'on ne croit plus à l'intervention de la Providence en matière de duel, il est absurde qu'on ait recours à la chance des armes pour régler un différend. L'extravagance du duel consiste à trancher par un coup de dés une affaire d'honneur, un débat de justice, partant, si les chances sont égales, à accepter d'avance, comme solution possible d'un tel débat, la pure et simple aggravation de l'offense. En aucun cas le duel ne saurait être présenté comme une « réparation »; en effet, il n'est jamais un châtiment égal à la faute ; tantôt il se borne à une égratignure, tantôt il se termine par la mort; dès lors, quand même il tournerait toujours à l'avantage de l'offensé, il serait encore injuste par une disproportion fréquente entre l'injure subie et la vengeance exercée. Le duel ne peut être que ridicule ou odieux. Il est ridicule, s'il est une parade, le prétexte d'une note publiée dans les journaux sous la rubrique : « Échange de balles sans résultat »; il est odieux s'il est un moyen de se débarrasser d'un ennemi, cet ennemi fût-il détesté à bon droit et pour les raisons les plus fortes. Chez les duellistes de profession, il est un assassinat à coup sûr, un guet-apens déguisé. Si, chez les duellistes de rencontre, il est une lutte à chances égales, un risque également réparti, il n'en reste pas moins une immoralité et une extravagance. La vengeance ne change pas de nature, parce qu'on l'exerce en exposant sa vie. Le duel entre gens d'honneur cesse d'être sans doute un homicide pur et simple ; mais il est alors, suivant la formule heureuse de Renouvier, « un suicide conditionnel, subordonné à un homicide manqué ». Il est en fait, toujours déplorable et ne peut moralement se défendre.

D'où vient cependant qu'il reste populaire, et que les moralistes en dénoncent en vain l'extravagance et la sauvagerie? C'est qu'il apparaît comme un recours contre des injustices que les tribunaux n'atteignent pas. « Il ne faut point, dit Rousseau, que l'honneur des citoyens soit à la merci d'un brutal, d'un ivrogne ou d'un brave coquin... Un soufflet et un démenti reçus et endurés ont des effets civils, que nulle sagesse ne peut prévenir, et dont un tribunal ne peut venger l'offensé. L'insuffisance des lois lui rend donc en cela son indépendance ; il est alors seul magistrat, seul juge entre l'offenseur et lui ; il est seul interprète et ministre de la loi naturelle ; il se doit justice et peut seul se la rendre. » Bien plus « loin qu'ici la clémence, qu'en tout

---

[1] Rousseau : *Émile*, liv. IV, sub. fin., note.

autre cas prescrit la vertu, soit permise, elle est défendue ; et laisser impuni son déshonneur, c'est y consentir ; on lui doit sa vengeance, on se la doit à soi-même ; on la doit même à la société et aux autres gens d'honneur qui la composent [1] ». Dès lors le duel a beau être absurde ; on craint moins de paraître illogique, en y recourant, le jugeant tel, que de paraître lâche ou insensible à l'honneur, en refusant de se battre, sous prétexte que les armes ne prouvent rien. Le duel sans doute n'est pas une solution, au point de vue de la justice ; mais il est une satisfaction donnée à l'opinion, qui demande que toute attaque contre l'honneur soit sentie et vengée d'une façon quelconque, par la voie consacrée des armes, à défaut d'une autre impossible à trouver, ou moins visible et qui serait moins comprise. La vengeance cherchée n'est pas réellement obtenue, mais c'est comme si elle l'était, parce qu'on a fait le possible pour l'obtenir. Le duel est donc un pis aller ; il n'est pas une « réparation », mais un semblant de réparation, dont il faut bien se contenter et qu'on croit devoir exiger.

Mais ce qui précisément le condamne, c'est qu'il ne satisfait personne, ni l'individu qui y recourt, ni le public qui l'approuve et l'impose. Il est une mesure générale et simpliste, adoptée une fois pour toutes, pour le règlement de toutes les affaires, dites d'honneur ; il n'en résout proprement aucune. Il n'a qu'une valeur fictive. Il est une convention, dont on n'est même pas dupe. Une opinion éclairée, au lieu d'admettre qu'on puisse et qu'on doive laver dans le sang toute offense, reconnaîtrait que c'est à chacun d'être juge, dans les circonstances diverses où

---

[1] Rousseau : *Lettre à l'abbé M. L...* du 14 mars 1770.

son honneur est en cause, des mesures par lesquelles il convient de le défendre, et laisserait même à l'individu l'initiative et l'honneur de la générosité et du pardon, au lieu d'imposer à tous, en toutes circonstances, la stupide et dérisoire obligation du duel.

Le préjugé d'où est sorti le duel date du moyen âge. Un préjugé aussi vivace et plus ancien est celui qui tient le tyrannicide pour légitime et glorieux. L'antiquité honore la mémoire d'Harmodius et d'Aristogiton. Nos historiens voient communément en Charlotte Corday une héroïne. Jamais la vie des souverains n'a été plus menacée que de nos jours; au lieu de s'affaiblir, le préjugé que nous dénonçons n'a fait que croître et s'étendre. L'éducation historique et morale, en se généralisant, pourra seule le détruire.

On n'aura pas de peine cependant à montrer combien il est injuste et dangereux qu'un individu se fasse juge des besoins d'une société, et décrète, en son nom privé, la mort de ceux qu'il tient pour des ennemis publics. Les serviteurs éminents d'un pays ont toujours passé pour des hommes funestes auprès de tel parti politique : leur tête sera-t-elle donc exposée aux coups du premier fanatique venu, appartenant à ce parti? Au moins faudrait-il que l'assassinat politique eût non seulement pour but, mais encore pour effet, la délivrance d'un peuple, et servît réellement les intérêts patriotiques bien entendus. Mais c'est ce qui n'arrive jamais. Le meurtre d'un tyran ne change pas la destinée d'une nation. Il y a, en effet, quelque chose de plus grave que l'existence du tyran, c'est l'état des mœurs populaires qui a amené le tyran, qui l'a fait accepter et le maintient. Pour détruire la tyrannie, c'est cet état qu'il faut changer, ce n'est pas la tête du souverain qu'il faut faire tomber. Au reste, pas plus qu'on ne doit croire aux hommes nécessaires ou providentiels, aux *sauveurs*, on ne saurait admettre qu'il existe des hommes si dangereux, qu'il suffise de les mettre à mort pour sauver l'État. Le tyrannicide est donc un crime inutile. Il y a mieux. C'est plus qu'un crime, c'est une faute. En effet le meurtre du tyran sert la cause de la tyrannie : il réchauffe le zèle de ses partisans, il devient le prétexte ou l'excuse des violences du pouvoir, et finalement il consolide le gouvernement qu'il avait pour but de renverser. En résumé il ne se justifie ni dans l'intention ni en fait. Il est un acte de passion aveugle, accompli par un individu en révolte contre la société légale ; il est de plus une violence inutile, un crime gratuit.

La règle : « Tu ne tueras point » est donc absolue, en dehors des cas de légitime défense, soit individuelle, soit sociale, et dans ces cas ne rentrent ni la vendetta ni le duel ni le tyrannicide. L'individu attaqué a le droit de tuer son agresseur, le soldat, son ennemi à la guerre. Mais la société a-t-elle le droit d'user de la même rigueur à l'égard des criminels ? Peut-elle être pour eux sans pitié, et leur appliquer la dure loi du talion ? On prétend que non, que, les ayant désarmés, mis hors d'état de nuire, elle ne peut, de sang-froid, leur infliger les supplices et la mort. Elle peut prendre sans doute contre eux les mesures les plus sévères, si sa sécurité l'exige ; elle peut leur imposer une détention perpétuelle, un isolement complet, elle peut les soumettre même à un traitement qui paraît pire que la mort, celui de la prison cellulaire ; mais elle ne peut leur donner la mort, sans abuser de sa force, sans outrepasser le soin de sa sûreté. La défense, en effet, n'est légitime qu'autant qu'elle est nécessaire : on n'a le droit de tuer un ennemi que pour éviter d'être tué par lui, et lorsqu'il n'y a pas d'autre moyen de l'éviter. Or tel n'est jamais le cas de la société vis-à-vis des malfaiteurs appréhendés et jetés en prison. Elle n'a plus à les craindre ni à s'en défendre. La peine capitale serait donc monstrueuse, et ne s'expliquerait que comme une survivance des codes barbares à notre époque de civilisation.

C'est ainsi que les moralistes généralement en parlent. Ils ne reconnaissent point à la société le droit de faire expier les délits et les crimes, mais seulement celui de les empêcher ; ils demandent qu'elle punisse, *non quia peccatum est, sed ne peccetur* (non pour réprimer la faute passée, mais pour empêcher la faute à venir) ; ils ne lui reconnaissent qu'un droit, celui de se défendre, et la peine capitale leur paraît une extension abusive de ce droit. Le point de vue où ils se placent est juste ; il s'agit, en effet, de savoir, non si les exécutions capitales causent à la foule brutale des émotions malsaines, et aux âmes sensibles des frissons d'épouvante et d'horreur, mais si elles inspirent à ceux que tenterait l'exemple du crime une crainte salutaire. On n'est pas non plus fondé à invoquer contre la peine de mort « l'incertitude des jugements humains » ; car, si cet argument est valable, il vaut aussi bien contre toute sanction sociale, quelle qu'elle soit. Tout faillibles qu'ils sont, les hommes ne renonceront jamais, et ne peuvent pas renoncer à juger, à prononcer des peines, même irréparables, car aussi bien les peines le sont toutes à quelque degré. L'unique question est donc bien de savoir si, « pour maintenir l'ordre et garantir la sécurité de tous, la société n'a pas besoin, ne peut jamais avoir besoin de verser le sang ». C'est ce point *de fait* qu'il faut résoudre, sans quoi tout le débat reste philosophique ou platonique.

L'historique de la question révèle des faits curieux, inattendus. On a continué à admettre la peine de mort en matière politique, alors qu'on la rejetait comme barbare en matière de droit commun[1]. Tant le point de vue de la défense, bien ou mal entendue, prime, en l'espèce, celui de la justice ! Le point de vue moral a pourtant prévalu, et l'opinion contraire est aujourd'hui adoptée. La condamnation à mort pour crimes politiques paraîtrait révoltante ; prononcée pour des crimes ordinaires, elle est jugée encore, à la rigueur, admissible. C'est que, dans ce dernier cas, nos sentiments d'humanité se partagent : nous devons choisir entre l'intérêt pour les criminels et l'intérêt pour leurs victimes. Et si des vies innocentes peuvent être préservées par la mort des coupables, comment hésiter ? Suffit-il, en fait, pour arrêter les crimes, de condamner les criminels à l'innocence forcée ? Mais d'abord cette innocence est malaisée à garantir. Et puis il s'agit de prévenir les crimes, de faire *des exemples*, d'opposer à l'audace criminelle la sévérité de la répression. Il paraît exagéré de dire qu'on n'en a pas le droit. Il faut, en effet, considérer la défense sociale comme un devoir et le remplir tout entier. On soutient encore que les exécutions capitales ne produisent pas l'effet de terreur cherché : on fait parler les chiffres, on invoque les statistiques pour prouver que l'abolition de la peine de mort n'entraîne pas une augmentation de crimes. On voit pourtant que des assassins prennent soin de venir opérer en Suisse, où ils ne courent point risque de mort. Il est certain qu'on a autrefois cherché vainement dans l'horreur et l'atrocité des supplices un contrepoids aux passions criminelles ; mais il ne s'ensuit pas qu'on doive compter

[1] Voir Franck : *Philosophie du droit pénal*, Paris, Alcan.

aujourd'hui sur la mansuétude pour désarmer ces passions, et la peine capitale est peut-être une rigueur nécessaire. En tout cas on ne voit pas que les mesures par lesquelles on propose de la remplacer soient heureuses ; la prison cellulaire est un supplice plus cruel et plus raffiné, qui tue « l'homme intellectuel et moral, en laissant subsister l'homme physique » ; les travaux forcés, s'il faut en croire un observateur informé, Jean Carol, seraient un châtiment dérisoire, le scandale de la criminologie humanitaire. Si l'on a fait, dans le passé, l'expérience d'une pénalité atroce, dépassant le droit de légitime défense, on fait aujoud'hui celle d'une pénalité insuffisante, restant au-dessous de ce que la défense exige. L'abolition de la peine de mort, réclamée au nom des principes et déjà presque réalisée en fait, procède peut-être moins de l'humanité et de la justice véritable que de je ne sais quelle horreur physique de la mort sanglante, de je ne sais quelle lâche pitié, d'ailleurs inégalement répartie entre les bourreaux et les victimes, et enfin de l'abandon ou du relâchement du devoir de défense sociale.

RESPECT DE LA VIE EN GÉNÉRAL

DEVOIRS ENVERS LES ANIMAUX

Dans la notion des devoirs les plus simples se trouvent impliquées déjà des hypothèses ou croyances métaphysiques. Ainsi, la façon dont nous entendons nos devoirs envers les animaux dépend de la théorie que nous adoptons sur la nature de leur vie. Un cartésien convaincu, qui voit en eux des automates, sera brutal sans remords. Malebranche donnait de grands coups de pied à sa chienne, qui était pleine, et disait à Fontenelle qui s'en étonnait : « Vous ignorez donc que cela ne sent pas ! » MM. de Port-

Royal, pour étudier la circulation du sang, ouvraient le ventre à des chiens vivants, et étaient bien étourdis, mais non émus de leurs cris. Ainsi, il ne serait peut-être pas, même en métaphysique, d'erreurs ou de paradoxes innocents, puisqu'on voit des hommes du caractère le plus doux se porter, en conséquence de leurs dogmes philosophiques, à des actes barbares. Heureusement, le bon sens nous sauve, en général, de ces hardiesses spéculatives. En dehors des philosophes, l'automatisme n'a jamais rencontré de partisans. Mme de Sévigné ne pouvait croire que sa petite chienne Marphise ne fût qu'une machine. Selon La Fontaine, il n'y a pas de raison pour refuser aux animaux ce qu'on accorde aux enfants : une âme

> Capable de sentir, juger, rien davantage,
> Et juger imparfaitement,
> Sans qu'un singe jamais fit le moindre argument.

Même les théologiens les plus sages, comme Bossuet (*De la Connaissance de Dieu et de soi-même*), ne font pas difficulté de reconnaître une âme animale, quoiqu'ils se mettent ainsi dans le cas de résoudre l'embarrassant problème de la destinée d'une telle âme. C'est qu'il serait aussi par trop paradoxal de soutenir que les animaux sont des êtres dénués de sentiment.

Mais, s'il tombe sous le sens que l'animal a une vie psychologique, il n'est ni évident ni prouvé qu'il faille attribuer à cette vie une valeur. Selon Kant, l'animal, à qui manquent la liberté et la raison, a droit peut-être aux ménagements et aux égards, mais non pas au respect. Nous ne sommes liés envers lui par aucun devoir. « L'homme « ne saurait avoir d'obligation envers aucun être que « l'homme. » (*Éléments métaphysiques de la Doctrine de la Vertu*, § 16.) Les êtres, qui ne s'élèvent pas à la dignité de la *personne* sont, au regard du moraliste, de simples « choses »; nous sommes donc autorisés à nous servir des bêtes, comme de « moyens », à en faire des instruments de travail, à nous nourrir de leur chair. Il semble que nous ayons sur elles tous les droits, sans avoir envers elles aucun devoir. Toutefois, Kant n'admet pas qu'on se montre cruel envers les animaux. Ce n'est pas qu'il songe à les préserver des mauvais traitements, mais il veut nous sauver, nous, de ce qu'il regarde comme une indignité. « La cruauté envers les bêtes, dit-il, est la violation d'un « devoir de l'homme *envers lui-même;* elle émousse « en l'homme la pitié pour les douleurs des bêtes, et par « là affaiblit une disposition naturelle, de celles qui con- « courent le plus à l'accomplissement du devoir envers les « autres hommes. » (*Ibid.*, § 17.) Il est heureux pour l'animal que l'homme se fasse honneur du sentiment de la pitié; ce pauvre être « hors la loi morale » tire parti de cette circonstance fortuite, que nous ne pouvons nous porter à la brutalité envers lui, sans nous ravaler nous-mêmes.

Kant prouve ici par son exemple qu'il est plus aisé de proclamer, ou même de définir, les devoirs envers les animaux que de découvrir le principe auquel ces devoirs se rattachent, et de leur assigner la place qui convient en un traité de morale. Schopenhauer fait bien voir à quel point on dénature ces devoirs, quand on les présente comme une dépendance de la morale individuelle : « Si « donc, dit-il, poussant jusqu'au bout le raisonnement de « Kant, l'homme doit compatir aux souffrances des bêtes, « c'est pour s'exercer; nous nous habituons sur elles, « comme *in anima vili*, à éprouver la compassion envers « nos semblables. Et moi.... je dis que de telles pensées

« sont odieuses et abominables... Comme la morale chré-
« tienne n'a pas un regard pour les animaux, dans la
« morale des philosophes aussi, ils demeurent hors la loi :
« de simples « choses », des moyens bons à tout emploi,
« un je ne sais quoi fait pour être disséqué vif, chassé à
« courre, sacrifié en des combats de taureaux et en des
« courses, fouetté à mort au timon d'un chariot de pierres,
« qui ne veut pas s'ébranler. Fi ! la morale de Parias, de
« Tschandalas (caste de lépreux), de Mlchas (étrangers, et
« par suite barbares) qui méconnaît l'éternelle essence, pré-
« sente en tout ce qui a vie, l'essence qui, dans tout œil
« ouvert à la lumière du soleil, resplendit comme dans une
« profondeur pleine de révélations ! » (*Le Fondement de la
Morale*, trad. Burdeau, p. 64). Schopenhauer a raison :
Si l'homme doit traiter les animaux avec bonté, ce n'est
pas qu'il s'honore en accordant sa bienveillance à des êtres
plus humbles; c'est que ces êtres si humbles doivent lui
être à lui-même sacrés, par cela seul qu'ils ont part au
sentiment et à la vie. Ce qui fait la valeur de la vie
humaine, c'est, avons-nous dit, l'infini qu'elle enveloppe.
Or la vie animale n'est pas moins pleine de mystère. Ses
manifestations les plus humbles commandent l'admiration
et le respect. On raconte que Leibniz demeura, un jour,
frappé d'étonnement devant un insecte qu'il avait eu la
curiosité d'examiner à la loupe. Puis « il éprouva un sen-
« timent de sympathie pour ce petit être dont la vue
« avait élevé sa pensée jusqu'à l'idée de l'infini ; ce spec-
« tacle l'avait instruit et lui avait été comme un bienfait.
« Ainsi replaça-t-il avec précaution et respect, sur la
« feuille où il l'avait pris, ce petit monde vivant, qui résu-
« mait en lui les beautés du grand univers. » (Guyau : *la
Première année de Lecture courante*). La science relève

chaque jour dans notre esprit la vie animale, à mesure qu'elle révèle ses secrets. N'a-t-elle pas, par exemple, émis l'hypothèse que l'animalité, à tous ses degrés, représenterait les phases traversées par l'être humain au cours des siècles ? Les animaux seraient alors, à la lettre, nos « frères inférieurs ». Aucun d'eux ne serait digne de notre mépris, parce que nous ignorons l'avenir qui l'attend, parce que nous ne pouvons dire s'il n'aspire pas déjà, d'aussi loin qu'on voudra, à l'humanité où nous sommes arrivés avant lui. Quoi qu'il en soit de ces théories, le mystère qui plane sur la destinée de la vie animale est déjà pour nous une raison de la respecter, de la tenir provisoirement pour bonne, de la laisser s'accomplir, tout comme l'ignorance où nous sommes de ce qui peut sortir d'une vie humaine nous commande de laisser cette vie se développer et porter ses fruits.

Mais de ce principe général que la vie a une valeur, il s'ensuit seulement que nous avons des devoirs envers les êtres qui ont vie. Jusqu'où vont ces devoirs ? Quelle est leur formule précise ? C'est ce qui nous reste à déterminer. En outre, notre nature nous élève au-dessus de l'animal : nous avons sur lui des droits, quels sont ces droits ?

DROITS DE L'HOMME SUR LES ANIMAUX

1° LE DROIT DE VIE ET DE MORT. — 2° LES VIVISECTIONS. 3° LA DOMESTICATION.

L'homme s'est proclamé souvent « le roi des animaux ». Comme tous les rois, il s'est arrogé sur ses sujets le droit de vie et de mort. Ce droit ne paraît pas contestable, lorsqu'il s'exerce sur les animaux féroces, nos ennemis naturels, ou encore sur les bêtes inoffensives, dont la chair nous sert de nourriture et la dépouille de vêtement. Il n'est pas douteux que la vie humaine est infiniment plus précieuse que celle des animaux. Si ces deux vies doivent se développer nécessairement aux dépens l'une de l'autre, qui donc hésiterait à sacrifier la seconde? Aussi y a-t-il un excès de sensibilité à ne vouloir jamais verser le sang des animaux, et à s'interdire la viande. La nature, qui nous a faits carnivores, est seule responsable de ce qui se passe dans les abattoirs. Renan va plus loin; il soutient que les animaux tout les premiers entreraient dans les vues de la Providence, s'ils pouvaient les connaître, et voudraient faire le sacrifice de leur vie misérable à l'humanité, dont la pensée glorieuse est le reflet du monde. Mais si nos besoins sont le fondement, ils marquent aussi la limite du droit que nous nous reconnaissons sur la vie des bêtes. Ainsi la chasse est légitime, en tant qu'elle assure notre subsistance, mais elle devient immorale, en tant qu'elle n'est qu'une œuvre de destruction, accomplie par plaisir.

Si les bêtes ne peuvent être immolées qu'à nos besoins, que penser, par exemple, des vivisections? La curiosité scientifique n'est peut-être pas un besoin qui doive être satisfait, j'entends au prix de la souffrance et de la mort des animaux. C'est là, en effet, ce qu'on pourrait soutenir, si les vivisections pratiquées par les savants n'offraient qu'un intérêt de spéculation, si elles n'avaient pas, je n'ose dire pour but, mais au moins pour effet, d'apporter un remède à la souffrance des hommes, en leur découvrant les conditions de la santé ou les lois de la vie. L'antivivisectionnisme commet la faute de réserver sa pitié aux bêtes. Qu'il le sache ou non, il prend son parti de nos souffrances, à nous ; il s'oppose en effet aux progrès de la médecine, en proscrivant les expériences qui sont la condition de ce progrès. Rien de plus déraisonnable que l'acte de cette femme, qui, pour venger les intéressantes victimes des laboratoires, donnait des coups d'ombrelle à M. Brown-Séquard ; il est au moins aussi grave de brutaliser un vivisecteur que de pratiquer la vivisection. Mais il y a un antivivisectionnisme fort sage, c'est celui qui demande qu'on épargne aux animaux toute souffrance inutile, qu'on refuse de les soumettre à des expériences n'offrant qu'un intérêt de pure curiosité ; c'est celui qui prétend que les vivisections peuvent être un procédé de recherche scientifique, non une méthode d'enseignement ou un artifice de démonstration, et qui, en conséquence, les croit autorisées dans les laboratoires, non dans les salles de cours. Il peut être utile, en certains cas, de rappeler les savants à l'humanité. La ligue antivivisectionniste se justifie donc dans la mesure où elle est une protestation de la conscience contre les brutalités gratuites, infligées aux animaux.

L'homme peut, toujours dans la mesure de ses besoins, attenter à la liberté aussi bien qu'à la vie des bêtes. Il peut en faire des instruments de travail, « des outils animés ». La domestication est d'ailleurs aussi avantageuse à l'animal qu'indispensable à l'homme. Elle crée un lien entre lui et nous, elle est un échange de services qui engendre une mutuelle affection. On sait qu'elle opère des miracles, qu'elle transforme les instincts de la brute, qu'elle fait des animaux sauvages des serviteurs de l'homme dévoués et fidèles. Elle a eu sur nous-mêmes la plus heureuse influence : elle nous a fait entrer dans l'âme des bêtes, elle nous a fait prendre intérêt à leur vie, elle nous a révélé peut-être nos devoirs envers elles. La domestication a été et continue d'être, pour l'homme, une initiation à la bonté envers les animaux. C'est, en effet, presque exclusivement par l'affection et les caresses qu'il s'attache les chiens, par exemple. Toutefois il existe une forme de domestication barbare : c'est le dressage ou l'éducation par le fouet et les coups. Le dressage peut être nécessaire (le dressage des chiens à la chasse par exemple), mais le plus souvent il est une violence gratuite, faite aux instincts de l'animal. Le dressage des chevaux de cirque, des singes, des chiens et des loups savants est non seulement une déformation de la nature animale, qui choque le goût esthétique, mais encore et surtout une œuvre de brutalité, qui révolte la conscience. Trouve-t-on un tel jugement sévère ? Qu'on veuille bien remarquer qu'il se fonde sur cette maxime fort simple et dont l'énoncé n'a rien de sentimental : notre devoir est de réduire au minimum la souffrance des bêtes.

C'est de ce seul principe que nous ferons dériver presque tous les devoirs envers les animaux. Par exemple, nous condamnerons les jeux dans lesquels la souffrance des bêtes est érigée en spectacle (combats de coqs, de taureaux), — les tortures infligées aux animaux par les raffinements de la gourmandise (ex : le gavage des oies, des poules, qui est une maladie de foie provoquée), — les jeux cruels des enfants qui font des animaux leurs souffre-douleurs (La Fontaine, *Fables* IX, II. *Les deux pigeons* — V. Hugo : *Légende des siècles, le Crapaud*), — les mauvais traitements enfin, que n'épargne pas même aux animaux domestiques la brutalité des hommes, laquelle s'aggrave ici d'une sorte d'ingratitude. (La Fontaine, *Fables* X, II. *L'homme et la Couleuvre*). On le remarquera, tous les devoirs qui précèdent ont un énoncé négatif ; il semble que, pour être quitte avec les animaux, l'homme n'ait qu'à s'abstenir de leur faire du mal. Il est juste pourtant qu'il les aime encore pour l'attachement qu'ils lui montrent, qu'il leur soit reconnaissant de leurs services, qu'il ait pitié de leurs souffrances.

Ce qui fait le prix des devoirs envers les animaux, c'est que leur accomplissement est une des formes les plus touchantes de la bonté, à savoir de celle qui s'exerce envers les humbles. Il est vrai, en outre, comme Kant l'a remarqué, que ces devoirs ont avec les devoirs les plus élevés des rapports étroits ; la brutalité, qui ne s'exerce que sur les bêtes, ne laisse pas d'être grave; elle a le même principe que la dureté à l'égard des hommes, et elle y conduit. On dirait bien, par exemple, des combats de taureaux ce que Sénèque disait des combats de gladiateurs qu'ils sont une école de cruauté. — Toutefois, il convient de placer à leur rang les devoirs envers les animaux : ces devoirs ne viennent qu'après les devoirs envers les hommes. Aussi y a-t-il à l'égard des bêtes une sensibilité de mauvais aloi. On attache à bon droit le ridicule aux gâteries dont les chiens sont l'objet (chiens de manchon, levrettes en paletot). Il est scandaleux qu'on ait la pensée de fonder un hôpital pour les chiens, tant qu'on n'a pas pourvu au soulagement de toute souffrance humaine. La morale est ici d'accord avec le bon sens : elle ne s'élève pas moins contre le culte que contre le mépris des bêtes, contre la sensiblerie que contre l'inhumanité.

Sujets à traiter :

I. — *Sur quel principe se fonde le respect de la vie humaine ?*

II. — *Examen et critique des arguments par lesquels on défend le duel.*

III. — *Examen et critique des arguments par lesquels on défend le tyrannicide.*

IV. — *Le droit de défense sociale. Son étendue, ses limites.*
V. — *Le droit de défense nationale. — Mêmes divisions.*
VI. — *Le droit de défense individuelle. — Mêmes divisions.*

CHAPITRE XI

LA LIBERTÉ

SOMMAIRE

I. On a longtemps présenté l'esclavage comme une nécessité sociale et un fait naturel (Aristote). Mais la liberté s'est révélée plus féconde, plus avantageuse que l'esclavage : elle s'est affirmée et imposée par ses bienfaits. Elle s'est substituée au massacre des prisonniers de guerre. L'esclavage étant reconnu désastreux, on en sentit et on en mesura l'injustice. En quoi consiste cette injustice. Ses effets, ses conséquences lointaines. Elle s'implante si avant dans les institutions et les mœurs qu'elle semble indéracinable, et que le mal paraît moindre de la laisser durer que de la faire disparaître par la violence. L'esclavage pourtant ne peut se justifier, si adouci qu'il soit. La question n'est pas de savoir s'il doit être aboli, mais comment il doit l'être. L'émancipation progressive serait préférable, mais une révolution est presque toujours nécessaire. Intérêt actuel de la question de l'esclavage. Deux conditions de toute société normale : la justice et la bonté.

II. La *liberté individuelle*. Son fondement. Ses limites.

III. La *liberté du travail*. Son principe. Comment elle peut être respectée en apparence et violée en fait, sous le régime de la concurrence. Son importance sociale. Le droit de travailler et le droit au travail.

LA LIBERTÉ

La liberté proprement dite, ou le pouvoir de disposer de sa personne, apparaît aujourd'hui comme un droit primordial, appartenant à tout homme en tant qu'homme.

Cependant on a longtemps contesté ce droit pour des raisons d'ordre moral et économique, au nom de la nature et des nécessités sociales. Aristote [1] a soutenu que l'esclavage n'était pas seulement légal, mais conforme à l'ordre des choses, nécessaire et juste, avantageux pour l'esclave comme pour le maître. L'intérêt supérieur de la société lui paraissait exiger que le travail servile mît l'élite à l'abri des besoins matériels, lui assurât des loisirs, pour qu'elle pût s'appliquer au gouvernement des États, à la philosophie et aux sciences. D'ailleurs l'inégalité est dans la nature : il y a des hommes faits pour commander, d'autres, pour obéir. Aristote ne concevait pas, d'une part, que les tâches matérielles, si pénibles et si rudes, pussent devenir jamais volontaires; de l'autre, que la hiérarchie sociale, nécessaire et légitime, pût, dans l'ordre économique, s'exprimer autrement que par le rapport net et tranché de maître à esclave. Au Moyen âge, Saint Thomas justifiait le servage par les mêmes raisons. Selon lui, c'est aussi un effet naturel de la division du travail, que quelques-uns se vouent « aux œuvres de l'épée et de l'intelligence, protègent la société et pensent pour elle, tandis que les autres ont à s'occuper du travail matériel ».

Ne nous hâtons pas trop de crier au scandale, et de flétrir comme monstrueuses ces erreurs d'esprits d'ailleurs grands et honnêtes [2]. D'abord c'était déjà un progrès qu'on

---

[1] Aristote : *Politique*, ch. I.
[2] Renouvier, parlant de l' « aveuglement des philosophes » sur la question de l'esclavage, ne croit pouvoir l'expliquer que par l'ignorance ou la mauvaise foi. « Les uns, dit-il, ne voient pas comment le droit serait possible ou la raison applicable et mettent au compte de la nature l'injustice qu'ils se dissimulent : voilà ce qu'Aristote et la plupart des anciens ont fait en traitant la question de l'esclavage. Les autres, à qui l'histoire et la morale devraient enfin donner de meilleures lumières, cèdent, au fond, à des intérêts de caste ou à de

mit en question, c'est-à-dire en doute, la légitimité de l'esclavage. Soumettre un préjugé à la raison, c'était se préparer à le détruire. « En cherchant dans la nature les raisons d'une institution contre nature », on ne pouvait arriver qu'à « en montrer plus évidemment l'injustice[1] ». En fait, les arguments invoqués par les philosophes en faveur de l'esclavage n'ont pu soutenir l'épreuve du raisonnement. Ainsi Aristote avait dit qu'il faudrait toujours des « outils vivants », c'est-à-dire des esclaves, car les instruments inanimés ne travaillent pas d'eux-mêmes; « les navettes ne tissent pas toutes seules », il faut que l'homme les mette en mouvement. Or précisément cela n'est plus aujourd'hui qu'à moitié vrai; les machines remplacent les bras, fonctionnent presque seules, et ainsi logiquement ont dû, sinon abolir, du moins restreindre l'esclavage. De plus, tandis que l'esclavage et le servage étaient reconnus, à l'user, des régimes improductifs et ruineux, en raison de l'indolence, de l'incurie des travailleurs, du gaspillage de la main-d'œuvre, la liberté se révélait inopinément active et féconde. La liberté n'est pas née, n'a pas eu besoin pour naître, des proclamations et des revendications des philosophes; elle s'est produite spontanément, elle s'est ouvert à elle-même sa voie. « L'industrie et le commerce avaient fourni une carrière à l'activité de beaucoup de gens qui n'étaient ni serfs ni propriétaires. C'est l'expérience faite par ces hommes, et la confiance qu'ils en avaient tirée dans le libre exercice de leurs forces, qui amenèrent le grand mou-

fausses notions d'autorité, et, voyant le mal très distinctement, le justifient par le mal même et le déclarent nécessaire. C'est ainsi que saint Thomas, dans ses théories, a rivé au nom du péché les chaînes du serf et de l'esclave. » (*Science de la morale*, t. I, p. 357, nouvelle édit., Paris, F. Alcan, 1908.)

[1] Fouillée : *Histoire de la philosophie*, p. 136. Paris, Delagrave, 1879.

vement de ralliement au principe de la liberté (Höffding). »

Par suite, au lieu d'invoquer la raison, consultons l'histoire. Voyons comment le principe de liberté est entré dans les mœurs, s'est imposé aux esprits. Il n'est point primitif ou inné, il est le produit d'une lente évolution. Il a remplacé l'esclavage, par un progrès naturel des mœurs, comme l'esclavage avait lui-même remplacé la coutume barbare du massacre en masse des prisonniers de guerre.

Aux temps de l'humanité primitive, le vainqueur dut se croire généreux et l'était en effet, lorsqu'il accorda la vie sauve à son ennemi désarmé et le constitua son esclave. Mais il se montrait surtout avisé : il tirait parti du vaincu, il s'en servait comme d'un instrument de richesse et de travail. Faisons à l'esclavage l'honneur de le prendre au sérieux, de le considérer comme un traité légal, d'en discuter la nature, les bases et les clauses : nous en verrons aussitôt ressortir l'immoralité ou l'injustice. Supposons deux peuples se faisant une guerre acharnée. « Le peuple envahisseur est enfin le maître et se croit en droit d'anéantir le peuple envahi. Les besoins de sa propre défense l'y poussent, et l'autre sent bien qu'il agirait de même s'il devenait le plus fort. » Alors survient le traité de servitude, stipulant « le désarmement, la soumission et l'ilotisme du vaincu, qui aura la vie sauve et les moyens de subsistance assurés[1] ». Que manque-t-il donc à ce traité pour être juste ? D'abord d'être librement contracté. Le vaincu le subit le couteau sur la gorge ; il se soumet, se résigne, mais n'abdique pas, ne peut pas abdiquer ses sentiments de haine, de rancune, ses espoirs de revanche. De plus le traité est unilatéral ; il ne représente que la

---

[1] Renouvier : *La Science morale*. F. Alcan, édit., Paris.

volonté du vainqueur, imposée au vaincu. Enfin, établi par la force, il ne se soutient que par la force. Toute promesse, arrachée au faible par la violence, ne peut être en effet qu'hypocrite et menteuse ; si l'occasion s'offre, si les moyens sont donnés de la violer, la violation en est sûre. Le vainqueur ne peut se faire d'illusion là-dessus ; il s'en fait si peu qu'il s'applique à maintenir l'esclave dans un état d'impuissance et de faiblesse, et qu'il aggrave la servitude par tous les moyens, non pas tant peut-être par cruauté que par crainte. Il l'aggrave d'ailleurs ensuite par cruauté, par acharnement et dépit de se sentir haï ; il l'aggrave enfin par paresse. « Connaissons bien, en effet, la pensée du maître : ce qu'il veut, c'est que l'ilote se trouve dans l'impossibilité de nuire à l'avenir, si ses dispositions venaient à changer ; en d'autres termes, il le dépouille de sa qualité d'homme, parce qu'un homme peut toujours devenir un ennemi ; ce qu'il veut encore, c'est que l'esclave, cette personne devenue chose, lui serve d'instrument, et lui permette de vivre sans travailler » (Renouvier). L'esclavage est donc en réalité la continuation de l'état de guerre ; il est l'exploitation du vaincu. Qu'importe qu'on épargne au vaincu la mort, si c'est pour confisquer sa vie ? Et quel est le moindre crime d'exterminer un peuple ou de vouer à l'esclavage tous ses descendants ?

Il n'est pas besoin de dire que l'esclavage, consistant à disposer des personnes comme de choses, est une injustice, une atteinte à la dignité humaine. Or l'injustice s'établit toujours à demeure. La grande faute est donc de la laisser naître, de l'autoriser une fois, par faiblesse, comme un moindre mal ; on s'ôte par là le pouvoir de l'enrayer jamais plus. Elle survit aux causes qui l'ont fait admettre :

ainsi l'esclavage, après avoir été à l'origine une mesure de sûreté prise contre les vaincus, subsiste quand les dispositions hostiles de ceux-ci et le souvenir même de la défaite se sont évanouis. Bien plus, elle se développe en un réseau inextricable de conséquences et, à la fin, on ne voit plus de voies honnêtes pour en sortir. D'abord les consciences s'endurcissent : on s'habitue à l'injustice, on en prend son parti ; à force de se prolonger, elle paraît naturelle, légitime. Puis le mal porte ses fruits ; il corrompt, il déforme victimes et bourreaux. Les esclaves prennent les mœurs de leur condition ; ils ne souffrent plus dans leur dignité, ils deviennent bas, vils et rampants. Les maîtres se rendent impropres au travail qu'ils méprisent. L'esclavage plonge ses racines si avant dans tous les sens qu'il paraît indestructible. Enfin il cesse d'être senti. Les hommes s'y adaptent ; la pratique l'adoucit ; à la longue, le maître devient humain, d'abord par intérêt, puis par sympathie et pitié ; l'esclave, de son côté, se montre fidèle et dévoué. Il semble que les institutions soient alors corrigées par les mœurs.

C'est à ce moment qu'elles trouvent des défenseurs ou des apologistes. On s'autorise de la charité pour manquer à la justice, on se persuade que l'esclavage peut faire des heureux. On ne nie point qu'il ait été injuste de l'établir ; on prétend qu'il y aurait cependant de l'inhumanité à l'abolir après qu'il s'est acclimaté, rendu tolérable. Et ce n'est pas là un pur sophisme. On voit, par l'exemple de l'esclavage, que les suites d'une première injustice peuvent être infinies et sembler irréparables, tant d'obstacles se dressent devant la bonne volonté, résolue à la détruire, tant d'intérêts contraires, de situations acquises et de droits légaux veulent être respectés ! C'est ainsi qu'on ne peut affranchir les esclaves, sans indemniser les maîtres[1]. On voit aussi que les principes doivent plier devant les faits. La claire notion des maux, qui peuvent sortir de l'âpre revendication du droit, irait presque jusqu'à faire, en certains cas, douter de la justice. Plus exactement, « nulle part mieux qu'ici, on ne voit comment la valeur des principes universels est conditionnée, en chaque cas particulier, par les circonstances spéciales auxquelles ils doivent s'appliquer [2] ». La transition de l'esclavage à la liberté veut être ménagée. Proclamer la liberté du jour au lendemain, ce serait dissoudre la société, non l'organiser. Ce serait jeter à bas une organisation sociale, dans laquelle l'individu, si misérable qu'il fût, était sûr pourtant de n'être jamais abandonné. Alors « le devoir étant tombé en même temps que la puissance, l'individu ainsi sacrifié se trouverait jeté dans le monde avec son titre d'homme libre à la main, sans peut-être savoir quel emploi il devrait faire de ses droits d'homme et de sa liberté. Une relation réelle et efficace de protection et de pitié serait tout d'un coup transformée en une relation vaine ou fictive de droit ». On n'aurait pas affranchi les hommes ; on n'aurait

---

[1] « Ce n'est pas que l'indemnité soit jamais due à l'injustice avérée », mais c'est qu'en vertu de la solidarité qui existe entre les membres d'une société, il serait injuste que quelques-uns seulement fissent les frais d'une réforme, c'est-à-dire de l'abolition d'une injustice, dont toute la société fut complice. Les bénéficiaires du régime aboli, ayant vécu « sous la foi d'une justice convenue, ne doivent pas souffrir *seuls* des conséquences de la vraie justice inaugurée, quand il y a eu consécration par le temps et complicité générale. » Il faut que ce principe de la solidarité dans la réparation, comme dans la faute, « ait été bien naturellement indiqué comme approprié à l'ordre troublé des relations des êtres raisonnables, pour qu'on l'ait cru souvent applicable à ces cas mêmes dans lesquels la vérité et la justice éclatent aussitôt que le problème moral est sérieusement posé, en un mot, au cas de la transformation d'un État à esclaves. » (Renouvier : *Science de la morale*, t. I, p. 353. Paris, F. Alcan, nouvelle édition.)

[2] Höffding : *Morale*, trad. franç., par L. Poitevin. Paris, Alcan, édit.

fait que le geste de l'affranchissement. « Dans la proclamation des droits de l'homme, on a souvent ainsi mis la forme au-dessus du fond ; bien plus, on a pensé que la forme pouvait tenir lieu de tout. » Jugeons-en autrement ; voyons les choses comme elles sont. Au lendemain de l'émancipation, la condition de l'affranchi est moralement et matériellement pire que celle de l'esclave. L'affranchi n'a point, comme l'esclave, la vie matérielle assurée ; il est exposé à la misère et à la faim ; le travail qui le ferait vivre peut lui manquer ; d'ailleurs habitué à travailler sous le fouet, il est incapable d'accepter ou de s'imposer volontairement une tâche ; l'imprévoyance et la paresse sont ses vices ordinaires ; il est impropre à la vie libre. Sans doute on n'en doit pas conclure qu'il faut maintenir l'esclavage, selon le désir de l'esclave, et pour son bonheur. Au contraire, il faut lui rendre la liberté, pour qu'il prenne les mœurs de la liberté ; il faut effacer en lui la marque de l'esclavage ; on en a fait une *chose*, il faut en refaire un homme. On n'a pas à tenir compte de ses sentiments ; on doit récuser son jugement, comme on récuserait celui d'un enfant. L'abandonner à sa condition, parce qu'il s'en accommode et qu'il l'aime, ce serait tirer parti contre lui de son aveuglement. Ce qu'il y a de pire dans la servitude, n'est-ce pas justement qu' « elle abaisse les hommes, jusqu'à s'en faire aimer » ? (Vauvenargues).

Mais s'il n'y a pas de doute qu'il faut abolir l'esclavage, on peut discuter sur les moyens d'y mettre fin. L'affranchissement véritable des esclaves et des serfs ne peut se produire que par les voies lentes et sûres de toute éducation, de toute réforme des mœurs : l'émancipation, par suite, doit être graduelle. Mais, d'autre part, une révolution est peut-être le seul recours possible contre une injustice consacrée par les siècles : parfois on ne saurait dénouer, il faut rompre l'inextricable réseau des intérêts. La révolution, ou l'emploi de la force, est malheureusement rendue nécessaire, et partant légitime, par l'impuissance des bonnes volontés à se mettre d'accord pour réaliser les réformes sociales qui s'imposent au nom du droit.

La question de l'esclavage, tout archaïque qu'elle soit ou paraisse, a un intérêt actuel, pouvant être prise comme type des difficultés que soulève l'avènement du droit. Il ne suffit pas, en effet, qu'un droit soit reconnu, proclamé, il faut encore qu'il puisse s'exercer, qu'il trouve une ambiance favorable dans les mœurs individuelles et l'état social, et ne soit pas un obstacle à une organisation meilleure. Il est tel régime de liberté qui peut faire regretter l'esclavage, qui isole l'individu, le soustrait sans doute à toute tyrannie de la part des autres, mais affranchit les autres de tout devoir envers lui, supprime ou tend à faire regarder comme superflus dans les relations humaines la générosité, le dévoûment et la bonté, pour ne laisser subsister que les strictes exigences du droit. Fût-elle juridiquement établie sur les bases les meilleures, la société ne rendra jamais inutile dans les rapports des hommes cette part de charité et de bon vouloir, qui fut parfois si grande dans les États les plus iniquement constitués, qui les rendit tolérables, et qui en fut le salut. Il peut y avoir plus d'humanité, en un sens, dans les sociétés à esclaves que dans celles d'hommes libres, se tenant en respect, se menaçant mutuellement de leurs droits. Rien n'éloigne plus les hommes les uns des autres que cette attitude de qui-vive et de défense, rien ne les rend plus impitoyables et plus durs. Il ne faudrait pas cependant que le farouche amour de la liberté fût un obstacle à la fraternité. Le régime de liberté doit remplacer l'esclavage, mais en laissant subsister le devoir de protection sociale, que celui-ci avait institué, et la cordialité, la sympathie et la confiance, qui en étaient la suite.

Aussi bien les mœurs sont-elles plus durables que les institutions. On peut se demander si l'esclavage n'existe pas toujours, et ne s'est pas seulement transformé. Ne parlons pas du servage, qui n'a plus qu'un intérêt historique, et au sujet duquel on ne pourrait que répéter, *mutatis mutandis*, ce qu'on a dit de l'esclavage. Le salariat n'est-il pas ou ne peut-il pas être, en fait, une sorte d'esclavage ? Économiquement, la condition du salarié est plus aléatoire et peut-être plus misérable que celle de l'esclave : elle a seulement pour elle d'être une chaîne forgée par les événements, non par la volonté des hommes, et de pouvoir prendre fin, de laisser place à l'espoir. Le contrat qui lie le salarié au salariant peut-il même être appelé libre ? Libre, il l'est sans doute, mais comme peut l'être le choix entre deux maux : le travailleur, en effet, est parfois placé dans l'alternative d'accepter un salaire, dit de famine, ou de manquer de tout. Que devient encore la liberté de l'individu, dans la lutte pour la vie, où il est vaincu par des individus plus habiles, plus intelligents ou plus heureux ? Si le sentiment de la solidarité ou le devoir social ne venait pas tempérer les rigueurs du droit individuel, la société serait plus barbare et la vie plus intenable qu'au temps même de l'esclavage, alors que le maître ménageait ses esclaves par intérêt, et se sentait obligé, tant par sa conscience que par l'opinion publique et par la loi, de subvenir à leur entretien, quand ils ne pouvaient plus travailler. Ce qui apparaît dans l'esclavage, comme la condition même de son existence et de sa durée, c'est la seule relation d'humanité entre maîtres et esclaves. Ce qui apparaît dans le régime de liberté, c'est la seule relation d'égalité ou de droit. Ces deux bases sociales sont également insuffisantes : la première est trop peu sûre, la seconde trop étroite. Il faut les unir, pour asseoir la société, pour rendre la vie humaine, je ne dis pas heureuse, mais seulement tolérable et possible.

LA LIBERTÉ INDIVIDUELLE. LA LIBERTÉ DU TRAVAIL

On peut rattacher à la liberté proprement dite la liberté individuelle et la liberté du travail.

La liberté individuelle, ou le droit d'aller et de venir, de disposer de sa personne (*habeas corpus*), paraît si élémentaire, si rigoureusement exigible que toute atteinte à ce droit, même temporaire, même légère, que l'emprisonnement, sous sa forme la plus adoucie (un traitement de faveur, un régime de confort et de bien-être au château de la Bastille, par exemple) ne laisse pas de soulever un mouvement d'indignation et de révolte. Ce n'est pas en effet la rigueur, c'est l'arbitraire de l'emprisonnement qui paraît, à lui seul, injuste et odieux. C'est ainsi que la prison préventive, à savoir la peine et le déshonneur, infligés à l'accusé, alors que celui-ci doit être réputé innocent, paraît si difficile à défendre. Non pas que la liberté individuelle soit absolue, intangible ; elle a naturellement sa limite dans les autres droits, équivalents ou supérieurs ; c'est ainsi qu'elle ne doit pas menacer l'ordre, la sécurité publique. Mais toute restriction à cette liberté, qui est à quelque degré injustifiée ou gratuite, constitue un acte tyrannique, un abus de pouvoir. Ainsi « tout homme étant présumé innocent, jusqu'à ce qu'il ait été déclaré coupable, s'il est jugé indispensable de l'arrêter, *toute rigueur qui ne serait pas nécessaire pour s'assurer de sa personne, doit être très sévèrement punie par la loi*[1] ». La loi seule peut restreindre la liberté individuelle[2]. Encore ne doit-elle la restreindre que le moins possible. Elle « n'a le droit de défendre que les actions nuisibles à la société ».

Le danger de l'arbitraire de la part du pouvoir est plus grand que celui qui résulte des excès de la liberté. La liberté doit être tenue *a priori* pour innocente ; il ne faut pas, sous prétexte d'en prévenir les abus, en interdire l'usage. S'il faut prendre des mesures contre les excès de la liberté, il en faut prendre aussi, et plus encore, contre l'arbitraire du pouvoir. La Déclaration des droits concilie très justement ces droits contraires. « Nul ne peut être accusé, arrêté ni détenu que dans les cas déterminés par la loi, et selon les formes qu'elle a prescrites. *Ceux qui sollicitent, expédient, exécutent ou font exécuter des ordres arbitraires, doivent être punis* ; mais tout citoyen, appelé ou saisi en vertu de la loi, doit obéir à l'instant ; il se rend coupable par la résistance ». (Art. 7.)

Que l'homme se montre jaloux de sa liberté, si restreint que soit l'usage qu'il en fait, et ombrageux à l'égard du pouvoir qui la menace, si faible et si peu redoutable que se montre ce pouvoir, c'est ce qui paraîtra naturel et juste, si l'on songe que la liberté se rattache à ce qu'il y a de plus profond en lui, au principe même de son activité, puisqu'elle est l'expression de la spontanéité et de la vie.

---

[1] *Déclaration des droits de l'homme*, art. 9.

[2] « Tout ce qui n'est pas défendu par la loi ne peut être empêché, et nul ne peut être contraint à faire ce qu'elle n'ordonne pas. » *Ibid.*, art. 5.

LA LIBERTÉ DU TRAVAIL

La liberté du travail se trouve ainsi définie par l'édit de 1776 qui abolit les jurandes et les maîtrises : « Dieu, en donnant à l'homme des besoins, en lui rendant nécessaire la ressource du travail, a fait du droit de travailler la propriété de tout homme ; et cette propriété est la première, la plus sacrée et la plus imprescriptible de toutes ». Cette liberté n'est plus contestée en principe, mais elle n'est pas toujours respectée en fait, et paraît même souvent difficile à réaliser. Ainsi elle n'est pas assurée par le contrat qui lie le travailleur au capitaliste. Ce contrat en effet n'est volontaire qu'en apparence ; il est réellement imposé par les circonstances, les situations de fait. Le travailleur peut être contraint par la misère d'accepter un salaire qui paie mal son travail, et ne suffit pas à ses besoins. Le capitaliste, de son côté, peut avoir à subir les exigences déraisonnables des travailleurs coalisés contre lui. La loi de l'offre et de la demande n'est pas une loi de justice ; elle n'exprime pas même l'équilibre réel des intérêts ; elle est la moyenne qui s'établit, pour un moment, entre les exigences du plus fort et les protestations du plus faible, le plus faible d'aujourd'hui pouvant d'ailleurs être le plus fort demain. Ce qui complique le problème du salariat, c'est qu'il faut, pour le résoudre, se mettre en face des conditions matérielles de l'entreprise, pour laquelle s'associent le capital et le travail ; c'est qu'il faut compter tout ensemble avec la force des choses et avec la volonté des hommes. Si l'on ne fait pas appel au sentiment de la solidarité sociale, on tombe sous le régime brutal de la nécessité économique, et si l'on ne tient pas compte des réalités économiques, on ouvre l'ère des théories décevantes, des utopies dangereuses. C'est ainsi qu'on proclame, par exemple, « le droit au travail », lequel est sans doute le desideratum de la société, mais ne peut être qu'un effet de l'organisation sociale tout entière, et ne saurait être pris directement pour fin, tant du moins qu'on ne sera pas assuré que des ressources économiques suffisantes existent dès maintenant pour donner satisfaction à ce besoin. L'axiome : A l'impossible nul n'est tenu, vaut, en effet, pour les sociétés comme pour les individus.

Avant de revendiquer le *droit au travail*, il conviendrait d'ailleurs d'assurer simplement le droit de travailler, de défendre ce droit contre tout attentat, d'où qu'il vienne, de ne pas le violer au nom de je ne sais quel credo politique, de ne pas exclure comme indignes de telles ou telles fonctions des hommes aptes à les remplir, et de ne créer de monopoles au profit d'aucune secte politique, religieuse, mondaine, ou autre. La liberté du travail apparaît comme un idéal encore bien éloigné, dont la réalisation suffirait, à elle seule, pour accomplir un progrès social plus grand que ceux qu'on prétend atteindre par des réformes, censées radicales et hardies.

Sujets à traiter :

I. — *Examiner et critiquer les arguments qu'on a fait valoir en faveur de l'esclavage.*

II. — *L'esclavage considéré dans ses effets économiques, sociologiques, moraux.*

III. — *Des questions morales que soulève l'abolition de l'esclavage.*

IV. — *L'esclavage considéré comme démoralisant pour le maître autant que pour l'esclave.*

CHAPITRE XII

LE DROIT DE PROPRIÉTÉ

SOMMAIRE

I. La propriété, ou l'usage exclusivement personnel des choses, est un fait naturel, nécessaire. Mais est-elle juste et à quelles conditions l'est-elle ?

Elle est juste, si elle dérive du travail. Mais en dérive-t-elle toujours ? On lui assigne parfois pour origine la *première occupation*. Mais la première occupation n'est elle-même un principe valable de la propriété qu'autant qu'elle se ramène au travail. La propriété dérive donc toujours (directement ou indirectement) du travail. Mais elle n'en dérive jamais uniquement : le travail, en effet, suppose : 1° une matière première, qui est fournie par la nature ; 2° un art, des procédés, qui sont légués à l'individu par la société. La propriété individuelle, en tant qu'elle porte sur le produit intégral du travail, serait donc en partie un vol fait à la communauté. Mais, au moyen de l'impôt, la société perçoit, sur la richesse produite par le travail individuel, la part qui lui revient ; la propriété a en outre, comme stimulant au travail, d'heureux effets sociaux.

Les limites du droit de propriété. Les devoirs que crée la propriété. Rôle social de la richesse.

II. L'assistance rentre dans les devoirs des riches. Critiques dirigées contre l'assistance (Spencer) : elle va contre les fins de l'évolution, contre la civilisation ; elle encourage l'imprévoyance la paresse, le vice. Ces critiques ne valent que contre l'assistance mal entendue. La vraie charité. Elle travaille à se rendre inutile. Assistance publique. Assistance privée. Leurs rôles distincts. Nécessité de les unir.

LE DROIT DE PROPRIÉTÉ

Par cela seul qu'on reconnaît à la personne le droit de disposer d'elle-même, on lui reconnaît implicitement celui de s'emparer des choses, de les faire siennes. Toute activité physique, en effet, est une appropriation ; se nourrir, se vêtir, par exemple, c'est employer certaines choses à un usage exclusivement personnel, les transformer en objet de propriété.

Mais de ce que la propriété, ou mieux, l'appropriation des choses est inévitable, nécessaire, il ne s'ensuit pas qu'elle soit juste. Voyons donc si le droit la consacre, quand la nature l'impose.

Les biens naturels, nécessaires à la vie, étant dans la nature en quantité limitée, les hommes auront à les répartir entre eux. Ou ils se les disputeront par la force, ou ils attribueront à chacun la part qui lui revient selon l'équité. Il ne peut être sérieusement question d'abolir la propriété, mais il peut l'être de l'étendre, de la rendre accessible au plus grand nombre ou à tous. Ce n'est donc pas la propriété, en tant que telle, mais en tant que mode de répartition des richesses, qui a donné lieu à des discussions ardentes et passionnées entre moralistes ou politiques. Il faut bien toujours en reconnaître l'existence nécessaire ; mais on en peut juger l'organisation défectueuse.

Distinguons tout d'abord la propriété comme *fait* et comme *droit*. Si on pouvait remonter aux origines historiques de la propriété, on trouverait souvent l'usurpation et le vol. La majorité des fortunes s'est peut-être élevée à la faveur des abus. Mais cela ne prouve pas que la propriété ne puisse être légitime, et ne le soit pas en effet, alors qu'elle a pour point de départ et pour base le travail. Il est de droit strict que le travailleur recueille intégralement le fruit de son travail, en jouisse à l'exclusion de tout autre; il ne faut pas chercher à la propriété d'autre fondement. La relation entre la propriété et le travail est mise en lumière par ce fait, que ceux-là seuls d'entre les biens naturels peuvent devenir une richesse, partant une propriété, sur lesquels s'est préalablement exercé un travail. Ainsi l'air, l'eau, la lumière, qui nous sont aussi nécessaires que le pain, ne sont point cependant une richesse, parce qu'ils se rencontrent dans la nature en quantité illimitée, et qu'on se les procure sans travail; mais que l'air devienne rare, qu'il faille construire des appareils de ventilation, pour le faire arriver, par exemple, au fond des mines, que l'eau doive être transportée des endroits où elle abonde à ceux où elle manque, et l'air, l'eau deviendront aussitôt, et par cela seul, une propriété. Or, que la relation entre la propriété et le travail soit constante, nécessaire, ce n'est pas seulement là un fait significatif, et qui donne à penser, c'est encore un fait qui porte en lui-même sa justification, et qui éclaire et fonde le droit. Le travail, en effet, étant l'acte par lequel la personne marque les choses de son empreinte, les rend siennes et leur communique en quelque sorte la dignité de sa nature, on comprend que le respect, dû à la personne, s'étende aux choses qu'elle a transformées par son travail, dont elle a fait sa propriété; on comprend que les choses, qui sont par elles-mêmes des moyens, nous deviennent accidentellement des fins, autrement dit, que les choses, à titre de propriété, soient inviolables et sacrées.

Mais la propriété provient-elle toute du travail, et n'est-elle juste qu'autant qu'elle en provient? On lui assigne parfois une autre origine, qui serait la *première occupation*. Si la première occupation se réduit à prendre possession des choses qui ne sont à personne, et que personne ne convoite, elle est un droit incontestable, mais si elle consiste à garder à jamais pour soi toutes les choses, quels qu'en soient le nombre et l'étendue, qu'on a eu la chance de rencontrer le premier, elle est, alors, une prétention injustifiable, énorme. Au point de vue de l'humanité ou de la justice, le droit du dernier venu, ou, comme dit Fouillée, « du dernier occupant », est égal à celui du premier. La première occupation n'est après tout qu'un hasard, une chance heureuse, quelque chose d'analogue au privilège des aînés dans les familles de l'ancien régime. Elle ne confère par elle-même aucun droit. Ce qu'elle a de fondé, ce qu'on respecte en elle, c'est *le droit du travail*. « Quand un individu, quand une famille occupe un terrain ou emploie des objets, qui n'appartiennent encore à personne, *l'effort de la volonté change partiellement l'occupation même en un travail*, ses résultats acquis doivent donc être respectés dans certaines limites[1]. » Bien plus, l'occupation elle-même, l'acte par lequel on s'empare des choses, fût-il aussi simple que celui qui consiste à avancer la main pour cueillir un fruit, représente un travail déjà, et crée donc par là même un droit. Pascal raille la première occupation comme une circonstance vaine, accidentelle, donnant lieu à des prétentions puériles. « Ce chien est à moi, disaient ces pauvres enfants; c'est là ma place au soleil. Voilà le commencement et l'image de l'usurpation de toute la terre[2]. » Mais, remarque Havet, en ce cas même, l'usurpation

[1] Fouillée : *La Propriété sociale*, p. 15. Paris, Hachette, 1884.
[2] Pascal : *Pensées*, VI, 50, édit. Havet.

n'est pas démontrée. « Oui, ce chien peut être à cet enfant, si cet enfant s'est fait suivre de ce chien, s'il l'a apprivoisé et dressé. Cette place au soleil sera bien sa place, si c'est lui qui l'a trouvée, ménagée, rendue commode. » La première occupation sans doute, à elle seule, ne fonde pas la propriété; néanmoins elle peut paraître la fonder, et la fonde en effet, en tant qu'elle se ramène au travail, lequel ainsi demeure, en dernière analyse, le seul principe valable de la propriété.

La propriété n'est donc juste qu'autant qu'elle dérive du travail. Mais peut-on dire vraiment qu'elle en dérive toujours, au moins en entier? Non, car le travail transforme les choses, mais ne les crée pas. Il suppose une matière première sur laquelle il s'exerce. Sans doute, la forme donnée à la matière peut l'emporter infiniment sur la matière elle-même, comme il arrive dans les œuvres d'art. Mais le contraire aussi a lieu. Une terre fertile, laissée inculte, ne laisse pas de produire. Si donc l'on part de ce principe que le travailleur a le droit de posséder intégralement, mais uniquement aussi, le fruit de son travail, la propriété, telle qu'elle existe en fait, n'est point juste. Elle consiste en effet à accaparer les choses mêmes, et non pas seulement à prélever sur les choses ce surcroît de valeur que leur donne le travail humain; elle porte sur le fond non moins que sur la forme. Sans doute, la forme et le fond étant inséparables, il a fallu choisir entre frustrer le travailleur du fruit de son travail, ou lui accorder plus que ce à quoi son travail lui donne strictement droit. Mais toute richesse n'en renferme pas moins deux éléments : l'un provenant du travail, et attribuable à l'individu, l'autre, provenant de la nature, et qui devrait revenir à la communauté. La propriété individuelle ne peut donc être entièrement justifiée ; elle est illégitime, en tant qu'elle porte, par surcroît ou par accession, sur le fond, si nécessaire que soit d'ailleurs en fait l'accession du fond à la forme, si inséparable que soit le travail de la matière à laquelle il s'applique. Le travail, au reste, est lui-même un acte de possession ou de propriété ; loin qu'il fonde la propriété, il faut donc dire qu'il la suppose.

Enfin, poussons plus loin l'analyse de la notion de travail ; nous verrons qu'elle renferme un élément social, une part que la communauté dès lors a le droit de revendiquer. L'individu, en effet, tient de la société ses moyens d'action, à savoir : une richesse déjà formée, le capital, qu'il ne peut qu'exploiter par son travail propre, et une science, un art, des procédés de travail, qui lui sont légués, transmis par l'éducation, et qu'il n'a plus qu'à appliquer. « Depuis l'organisation de la société, dit Fouillée, chaque travailleur a des milliers de coopérateurs inconnus, les uns morts, les autres vivants. Celui qui a inventé la charrue laboure encore, invisible, à côté du laboureur... Qu'avons-nous donc qui nous appartienne absolument en propre et en entier, au point de vue rigoureux de la science pure[1] ? » La propriété artistique est celle qui pourrait paraître la plus aisée à justifier, comme issue d'une activité toute spirituelle et personnelle ; en réalité, les œuvres du génie même ont un caractère social. « Le plus grand génie, dit Gœthe, ne fait rien de bon, s'il ne vit que sur son propre fonds. Chacun de mes écrits m'a été suggéré par des milliers de personnes : le savant, l'ignorant, le sage et le fou, l'enfant et le vieillard ont contribué à mon œuvre. Mon travail ne fait que combiner des éléments multiples,

---

[1] Fouillée. *La Propriété sociale et la démocratie*, p. 22. Hachette, édit., Paris.

qui tous sont tirés de la réalité : c'est cet ensemble qui porte le nom de Gœthe[1]. »

Le travail, quel qu'il soit, à quelque point de vue qu'on l'envisage, ne saurait donc, à lui seul, fonder la propriété, si par là du moins on entend le droit, pour l'individu, de disposer des choses d'une façon absolue, d'en jouir, d'en user, — non toutefois d'en « abuser, car l'abus jure avec le droit, et la renonciation au devoir ne saurait être admise » (Renouvier) — sans avoir, dans l'emploi qu'il en fait, à tenir compte des autres, ni à rendre de comptes aux autres. Par là même qu'il y a au moins deux parts à faire dans notre travail : « la part de la nature, qui consiste dans la matière par nous occupée, et notre part personnelle, qui consiste dans la forme nouvelle, par nous conçue et réalisée », la propriété doit elle-même, pour être juste, être en partie *sociale*, en partie *individuelle*. Et elle l'est en effet. On chercherait en vain sous aucun régime, une propriété strictement, absolument individuelle. Le propriétaire, en tant que tel, a des charges sociales. Il paie l'impôt, par lequel est assuré l'entretien des services publics. L'impôt peut être regardé comme une indemnité payée à la société par les propriétaires, pour le privilège dont ils jouissent. Il est au pouvoir du législateur de rendre cette indemnité suffisante. Suivant Stuart Mill, l'État devrait percevoir, sous forme d'impôt, la rente foncière, c'est-à-dire cette portion de revenu qui ne peut être attribuée au travail, qui provient de la nature, du milieu social, du hasard, des circonstances. Suivant Renouvier, on devrait rendre l'impôt progressif, pour arrêter le développement de la grande propriété, pour favoriser l'accession au capital de ceux qui n'ont que leur

---

[1] Cité par Fouillée dans la *Propriété sociale*. Hachette, édit., Paris.

travail pour vivre. Suivant Fouillée, il suffit d'organiser, comme on l'a fait, en face de la propriété individuelle, une propriété collective ou sociale : budgets de l'État, du département, de la commune, budgets concernant l'instruction populaire, l'assistance publique, etc. Mais, de quelque façon qu'on conçoive les améliorations ou réformes sociales, c'est toujours la propriété individuelle qui en fait les frais. La propriété rachète donc, ou peut racheter, ce qu'elle comporte de faveur et de privilège par le rôle social, très réel et très important, qu'elle remplit. Sous le régime de la propriété, la société recouvre, ou peut recouvrer, la part qui lui revient dans la production de la richesse, et ainsi n'est pas lésée. Bien plus, elle trouve son avantage à ce que le travail soit encouragé, parce qu'il crée, conserve et développe la richesse. Or il n'y a pas de plus fort stimulant au travail que ce qu'on a appelé « la magie de la propriété » (Stanley Jevons). L'individu contribue plus efficacement à accroître la fortune publique, alors qu'il ne songe qu'à son intérêt, à son bien-être, qu'il ne ferait, en prenant le bien social directement pour fin [1]. A défaut d'autre raison, la propriété se défendrait donc par son utilité sociale.

En résumé, la propriété se justifie, non sans doute comme un droit absolu, par des arguments simples, *a priori*, mais comme un droit relatif, par des arguments divers et complexes, tirés de la raison commune et des faits. Elle a, ou doit avoir, pour origine et pour fondement le travail individuel, dont elle tend à sauvegarder

[1] Cf. Renouvier. « Le monopole du capital, si l'on veut le qualifier ainsi, mais disons plutôt l'intérêt direct de travail et d'administration créé aux propriétaires des instruments de travail par le fait même de l'appropriation, leur liberté, leur sécurité ont contribué à l'enrichissement général dans une mesure énorme, et cette loi ne semble pas pouvoir être remplacée par une équivalente, en l'état moyen de moralité des hommes. » (Sc. *de la mor.*, t. II, p. 19.)

les droits. Cependant elle ne laisse d'être à quelque degré une usurpation, en tant qu'elle est une mainmise sur les richesses naturelles, appartenant à tous ; le préjudice, que par là elle cause à la société, demande, et heureusement obtient, réparation au moyen de l'impôt. Enfin elle se recommande par son utilité sociale, comme stimulant du travail et de la production. La situation de la propriété paraîtrait meilleure encore au point de vue du droit et de l'intérêt général, si on la considérait, non plus en elle-même, mais dans son rapport avec les autres droits, et si on la mettait en parallèle avec les régimes par lesquels on prétend la remplacer. On s'apercevrait en effet alors qu'elle est, « dans ce mélange de guerre et de paix, qui compose les relations humaines, une garantie telle quelle du premier des biens, la liberté (l'indépendance et la sécurité) des personnes, et quelque chose encore en outre, une méthode historique de progrès social dont l'efficacité est prouvée par l'expérience » (Renouvier). Le régime de la propriété subsistera et sera justifié « aussi longtemps qu'on n'aura pas montré suffisamment la possibilité d'un état meilleur » (Anton Menger). Or le collectivisme apparaît clairement, non comme apportant un remède aux maux sociaux qu'engendre la propriété, mais comme constituant une aggravation de ces maux.

Tenons donc la propriété pour suffisamment établie. Ce n'est pas assez de la présenter comme un droit; il faut définir, c'est-à-dire limiter ce droit, indiquer les devoirs qu'il entraîne ou suppose. Ces devoirs sont de deux sortes : réels et sociaux, c'est-à-dire qu'ils existent à l'égard des choses et à l'égard des personnes.

1° La propriété n'est pas un droit absolu sur les choses, « le droit d'user et d'abuser », dont parle la loi romaine. La société impose « des restrictions et des obligations aux propriétaires : elle les oblige à ne pas entraver le droit de circulation, elle exproprie pour cause d'utilité publique, elle punit celui qui incendie son bien ; elle devrait exiger, dit Fouillée, une indemnité de celui qui le laisse en friche ». En d'autres termes, pour être vraiment légitime, la propriété doit être un bon usage des choses, ou, en style de notaire, l'usage des choses « en bon père de famille ». Tout régime est odieux, qui gaspille ou laisse dépérir la richesse, source du bien-être humain. La propriété ne pourrait se maintenir comme un droit, si elle ne représentait qu'un privilège en faveur des oisifs. Elle suppose chez ceux qui la possèdent le pouvoir de l'administrer. Si par hasard ce pouvoir cessait de se rencontrer chez ceux qui détiennent la richesse, et ne se trouvait que chez ceux qui en sont dépourvus, le droit des premiers serait bien menacé, ou plutôt leur spoliation serait certaine. Mais, au contraire, il y a une forte présomption que ceux qui ont su acquérir les richesses seront aussi les plus aptes à en user et à les faire fructifier. En tous cas, le droit de posséder la richesse implique le pouvoir et le devoir de l'administrer, et on peut, avec Auguste Comte, prédire à coup sûr qu'il y aura de moins en moins « de propriétaires fonciers vivant commodément de leurs rentes, mais que chaque propriétaire foncier sera un capitaliste, instruit à l'agriculture, surveillant et dirigeant lui-même la culture de ses terres ».

2° La propriété crée des devoirs, non seulement vis-à-vis des choses, mais encore et surtout vis-à-vis des personnes. Au lieu de rabaisser systématiquement la fortune et de la tenir pour odieuse, ce qui est souvent une façon de s'en montrer jaloux, il conviendrait de reconnaître sa haute portée sociale, et les devoirs qu'elle impose, quand ce ne serait que pour ne décourager personne de les remplir. A. Comte, comme tous les Saint-Simoniens, fondait sur la richesse les plus grandes espérances. Il rêvait « un ordre de chevalerie, composé des plus généreux et des plus dévoués d'entre les riches, se consacrant volontairement, comme les chevaliers errants d'autrefois, au redressement des torts et à la protection du faible et de l'opprimé ». Selon lui, « dans les temps modernes, l'oppression peut rarement atteindre, ou même se hasarder à attaquer ses victimes dans leur existence ou dans leur liberté, elle se borne à les léser dans leurs moyens pécuniaires, et par conséquent c'est avec la bourse que les individus peuvent surtout utilement intervenir, comme ils faisaient jadis avec l'épée ». Le même philosophe, concevant les riches comme de simples dépositaires du capital, qui devaient à la société un compte fidèle de ce capital et de leur gestion, leur assignait pour tâche d'administrer la portion « de capital, accumulée par la prévoyance du genre humain dans le passé, au profit de la génération présente et de la postérité », de la « conserver sans l'amoindrir, bien plus, de la transmettre augmentée à nos successeurs. Ils ne sont pas autorisés (disait-il) à la dissiper ou à la détourner du service de l'humanité pour l'employer à leurs propres plaisirs... Ils sont tenus, en conscience, si les bénéfices excèdent leurs justes besoins, d'en employer le surplus à perfectionner l'efficacité des opérations industrielles ou à améliorer la condition physique et mentale des ouvriers [1] ». L'usage de la richesse, ainsi entendu, rentre dans ce que les Anglais ont appelé la « piété sociale [2] ».

---

[1] STUART MILL. *Auguste Comte et le positivisme*, p. 163, tr. fr., Paris, F. Alcan, 1879.

[2] Un auteur américain, Sheldon, développe les mêmes vues : « Nous pouvons toujours dire : *Ceci est à moi*. Mais, de même que les hommes

Ainsi, en résumé, la propriété, loin d'être un privilège et un abus, est ou peut être moralement justifiée à la fois dans son origine et dans son usage. Elle est un droit individuel et une fonction sociale. Elle dérive du travail, ce qui la rend sacrée, et elle est le point de départ, l'occasion et le moyen des œuvres sociales les plus importantes.

DE L'ASSISTANCE

C'est ainsi qu'à la question de la propriété se rattache celle de l'assistance. Le devoir d'assistance est comme le correctif du droit de propriété. Si la misère provenait toujours et uniquement de l'imprévoyance, de la paresse et du vice, elle paraîtrait indigne de pitié; mais, en fait, le jeu du sort et du hasard, plus ou moins mêlé à toute vie humaine, a sa part dans la distribution des richesses, et il est naturel et juste que la solidarité, qui existe entre tous les hommes, soit particulièrement étroite entre les riches et les pauvres, entre les favorisés et les déshérités de l'ordre social.

L'assistance est un devoir incontestable et clair pour toutes les consciences. Mais ce devoir, on est d'ordinaire aussi embarrassé pour le définir qu'empressé à le proclamer. On ne sait sous quelles formes et dans quelles limites il convient de l'exercer, et il peut sembler préférable de ne l'exercer point que de l'exercer mal. C'est ainsi que Spencer

---

ont été accoutumés à diriger leurs regards vers le ciel, quand ils croyaient que Dieu y réside, et à ajouter : *Pour être employé à ton service, parce que tu me l'as donné !* — de même aussi, lorsqu'ils portent leurs regards autour d'eux sur la race des hommes, à laquelle ils appartiennent, au moment où ils pensent : *Ceci est à moi*, ils doivent murmurer solennellement, mais en s'adressant cette fois à la vaste confrérie humaine : *Pour être employé à ton service, parce que tu me l'as donné!* » (*International Journal of Ethics*, octobre 1893.)

condamne la charité, non sans doute en elle-même, mais pour ses effets nuisibles. Il la juge aveugle, imprévoyante et coupable. Son plus clair résultat serait de perpétuer et d'étendre la misère : elle détournerait du travail, elle serait un encouragement à la mendicité, c'est-à-dire à la paresse et à tous les vices qu'elle engendre. Elle reposerait sur un préjugé, « sur une fausse interprétation de la maxime bien connue : la charité efface une foule de péchés ». Quand même on la supposerait généreuse, désintéressée, elle serait une générosité à courte vue, désastreuse, amassant « une réserve de misères pour les générations futures. On ne peut faire un plus triste cadeau à l'humanité que de l'encombrer d'un nombre toujours croissant d'imbéciles, de paresseux et de criminels... On a le droit de se demander si la sotte philanthropie, qui ne pense qu'à adoucir les maux du présent, et persiste à ne pas voir les maux indirects, ne produit pas au total une plus grande somme de misères que l'égoïsme extrême[1] ». Enfin elle entrave l'évolution sociale et met la civilisation en péril : « La qualité d'une société baisse, sous le rapport physique, par la conservation artificielle de ses membres les plus faibles ; la qualité d'une société baisse, sous le rapport moral, par la conservation artificielle des individus les moins capables de prendre soin d'eux-mêmes[2] ».

La charité est-elle donc en contradiction avec la solidarité sociale bien entendue? Elle ne l'est, en tous cas, que sous la forme défectueuse où Spencer la conçoit, c'est-à-dire qu'autant qu'elle est empirique et aveugle. Il ne s'agit donc point de l'abolir, mais seulement de la réformer. Dans l'ordre de la charité, plus que partout ailleurs, le

---

[1] Spencer : *Introduction à la science morale*, p. 369. Paris. Alcan.
[2] *Ibid.*, p. 368.

bon vouloir ne peut suffire : le succès aussi est obligatoire. Les ressources de la charité étant limitées, on est tenu de les employer bien, de déjouer les ruses et l'hypocrisie des faux pauvres ou des pauvres volontaires ; on pourra sans doute être dupé, et on se résignera même à l'être, mais on ne s'y exposera pas du moins de gaieté de cœur ; on s'appliquera à soulager uniquement la misère authentique et fatale ; on réservera les secours à ceux qui sont hors d'état de travailler, et n'ont point de soutiens naturels, comme les vieillards, les infirmes, les orphelins. Ainsi on ne troublera point l'ordre économique normal des sociétés.

Une sage philanthropie, non seulement « ne doit pas accorder ses bienfaits au hasard et sans condition », mais encore « doit être justice réparative et préventive tout ensemble, au lieu de demeurer cette antique charité chrétienne qui, comme l'amour, a trop souvent un bandeau sur les yeux » (Fouillée). Autrement dit, elle doit être éclairée dans le choix de ses moyens aussi bien que dans celui des misères à soulager. Elle doit sans doute aller au plus pressé, secourir la misère présente, mais elle doit aussi supprimer les causes de la misère et en prévenir le retour. L'assistance ne doit pas être une simple distribution de secours, se renouvelant sans cesse pour faire face aux besoins ; elle doit être une lutte méthodiquement engagée contre les causes, volontaires ou involontaires, de la pauvreté, contre l'imprévoyance et la paresse et contre les accidents, le chômage, les maladies. Ainsi l'instruction générale, professionnelle, l'éducation ou le développement des habitudes de tempérance, de travail, etc. comptent parmi les mesures d'assistance préventive, et parmi les plus importantes, les plus efficaces, les plus sûres. L'ignorance, en effet, d'une façon générale, mais en particulier

« celle des choses les plus essentielles à la vie sociale et à la vie privée elle-même, voilà le pire état de minorité, d'infériorité sociale. La portée de l'instruction s'étend à toutes les servitudes, à toutes les misères... L'instruction est l'instrument de travail universel ». L'instruction professionnelle met l'homme en état de se suffire à lui-même, en se rendant utile aux autres. L'éducation n'élève pas seulement son bien-être, mais sa moralité, la qualité de son bonheur; elle forme et mûrit son caractère, lui donne des habitudes précieuses et des goûts élevés. Elle l'affranchit du besoin, lui assure l'indépendance. Or la vraie charité est celle qui travaille à se rendre inutile, qui ne fait pas l'aumône, mais met ceux qu'elle assiste en état de se passer d'aumônes; elle se résume dans la belle maxime pythagoricienne. « Il faut aider les autres à charger leur fardeau, et non à le porter. »

Un certain discrédit s'attache aujourd'hui à la charité. On rougit de la faire, on rougit de la recevoir. On a raison, en un sens, d'en juger ainsi. La charité est immorale, quand elle se prend pour fin, quand elle se rend nécessaire, quand elle assume auprès des pauvres le rôle de Providence, quand elle entretient la misère au lieu de la détruire, quand elle la soulage sans la guérir, quand elle se complaît dans son œuvre vaine. On a aujourd'hui cette idée, ou mieux ce sentiment juste, qu'il faut mettre les hommes en situation de se passer d'aumônes, en assurant l'avenir, en recueillant par exemple les enfants moralement abandonnés, en les arrachant au vagabondage, aux dangers de la rue, en les plaçant en apprentissage, en transformant les mendiants ou futurs mendiants en travailleurs, en mettant les travailleurs eux-mêmes à l'abri de la misère éventuelle, comme le chômage et la maladie. Les œuvres de prévoyance sociale, sociétés de secours mutuels, d'assurance, etc. doivent donc prendre la place de l'antique charité, et s'établir au nom du principe nouveau de la solidarité.

L'assistance ainsi définie est un devoir qui incombe à la société tout entière aussi bien qu'à chacun des individus. Ceux mêmes qui réduisent le rôle de l'État à une simple fonction de police, doivent reconnaître que l'État est au moins indirectement intéressé à l'extinction du paupérisme, car, à un certain degré, la misère constitue un danger social ; les sociétés qui ont le moins de crimes à punir sont, toutes choses égales d'ailleurs, celles qui comptent le moins de vagabonds et de meurt-de-faim. Mais, du reste, l'État ne doit pas être conçu comme étant obligatoirement ou en principe fermé à la pitié. Au contraire, il semble qu'à défaut de toute autre, l'assistance publique soit due aux misérables. Le droit à l'assistance est sans doute purement moral, en raison de l'impossibilité matérielle où l'on est d'y donner satisfaction ; « il est limité de toutes parts, non seulement par le droit de propriété individuelle, mais encore par les ressources réelles des États » (Fouillée). Mais l'État du moins doit l'assistance dans la mesure de son pouvoir, lequel est toujours très grand.

A un autre point encore, l'assistance ne peut être purement privée ; en effet, il ne faut pas qu'elle soit dispersée, anarchique, mais qu'elle s'organise, centralise ses fonds, combine ses efforts, partant qu'elle devienne un service public, au même titre que l'instruction publique, les beaux-arts, l'agriculture, le commerce, les travaux publics. Comme le dit très bien Fouillée, « la prévoyance, la bienfaisance publique, la fraternité, dans nos sociétés modernes, régies par des lois de plus en plus complexes, ne saurait demeurer une sorte de luxe moral, entièrement abandonné aux hasards de l'inspiration individuelle ; elle est un devoir général de justice, elle est une œuvre de science, et non de pur sentiment ». Elle rentre dans « l'économie sociale ».

Cela ne veut pas dire pourtant que l'assistance publique puisse jamais devenir suffisante. Les œuvres philanthropiques de l'État, si importantes qu'elles soient, seront toujours au-dessous des besoins. Bien plus, elles peuvent être dangereuses, elles l'ont été parfois. En Angleterre, par exemple, l'établissement de la taxe des pauvres n'a fait qu'étendre le fléau de la mendicité. Quand même l'État saurait toujours pratiquer l'assistance, quand même il aurait la science sociale et l'esprit de charité, il serait encore limité dans ses moyens d'action. Enfin il ne pourra jamais secourir que la misère provenant de causes générales, celle qui peut être cataloguée, classée, celle qui éclate aux yeux. Une misère lui échappera toujours, la misère d'exception, celle qui est dite honteuse et se dérobe par fierté. C'est à la charité privée qu'il appartient donc d'en connaître. Elle est plus discrète, plus cordiale, par là même mieux informée, et se montre en outre plus inventive et plus souple. Il convient donc que la division du travail s'applique à l'assistance, laquelle sera ainsi plus étendue, plus abondante, plus large, et en même temps plus judicieuse et plus attentive.

La charité a évolué comme toutes les vertus. Elle a cessé d'être une générosité irréfléchie ; elle a voulu être efficace, et s'est faite scientifique. Son esprit s'est renouvelé en même temps que ses méthodes, ses moyens d'action. Elle a cessé d'être une faveur octroyée, une aumône, un pur don ; elle est devenue un acte de prévoyance et de justice sociales. Elle a changé de nom en changeant de nature ; on a proposé de l'appeler une « justice réparative et préventive » (Fouillée)[1].

Sujets à traiter :

I. — *Examen et discussion des arguments contre la propriété.*

II. — *Montrer comment les droits de la société limitent la propriété individuelle.*

III. — *Exposer et discuter la théorie qui donne à la propriété le travail pour fondement. Cette théorie est-elle exacte, et jusqu'à quel point l'est-elle ? Quelles sont les conséquences qui en découlent ?*

IV. — *La propriété est-elle juste, en tant qu'elle dérive de l'héritage ? Y a-t-il contradiction à admettre qu'il n'y a qu'une propriété légitime, celle qui dérive du travail, et à reconnaître l'héritage et le droit de tester ?*

V. — *Justifier la propriété individuelle par les avantages que la société en retire.*

VI. — *Examen et critique du collectivisme.*

---

[1] Voir dans George Sand (*Histoire de ma vie*, t. IV, p. 166 et suiv.) une critique de la charité ou de « l'aumône particulière ». Cette aumône est discréditée à la fois par ceux qui la reçoivent et ceux qui la font. Fût-elle toujours bien placée, elle aurait encore le tort d'être insuffisante, de rester au-dessous des besoins. D'autre part, il est impossible de suppléer à l'aumône par « l'expropriation en masse des riches ». Que reste-t-il donc à faire aux gens de bonne volonté ? A subir les nécessités sociales, à assurer leur vie, leur indépendance matérielle, et celles de leurs enfants, et à aller ensuite aussi loin que possible dans la voie de la générosité. La discussion théorique est très intéressante et très complète, la conclusion modeste, simple et de bon sens.

CHAPITRE XIII

LA TOLÉRANCE,
OU LE RESPECT DE LA PERSONNE DANS SES OPINIONS, SES CROYANCES, SES SENTIMENTS ET SA VOLONTÉ

SOMMAIRE

I. *L'intolérance.* — L'intolérance, à savoir l'emploi de la force pour obtenir l'adhésion des esprits à une croyance donnée, va contre son but ; elle ne détruit pas l'erreur, réelle ou prétendue, qu'elle combat, mais au contraire elle la fortifie. Elle ne peut rien contre les croyances sincères ; elle ne peut que changer les opinions ou attitudes intéressées. Elle s'irrite, elle se dépite de son impuissance relative ; elle accuse ses adversaires de mauvaise foi, elle use contre eux de violence, attestant par là sa faiblesse, son mépris des intelligences. D'ailleurs, l'intolérance, même sincère, ne serait pas encore excusable ; elle n'est en effet qu'orgueil et folie.

La tolérance. Ses formes. — a) La tolérance qui n'est que scepticisme ou indifférence à l'égard des opinions. b) La tolérance véritable, qui est le respect des personnes dans la lutte des idées. Comment la tolérance n'est pas incompatible avec les convictions fortes, le respect de celui qui se trompe, avec la haine de l'erreur. Distinction de l'idée, prise en elle-même, et considérée dans son rapport avec l'intelligence. La tolérance et l'esprit critique. La tolérance est ouverture et largeur d'esprit. Elle est aussi générosité et chaleur de cœur.

La tolérance, considérée quant à son objet ou à sa matière. La tolérance rattachée à la justice, non à la charité.

Examen de la théorie de Renouvier sur la tolérance. Cette théorie revient à fonder la tolérance sur le scepticisme. Loin que la tolérance soit liée à la foi, et incompatible avec la science, c'est dans l'ordre des *croyances* que l'intolérance s'est toujours montrée la plus forte.

II. La tolérance dans l'ordre des sentiments : la politesse. Le pharisaïsme dans les sentiments est le pendant du dogmatisme intolérant dans l'ordre des idées. Raison d'être de la politesse. Sa valeur comme discipline. Ses formes : la politesse générale, les égards particuliers.

III. Le respect de la personne dans sa volonté.

LA TOLÉRANCE

Les droits de l'âme, comme la liberté de pensée, de conscience, s'opposent aux droits du corps (droit à la vie, à la liberté, etc.). Le respect de ces droits est la *tolérance*. La tolérance comprend le respect des opinions ou croyances philosophiques, scientifiques, politiques et religieuses, le respect des sentiments, des actes et de la volonté d'autrui, dans ce qu'ils ont de légitimement personnel ou intime. Le mot tolérance a été critiqué [1] ; il a paru faible pour désigner le respect de droits reconnus et admis ; mais c'est assez peut-être qu'il soit consacré pour que le philosophe en use, en prenant soin seulement d'avertir du sens précis qu'il lui donne. Ce mot a d'ailleurs l'avantage d'exprimer le respect des croyances sous sa forme la plus caractéristique ou extrême, d'indiquer que ce respect doit s'étendre jusqu'aux opinions qu'on réprouve, qu'on juge fausses et dangereuses. Il n'est, à le bien prendre, ni faible ni insuffisant, mais, au contraire, énergique et juste ; il fait voir clairement que l'erreur, même démontrée, est un mal qu'on ne peut empêcher ni combattre, au moins par la force, qu'il faut donc souffrir et prendre en patience, qu'il faut même respecter, en un sens, comme un effet naturel et nécessaire de la liberté.

Il est peut-être difficile de justifier la tolérance en remon-

[1] Höffding l'appelle une « vilaine désignation d'une belle chose ».

tant à son principe ; mais il est aisé de l'établir indirectement, c'est-à-dire de montrer que l'intolérance est immorale et absurde. Celle-ci en effet consiste essentiellement à employer la force pour obtenir l'adhésion des esprits à une croyance donnée. Mais une pareille adhésion ne saurait être que volontaire et libre. On peut bien contraindre les corps, « plier la machine », asservir même les volontés, au moins extérieurement et dans les actes ; mais on ne peut, par la voie de la coercition, réduire les esprits, les amener à croire ce qu'ils ne croient pas ou à ne pas croire ce qu'ils croient. Considérée comme un moyen de réformer les opinions ou de redresser les esprits, l'intolérance est vaine, sans effet, bien plus, chimérique et folle.

Non seulement elle n'atteint pas son but, mais encore elle va contre son but. Elle ne réussit qu'à fortifier les croyances qu'elle vise à détruire. Il n'y a pas d'exemple que la violence ait fait disparaître ou reculer une erreur, ait enfanté ou fondé une vérité. Ni les persécutions des Empereurs n'ont arrêté la propagation de la foi chrétienne, ni les bûchers de l'Église n'ont détruit une hérésie. Au contraire, il est prouvé par une expérience constante que les hommes s'attachent à leurs croyances, quelles qu'elles soient, en raison des supplices qu'ils endurent pour elle[1]. La persécution grandit le croyant aux yeux des autres et à ses propres yeux ; elle ranime et exalte sa foi, elle la rend ardente à se propager, et en même temps, et par là même, communicative et contagieuse. *Le sang des martyrs est une semence de chrétiens.* Enfin, selon la logique des sentiments, la persécution courageusement subie ou le martyre est interprété comme une preuve, un *témoi-*

---

[1] De là la boutade de Royer-Collard : « Ne persécutez jamais un homme pour une opinion qu'il n'a pas ; vous la lui donneriez. »

gnage, non de conviction seulement, mais de vérité[1].

Mais peut-être faut-il dire que l'intolérance n'est pas absurde, qu'elle n'est que malhonnête. En effet, elle ne s'attaque pas proprement aux croyances sincères, qu'elle ne saurait ébranler, qu'elle affermirait plutôt, mais elle se flatte d'entamer et de réduire les opinions auxquelles les hommes ne s'attachent que par intérêt. Or on ne peut nier qu'il en est de telles. L'intolérance peut donc réellement créer, par les moyens qui lui sont propres, un mouvement d'idées ou courant d'opinion ; elle peut détruire des préjugés ou des erreurs ; mais, par là même qu'elle fait

[1] On a contesté ce raisonnement. Jacob, invoquant l'histoire que d'ailleurs il refait, qu'il imagine avoir pu être autre qu'elle n'a été, écrit : « C'est une illusion superstitieuse que d'attribuer à la vérité un privilège qui la rendrait invincible à toutes les persécutions. Ce que le passé humain nous enseigne, c'est que, quand la force brutale n'a ni scrupule, ni hésitation, et qu'elle pousse jusqu'au bout son œuvre d'intolérance, on n'est jamais sûr qu'elle ne détruira pas, sinon définitivement, au moins pour un temps très long, la croyance vraie ou haute à laquelle elle s'attache. Bref, l'histoire ne prouve pas l'irrationalité pratique de l'intolérance, l'absurdité foncière de tout emploi de la force contre la pensée. » A vrai dire, la force « ne parvient pas à soumettre les âmes énergiques, mais, à toute époque, ces âmes sont l'exception : les autres, les consciences vulgaires, cèdent presque toujours à la violence, lorsqu'elle s'exerce d'une façon systématique, continue et impitoyable ». A vrai dire encore, « lorsque les hommes s'éclairent et se moralisent, les attentats de la force contre l'esprit rencontrent moins de chances de succès ». L'intolérance ne peut plus être brutale, elle est condamnée à être hypocrite. Son pouvoir est en baisse, et, Jacob ne le nie pas, sa faiblesse est en raison de la force et de la sincérité des convictions. Mais alors quoi ! Si Jacob veut dire que, même impuissante et sans effet, l'intolérance serait encore odieuse, nous sommes d'accord avec lui. S'il veut dire qu'elle n'est jamais inoffensive, puisqu'elle corrompt les âmes vulgaires, et les gagne à sa cause par l'intérêt et la crainte, nous l'avons reconnu et l'avons dit comme lui. S'il veut dire enfin que l'intolérance peut détruire une opinion, en exterminant ses adeptes, nous ne le nions point et nous en indignons comme lui. Mais nous maintenons qu'il n'est pas au pouvoir de l'intolérance d'entamer une croyance, d'ébranler une conviction, et que les victoires qu'elle remporte, elle les remporte sur la faiblesse physique et morale de ses adversaires, mais non pas sur leur pensée proprement dite, et qu'ainsi ces victoires, d'ailleurs trop réelles, déplorables et abominables, sont pourtant au fond plus apparentes que réelles. Vaincre n'est pas convaincre.

appel à la crainte et à l'intérêt, et ne s'adresse pas uniquement à la raison, elle ne peut déterminer qu'une opinion corrompue et servile, qu'une attitude mentale complaisante et hypocrite, ou qu'un engouement aveugle.

En fait, se contente-t-elle donc de si peu ? Non, et c'est ici qu'apparaît la contradiction que tout fanatisme enveloppe. Le fanatisme voudrait forcer l'adhésion des esprits, et que cette adhésion néanmoins eût tous les caractères d'une conviction libre, entière et sans réserves. Il ne peut réaliser que la servitude des intelligences, et il voudrait que cette servitude fût de la docilité. Il se dément donc lui-même, et « reconnaît implicitement, comme dit Renouvier, la liberté qu'il viole ».

C'est cette contradiction interne, confusément sentie, qui explique le dépit, la mauvaise humeur et la violence des intolérants. L'intolérance ne veut pas s'avouer sa défaite : forte contre la mauvaise foi, les opinions intéressées, elle ne peut rien contre la raison, contre les opinions sincères, même fausses. Aussi ne veut-elle jamais reconnaître l'erreur, et se réserve-t-elle le monopole de la sincérité. Elle part de ce principe que celui qui n'accepte pas les dogmes qu'elle proclame, résiste à la vérité ; elle accuse ses adversaires de partialité, de mensonge, d'aveuglement voulu.

En cela encore, elle dévoile sa faiblesse. Le fanatisme se montre soupçonneux : par là il éveille le soupçon. C'est le fait d'une âme déloyale de croire à la déloyauté. On ne suspecte pas aisément chez les autres la sincérité des croyances, quand on n'a soi-même que des croyances sincères. C'est à tort qu'on prendrait l'intolérance farouche pour le signe d'une conviction forte. Les fanatiques, sous ce rapport, font bien illusion. Le besoin qu'ils o t de l'assentiment des autres suffirait à le prouver. Il faut, en effet, que leur conviction personnelle soit bien faible pour qu'ils ne s'en contentent point. On l'a dit avec raison : « Les esprits faibles ne se sentent pas rassurés dans leur propre croyance, se sentent ébranlés dans leurs prétendues convictions, quand ils voient à côté d'eux des gens qui croient autrement. Ils ont besoin de les faire disparaître, soit en les convertissant, soit en les détruisant, pour pouvoir croire tout à leur aise. Ce n'est pas la foi religieuse qui a allumé les bûchers du moyen âge ; le véritable croyant assiste indifférent aux négations d'autrui ; c'est le doute religieux, ou plutôt c'est la terreur du doute religieux qui a inspiré les fanatiques[1]. »

Si cette thèse paraît paradoxale, si on a peine à croire que le fanatisme n'a pas au moins pour excuse de ses violences l'ardeur de ses convictions, qu'on veuille bien songer qu'employer la force pour imposer une opinion, c'est avouer aux autres, c'est s'avouer à soi-même qu'on manque d'arguments, c'est entrevoir vaguement qu'on pourrait avoir tort, et en éprouver une humiliation et une colère secrètes ; c'est douter de la vérité, de son ascendant naturel sur les esprits, c'est croire qu'elle ne peut se défendre et triompher toute seule ; c'est enfin entièrement méconnaître la façon dont elle entre dans les âmes, c'est n'avoir, en un mot, ni le sens de la vérité ni le respect des intelligences[2]. Le fanatique est un esprit grossier, un lourd pédant,

---

[1] Murisier : *Les Maladies du sentiment religieux*, Paris, Alcan. Cf. l'étude intitulée : *Fanatisme et Charlatanisme*, dans notre livre de l'*Absolu* (Alcan). Montesquieu a dit aussi (*Esprit des lois*, liv. XXV, ch. XIII, *Très humble remontrance aux inquisiteurs d'Espagne et de Portugal*) : « Le caractère de la vérité, c'est son triomphe sur les cœurs et les esprits, et non pas cette impuissance que vous avouez, lorsque vous voulez la faire recevoir par des supplices. »

[2] Pierre Leroux a dit très bien : « Tenter l'oppression de la pensée,

qui matérialise les idées, les prend à la lettre, et met à leur service la force brutale, mais qui n'en a pas le culte sincère et n'est pas vraiment touché de la vérité qu'il fait profession de défendre.

Supposons cependant que le fanatique ait la loyauté d'une âme saine, qu'il donne à ses croyances son esprit et son cœur. Supposons que ce soit dans l'ardeur de ses convictions qu'il puise le triste courage de persécuter ceux qui ne partagent pas sa foi. Sera-t-on alors en droit d'incriminer encore son zèle humanitaire ou religieux ? Ne devra-t-on pas plutôt l'absoudre de ses crimes ? Ne sera-t-on pas même tenté de faire de Robespierre un héros, de Torquemada un saint ? Non, ce serait subir la contagion de la folie ou le prestige de la force. On peut plaindre le fanatique pour sa débilité mentale, on n'en doit pas moins le traiter comme un fou dangereux. Le fanatisme décèle un naïf et monstrueux orgueil : il est, chez des esprits bornés, des âmes basses et vulgaires, la prétention à l'infaillibilité et à la vertu parfaites. Comment serait-il tolérable ? Comment lui laisserait-on prendre en main le gouvernement des consciences ? Comment lui laisserait-on commettre la pire erreur et la plus grande injustice : la tyrannie sur les âmes ?

L'intolérance est donc de tous points condamnable. Mais il ne suffit pas d'en comprendre l'absurdité, d'en avoir la

---

c'est tenter l'impossible... *Le prosélytisme de la persuasion*, voilà la loi à laquelle il faut que tous les partis se soumettent... C'est un devoir, pour le croyant sincère, de n'en appeler qu'à l'avenir et à la Providence, et de ne pas ajouter au désordre des intelligences par des désordres politiques et des débats sanglants... La majorité des citoyens doit aussi comprendre que, quelques erreurs qu'on lui propose, le droit de proposition appartient à tous. Son droit, à elle, c'est de rejeter après information; son devoir, c'est de ne jamais se soumettre sans conviction. Que chacun ait le courage de son opinion..., et bientôt la vérité se fera jour, et l'erreur s'évanouira sans qu'il y ait ni violence ni réaction à redouter. La vérité est au concours. » (Cité par Thomas : *Pierre Leroux*, p. 260. Paris, F. Alcan.)

haine et le mépris, pour entendre et pratiquer par là même la tolérance. Il y a bien des façons, en effet, d'être tolérant. On peut l'être à la façon de Montaigne, qui fait bon marché de toutes les opinions, qui n'en met aucune à si haut prix qu'il veuille souffrir la persécution pour elles, ni heureusement non plus la faire souffrir aux autres. Autrement dit, il y a une tolérance qui n'est que « l'indifférence, le dilettantisme ou la paresse » (J. Lemaître). Cette tolérance-là, à ne considérer que ses effets, on peut la regarder sans doute comme une faiblesse heureuse, on ne saurait pourtant la recommander comme une vertu. Il n'y a aucun mérite à la pratiquer; bien plus, « l'indifférence, qui laisse tout passer », est à peine moins déplaisante et moins méprisable que « l'aveugle parti pris, qui condamne tout à l'avance » (Duclaux). La seule tolérance qui vaille est celle qui n'a point le scepticisme pour point de départ et pour base, mais « s'allie avec les convictions fortes » (Lemaître). Être tolérant, c'est respecter ses adversaires dans l'ordre de la pensée, les traiter loyalement, rendre hommage à leur sincérité; mais ce n'est pas épouser leurs opinions, ce n'est pas pactiser avec l'erreur, entrer en compromis avec elle, ce n'est pas cesser de la combattre, en prendre son parti. La tolérance est seulement le respect des personnes dans la lutte des idées[1]. Ne croyons pas que

[1] Reconnaissons d'ailleurs qu'il faut un grand effort de raison pour dissocier ainsi l'opinion et l'opinant. La chose serait même, dit-on, impossible. Selon Paul Bourget (*Un Divorce*), « la lutte entre les espèces, cette inflexible loi de l'univers matériel, a sa correspondance exacte dans le monde des idé... Certaines mentalités constituent de véritables espèces intellectuelle... ne peuvent durer à côté les unes des autres. Se rencontrer, pour ... c'est s'affronter, c'est se déchirer. Les convictions qui semblent les plus abstraites sont des principes vivants tout prêts à déployer contre des principes adverses une énergie destructive. Cet appétit de combat arrive bientôt à mettre en jeu toute la personne. En fait, penser d'une manière trop opposée sur quelques points essentiels, c'est toujours se haïr. » Mais cette néces-

les ménagements dus aux personnes le soient aussi aux idées. « La tolérance pour les idées, disait M. Duclaux dans un discours aux étudiants, mes amis, qu'en feriez-vous ? Elle vous déparerait. Tâchez au contraire d'avoir des rancunes et même des haines contre les idées, les théories, les doctrines qui, après réflexion, vous paraîtront fausses et, par là, contraires au devoir particulier ou à l'intérêt général. » Loin, en effet, que le culte ardent et passionné du vrai soit incompatible avec le respect des intelligences, il l'implique et l'entraîne comme une suite nécessaire, et l'esprit de tolérance est précisément la synthèse de ces deux sentiments.

Mais, ainsi définie, comment la tolérance est-elle possible ? Celui qui possède ou croit posséder la vérité s'y attachera avec passion, sera ardent à la défendre ; il aura et ne pourra manquer d'avoir la haine de l'erreur. Comment ménagerait-il l'opinion, s'il ne le peut faire sans trahir sa conscience ? Comment serait-il tolérant, si la tolérance consiste à tenir pour légitime toute opinion sincère, quelque fausse ou dangereuse qu'elle soit ? C'est ce qu'on ne saurait comprendre, si on ne prévient une équivoque. Par tolérance on entend le respect des idées. Mais l'idée peut être conçue de deux manières : en elle-même, et dans son rapport avec l'esprit. Prise objectivement ou en elle-même, on l'accueille ou on la rejette, suivant qu'elle est vraie ou fausse ; on n'a pas à la ménager, on ne lui doit pas d'égards ; considérée au contraire comme l'expression d'une conviction personnelle, on doit la respecter en tant que telle, on ne peut lui demander que d'être sincère, on n'a pas à juger si elle est vraie ou fausse. La tolérance repose tout entière sur cette

sité psychologique de l'intolérance et de la haine n'est-elle pas supposée plutôt que démontrée ? En tout cas, elle n'est point telle qu'on puisse moralement s'y résigner et la subir.

distinction. On peut fort bien admettre une opinion comme légitime, tout en la tenant pour fausse ; on ne fait alors que reconnaître aux autres le droit de se tromper. Bien mieux, ce sont les esprits, qui ont les convictions les plus ardentes, qui sont naturellement les plus tolérants ; ce sont les esprits les plus originaux, les plus personnels, les plus dégagés de la tradition ou de la routine, qui sont les plus capables d'entrer dans la pensée d'autrui, et les plus respectueux de cette pensée. « La tolérance, a dit Lemaître, est un des noms de l'esprit critique. » Or l'esprit critique consiste à saisir le côté subjectif des idées, ou mieux à prendre les idées par le côté subjectif, à les considérer, si j'ose dire, comme fonction de l'esprit, et à comprendre qu'elles valent aussi à ce titre, et non pas seulement comme expression de la vérité matérielle. Les différentes formes de la tolérance partent toutes de ce point de vue, s'inspirent toutes de ce principe. Ainsi être tolérant en matière de foi, c'est faire passer le dogme avant le culte, et dans le dogme même, s'attacher à l'esprit plus qu'à la lettre. Être tolérant en matière de science, c'est priser, en un sens, la méthode plus que la doctrine, et l'esprit scientifique plus que la méthode même. Être tolérant en politique, c'est se dégager des formules de secte et de parti, rendre justice à ses adversaires et juger ses amis. Être tolérant en art, c'est reconnaître et admirer la beauté, en dehors de toute convention ou préjugé d'école. La tolérance, quel qu'en soit l'objet, est donc toujours ouverture et largeur d'esprit.

Elle est aussi, et par là même, générosité et chaleur de cœur. L'intolérant est étroit, fermé et jaloux ; l'originalité des autres le trouble et l'inquiète ; elle dérange son équilibre mental ; elle menace, elle met en péril sa pauvre et chétive personnalité. Il n'a pas assez de vitalité intellectuelle pour s'ouvrir à la pensée, pour être accueillant aux idées, sympathique aux esprits. Il manque d'élan et de flamme. Il n'a pas ce besoin d'expansion morale, qui nous fait aimer et rechercher les autres esprits, non pas en dépit, mais en raison de leur dissemblance avec nous, pour le stimulant qu'ils apportent à notre pensée et l'enrichissement qu'ils lui donnent. La tolérance est une communion d'âmes, qui se fait jour à travers la divergence des idées. Elle est la loyauté, la droiture et la confiance dans les relations d'esprit à esprit ; elle consiste à avoir foi dans les intelligences, à leur faire crédit, à respecter leur évolution. Elle est une qualité morale autant qu'intellectuelle. Elle n'est pas seulement justesse d'esprit, mais justice et générosité. Elle est faite aussi en partie d'indulgence et de bonté ; elle « est un des noms de la modestie et de la charité. Elle est la charité de l'intelligence » (Lemaître).

Nous l'avons définie, en analysant son esprit ; on pourrait la définir encore par les objets auxquels elle s'applique et par les effets qu'elle produit.

Le mot intolérance éveille presque toujours et uniquement l'idée de fanatisme religieux. Mais le fanatisme religieux n'est pas le seul ; il ne semble même pas aujourd'hui le plus redoutable. L'intolérance politique est autrement fréquente, brutale et grossière, la lutte des idées déguisant la lutte des intérêts matériels, lui servant de prétexte ou d'apparence honorable. Le fanatisme politique est ce qui peut aujourd'hui nous faire le mieux comprendre le fanatisme du passé, en particulier le fanatisme religieux, auquel il succède et ressemble.

Remarquons encore que la tolérance n'est pas seulement une vertu morale ou devoir de charité, qu'elle rentre dans la justice, qu'elle est un devoir strict, exigible. La liberté de pensée n'est pas proprement le droit de penser, droit qu'on n'aurait pas à revendiquer, qu'on serait certain de ne jamais perdre, puisqu'il serait assuré par le secret inviolable de la conscience, mais le droit de communiquer sa pensée, de conformer sa conduite extérieure à ses croyances intimes, de manifester et de propager ses croyances. Autrement dit, la liberté de pensée, de conscience, a pour complément, pour suite nécessaire, bien plus, pour condition, la liberté de la presse et des cultes. C'est pourquoi cette liberté n'est pas absolue ; ou, si elle l'est dans son principe, l'exercice en doit néanmoins être défini, c'est-à-dire réglé, limité par les lois. La liberté de pensée doit seulement être aussi grande que possible, c'est-à-dire n'avoir d'autres limites que celles du droit et de la justice. Il est clair qu'il n'en faut pas pousser le respect si loin qu'on regarde par exemple, en conséquence de ce principe, la diffamation comme permise.

Nous pouvons maintenant aborder une question philosophique, sur laquelle nous avons déjà pris parti en passant, celle du principe sur lequel se fonde la tolérance. Ce principe, avons-nous dit, ne saurait être le scepticisme. Mais n'est-il pas le relativisme ? Ne se traduit-il pas par la règle de prudence que M. Fouillée énonce ainsi : « N'agis pas envers les autres hommes comme si tu savais le fond des choses et le fond de l'homme... Être qui n'as pas la science absolue, ne pratique pas l'absolutisme envers tes semblables ; ne dogmatise pas en pensée et en actes. » Y a-t-il, au fond de la tolérance, un sentiment d'humilité intellectuelle, et par exemple, ce sentiment que la vérité n'appartient à aucun de nous en particulier, qu'elle est « fille du temps » (Bacon), qu'elle est « l'œuvre *collective* des esprits supérieurs » et que « cette œuvre-là » s'accomplit « toujours, en dépit des divergences individuelles. Il ne s'agit que d'avoir patience et la lumière se fait. Ce qui la retarde beaucoup, c'est l'ardeur orgueilleuse que nous avons tous, en ce monde, de prendre parti pour l'une des formes de la vérité. Il est bon que nous ayons cette ardeur, mais il est bon aussi qu'à certaines heures, nous ayons la bonne foi de dire : *Je ne sais pas !* » (G. Sand.) Faut-il dire enfin que nul ne sait où est la vérité ni le bien, et que « le doute général où nous sommes » (Renan) nous ôte le droit de condamner aucune opinion.

Cette thèse d'un relativisme radical, fondant une tolérance universelle, a été établie et défendue par Renouvier, avec une grande force de dialectique. Il part du : *Je pense, donc je suis*, de Descartes, et le commente en ces termes :

« Supposons que la plus certaine des vérités fût cette affirmation unique : Je crois que ce que je dis être la vérité est la vérité ; je le pense ; et, que ma pensée se trompe tant qu'elle voudra sur son objet, très certainement je ne me trompe pas sur ma pensée ; — la science, dans sa pauvreté, ne m'aurait-elle pas apporté le trésor de la tolérance ? Hé ! comment, dans une autre hypothèse, pratiquer la tolérance envers de vils adorateurs de l'erreur, qui iraient jusqu'à traiter d'erreur, non pas seulement ce qu'on *croirait* être la vérité, mais ce que l'on *saurait*, soi, *infailliblement* être la vérité, et qu'ils pourraient savoir de même ? Encore s'ils avaient l'excuse d'une sincérité entière, d'une conviction profonde ! Mais tant s'en faut, dans l'hypothèse, puisque la science est devant eux, quand on la leur explique, et qu'ils ferment les yeux, aveugles volontaires, à l'évidence qui les poursuit ; pour que l'erreur pût revendiquer l'avantage d'une si forte excuse, il faudrait essentiellement que la sincérité de la croyance n'eût pas sa mesure dans la vérité de la doctrine. Or, si la vérité de la doctrine n'en est pas la mesure, réciproquement la sincérité de la croyance n'est pas la sienne non plus; je ne suis donc pas sûr de ne me tromper pas, moi dont la sincérité est entière et la conviction profonde. Il faudrait une mesure à part pour moi, sans que je fusse à part; être à part, c'est n'être plus homme. Si elle me manque, remercions la science de m'apprendre, toute frivole qu'elle est au premier coup d'œil, une vérité supérieure à toutes les imaginations et à toutes les idoles humaines : que, lorsqu'on croit de la foi la plus ferme que l'on possède la vérité, on doit savoir qu'on le croit, non pas croire qu'on le sait; que l'on doit prendre garde, avant de blâmer absolument son adversaire, que, si l'erreur est de son côté, la croyance qu'elle n'y est pas s'y trouve aussi, et qu'au-dessus de leurs différences respectives, toutes les doctrines, dis-je, professées par l'homme ont cela d'égal : une commune infériorité dans une commune incertitude. Horrible conséquence!... » En résumé, la tolérance des hommes les uns pour les autres, c'est « la tolérance d'un mépris mutuel et universel, que chacun applique à soi, et qu'il subit de tous les autres [1]. »

En réalité, le doute, même *philosophique*, transcendant, et étendu à toute créance, est si peu le principe de la tolérance que c'est dans l'ordre des choses douteuses, et reconnues comme telles, dans le domaine de l'opinion et de la vraisemblance, dans l'ordre des questions qui nous dépassent, métaphysiques et religieuses, par exemple, que les

[1] Renouvier : *Essai de critique générale;* édition de la *Critique philosophique.*

hommes se sont montrés, toujours et de tout temps, les plus intolérants. « Il n'est rien cru *si fermement*, dit Montaigne, que ce qu'on sait le moins ; ni gens si assurés que ceux qui nous content des fables, comme alchimistes, pronostiqueurs, judiciaires, chiromanciens, médecins, *id genus omne ;* auxquels je joindrais volontiers, si j'osais, un tas de gens, interprètes et contrerolleurs ordinaires des desseins de Dieu... » (*Essais*, liv. I, c. xxxi). L'intolérance est moins l'attribut de la science que de la croyance. On ne gagnerait donc rien, au point de vue de la liberté de conscience, à réduire, comme le veut Renouvier, toute science à la foi.

Bien plus le relativisme lui-même, posé comme certain, est un principe d'intolérance. On condamne, au nom de ce principe, comme téméraire et vaine, toute spéculation sur l'absolu ; la métaphysique, au regard de la science, devient une hérésie.

En réalité le fondement de la tolérance ne se trouve dans aucune doctrine, puisqu'il est antérieur à toute doctrine, puisqu'il est le droit reconnu à chaque esprit de se faire sa doctrine, puisqu'il est le respect de la dignité de la pensée, reconnu plus essentiel et plus fondamental que le respect de la vérité même, laquelle au reste ne peut être que compromise par l'emploi de la force, n'a et ne doit avoir d'autre appui que la persuasion, ne réclame et n'est fondée à réclamer qu'une adhésion volontaire et libre.

RESPECT DE LA PERSONNE DANS SES SENTIMENTS : LA POLITESSE

Par tolérance on entend le respect de la personne dans ses opinions. Mais on pourrait l'entendre autrement, d'une façon plus fine, plus délicate et plus profonde, comme le respect de la personne dans ses sentiments.

Être intolérant, d'une façon générale, c'est ne pas accepter les hommes tels qu'ils sont, c'est les vouloir semblables à soi. C'est donc s'irriter, non seulement contre leurs préjugés, leurs paradoxes et leurs erreurs, mais encore contre leurs sentiments injustes ou déplaisants, contre leur malveillance ou leur haine, contre leurs préventions aveugles, contre le choix malheureux de leurs affections, ou simplement contre leurs modes de sentir, différents des nôtres. Si l'intolérance n'existe pas proprement dans l'ordre des idées, mais est toujours secrètement éveillée par les intérêts et les passions, auxquelles les idées sont jointes, s'il est vrai, par exemple, que les hommes ne sont pas divisés sur les questions mathématiques et abstraites, et cela non, comme on pourrait croire, par la raison que ces questions sont naturellement claires et incontestables, mais par la raison, bien plus forte, qu'elles n'excitent point les passions communes, c'est donc, dans l'ordre des sentiments, d'une part, que l'intolérance sera la plus ordinaire, de l'autre, que la tolérance sera la plus désirable, la plus méritoire et la plus exquise. Nous avons, en effet, à respecter ou à tolérer les caractères plus encore que les esprits, à tenir compte des sentiments plus encore que des idées, les sentiments étant ce qu'il y a en chacun de plus personnel et de plus intime.

Il suit de là qu'il y a une mesure à garder dans l'attitude que nous prenons, du point de vue moral, vis-à-vis des autres hommes. Il est au moins aussi déplaisant de se targuer de sa vertu que de se prévaloir de la vérité de ses opinions. Le pharisaïsme est, dans l'ordre du sentiment, ce qu'est le dogmatisme dans l'ordre des idées, et il y a plus d'une sorte de pharisaïsme : le pharisaïsme vertueux, l'intolérance hautaine d'Alceste, qui s'effarouche du moindre vice, et le pharisaïsme léger, qu'épouvante le sérieux des caractères et des mœurs, et qui n'est pas moins acerbe à l'égard des vertus que le premier à l'égard des vices. Il y a une certaine largeur de jugement, une certaine entente de la vie et des hommes[1], qui est nécessaire pour comprendre la diversité des caractères, et pour l'admettre, même dans ce qu'elle a de choquant pour la règle étroite de la moralité commune.

Entrer dans les sentiments d'autrui, les comprendre, en respecter le caractère personnel et intime, c'est pratiquer ce minimum de bienveillance, que la société exige, et qu'on appelle la politesse. La politesse consiste, pour les hommes, à se tolérer les uns les autres, ou à se rendre mutuellement tolérables. Elle peut être regardée comme une sorte de trêve. Les hommes, en effet, sont toujours, vis-à-vis les uns des autres, plus ou moins à l'état de guerre ; parmi eux, « les honnêtes gens » prennent l'engagement secret de s'accorder toutes les marques extérieures de respect et d'amitié, de s'épargner celles de la malveillance, de la raillerie, de la colère, voire de la simple froideur, de se faire, au besoin, le sacrifice de leurs goûts personnels, de leurs aises, de vivre enfin, comme ils vivraient, s'ils n'avaient les uns pour les autres que des sentiments d'amitié. Ainsi entendue, la politesse est sans doute une bonté de convention et d'apparence. Elle n'est cependant pas tout à fait vaine. Elle va toujours plus loin que les manières et devient une forme d'âme. Elle ne reste pas une pure attitude, un sym-

---

[1] Remarquons-le en passant ; c'est la raison pour laquelle la tolérance ne se rencontre guère chez les jeunes gens, est un fruit de l'expérience, une vertu de l'âge mûr.

bole ou un rite. Elle a la valeur d'une discipline : on ne se donne pas les apparences de la bonté, sans devenir bon soi-même à quelque degré. La politesse peut être regardée comme une école de tolérance. Elle consiste à accepter, ou mieux, à agréer les autres, et à s'en faire agréer, et, par exemple, à respecter chez eux les délicatesses et les fiertés du sentiment, à ménager les faiblesses, l'amour-propre, les susceptibilités d'humeur.

Il ne faut pas reprocher à la politesse d'être banale [1], disons mieux : de s'étendre indistinctement à tous, d'être universelle. C'est par là qu'elle prend le caractère d'un devoir, et d'un devoir strict, exigible, de simple justice. « La vraie civilité française, dit très bien Renan, c'est celle qui s'exerce, non seulement envers les personnes que l'on connaît, mais envers tout le monde sans exception. Une telle politesse implique un parti pris général, sans lequel je ne conçois pas pour la vie d'assiette commode : c'est que toute créature humaine, jusqu'à preuve du contraire, doit être tenue pour bonne et traitée avec bienveillance. Beaucoup de personnes, surtout en certains pays, suivent la règle justement opposée, ce qui les mène à de grandes injustices. Pour moi, il m'est impossible d'être dur pour quelqu'un *a priori*. Je suppose que tout homme que je vois pour la première fois est un homme de mérite et un homme de bien, sauf à changer d'avis (ce qui m'arrive souvent), si les faits m'y forcent [2]. »

---

[1] C'est le grand grief qu'Alceste a contre elle :
    Je veux qu'on me distingue; et, pour le trancher net,
    L'ami du genre humain n'est pas du tout mon fait.

[2] Renan : *Souvenirs d'enfance*, p. 356. Paris, Calmann-Lévy.

La politesse générale n'exclut pas d'ailleurs la déférence et les égards particuliers. A la menue et commune bienveillance, qui est due à tous les hommes sans exception, peut et doit certainement s'ajouter une chaude et particulière sympathie, soit pour les humbles, les faibles, en général pour ceux qui sont dignes de commisération et de pitié, soit pour les personnes d'un mérite rare et élevé, d'une grande distinction de cœur, etc.

Il va sans dire que les formes traditionnelles de la politesse peuvent disparaître ou se transformer, qu'elles gagneraient même à se simplifier ou à se réduire ; il suffit que l'esprit de politesse demeure ; or cet esprit, c'est la tolérance appliquée aux relations humaines, c'est le respect de la personne dans ses sentiments.

RESPECT DE LA PERSONNE DANS SA VOLONTÉ

Alors qu'on respecte chez les hommes les sentiments et les pensées, autrement dit, « cet asile impénétrable du cœur que rien ne peut violer », on peut exercer et se croire en droit d'exercer une contrainte sur leurs actes, on peut exiger qu'ils conforment leur vie à un idéal moral, qui ne luit point à leur esprit et ne touche point leur cœur. On peut raisonner ainsi : Le devoir est obligatoire. Pourquoi ne serait-il pas exigible ? Si le recours à la force est légitime contre ceux qui violent le droit, pourquoi ne le serait-il pas contre ceux qui transgressent le devoir ? En fait, toute l'antiquité a cru que la politique se confondait avec la morale, que le législateur pouvait décréter la vertu, et le magistrat veiller à ce qu'elle fût observée. L'Église chrétienne aussi a souvent armé le bras séculier, non seulement contre l'injustice, mais encore contre toutes les formes du péché ou du mal. En tout temps, on a exercé une contrainte sur les actes. Mais par là on a toujours prétendu atteindre indirectement les volontés. Ceux qui poursuivent la moralisation des hommes, malgré eux, veulent au fond obtenir, non le simple accomplissement du bien, mais l'acquiescement des volontés au bien. Ils prescrivent l'obéissance passive, à défaut de l'obéissance volontaire, mais ils tendent à celle-ci par celle-là. La tyrannie la plus brutale enveloppe le désir de réduire les volontés, de gouverner les âmes, le goût de la domination spirituelle. Ce goût est malsain. Il est l'essence même ou le principe de l'intolérance. Etre intolérant, en effet, ce n'est pas seulement violenter les volontés, c'est s'en emparer, de quelque manière que ce soit, par surprise ou par ruse aussi bien que par force ; c'est les confisquer, les séduire, les corrompre, et par exemple les énerver ou les endormir, en gagnant les cœurs, en détournant les sentiments de leur cours naturel, ou en exploitant leur générosité native. La domination spirituelle, — la plus raffinée de toutes, la plus cachée, la plus ardente et la plus dangereuse, — est tantôt tyrannique et dure, tantôt insinuante et câline, mais poursuit toujours le même but : détacher l'âme d'elle-même, de ses sentiments et de ses pensées, la rendre inerte et passive, sans volonté et sans courage, et faire qu'elle se complaise en sa servitude et travaille à son propre abaissement (voir A. Daudet : *l'Évangéliste*). C'est l'honneur de la morale laïque de s'être élevée contre cette forme subtile de l'intolérance, de répudier pour sa part toute direction des consciences, celle que décrit un Loyola dans ses *Exercices spirituels*, comme celle que pratique un Fénelon lui-même, et de revendiquer la liberté des intelligences et des volontés. Par là elle semble se désintéresser du salut des âmes et des sociétés ; en réalité, elle y travaille plus efficacement que si elle le prenait directement pour but; en effet, l'accord des hommes dans la vérité et dans le bien ne peut être obtenu par le gouvernement des consciences, mais il se réalise naturellement de lui-même; les hommes, livrés à leur conscience, savent trouver leur voie, et la sociabilité sort de la moralité, en apparence la plus strictement individuelle. Ce qui caractérise l'esprit laïque ou moderne, c'est la tolérance entendue comme le respect de la liberté des consciences. Ce respect va si loin que la prédication de la vertu elle-même peut nous paraître indiscrète, immorale et injuste. Nous croyons que, pour établir le règne du bien, on ne peut que faire appel à la bonne volonté des hommes, à leur bonne foi, à la droiture naturelle de leur esprit et de leur cause. La moralité n'est point, en effet, un ordre extérieur ou *légal*, elle est l'adhésion libre et spontanée de l'âme au bien; elle est ce qu'il y a en nous de plus personnel et de plus intime. Dès lors toute atteinte à la liberté de l'âme ne tend à rien moins qu'à tarir ou à souiller la source même de la moralité.

Sujets à traiter :

I. — *Analyse psychologique et critique de l'intolérance, du point de vue intellectuel et du point de vue moral.*

II. — *Le scepticisme, considéré comme principe de la tolérance (Montaigne).*

III. — *L'intolérance réfutée par ses conséquences.*

IV. — *La tolérance est-elle une qualité d'esprit ou une qualité du cœur et du caractère, ou les deux, et dans quelle mesure l'un et l'autre?*

V. — *Comment se concilie le culte ardent et passionné du vrai avec la tolérance ou respect des opinions d'autrui, même jugées fausses et dangereuses?*

VI. — *La tolérance, considérée comme une forme de l'esprit critique.*

VII. — *La politesse, considérée comme une forme de la tolérance.*

VIII. — Commenter cette pensée de Locke : « Quiconque examine et adopte, après un examen loyal, une erreur, au lieu d'une vérité, a mieux accompli son devoir que celui qui admet la confession de la vérité (car il n'embrasse pas la vérité elle-même), sans avoir examiné si elle est exacte ou non » (extrait d'un traité intitulé Error, imprimé dans la Life of Locke, Londres, 1876, de Fox Bourne, cité par Höffding : *Histoire de la philosophie moderne*, I, p. 397, tr. fr., Paris, Alcan, 1906.)

IX. — Commenter cette pensée d'Auguste Comte (*Cours de phil. positive*, IV, 40, 46) : « Il n'y a point de liberté de conscience en astronomie, en physique, en chimie, en physiologie, en ce sens que chacun trouverait absurde de ne pas croire de confiance aux principes établis de ces sciences par les hommes compétents. S'il en est autrement en politique, c'est parce que, les anciens principes étant tombés et les nouveaux n'étant pas encore formés, il n'y a point à proprement parler, dans cet intervalle, de principes établis... La tolérance systématique ne peut exister et n'a jamais réellement existé qu'au sujet des opinions regardées comme indifférentes ou comme douteuses. »

CHAPITRE XIV

RESPECT DE L'HONNEUR ET DE LA RÉPUTATION D'AUTRUI

SOMMAIRE

La calomnie est un mensonge fait en vue de nuire aux autres. Elle est odieuse : 1° en elle-même, par la méchanceté qu'elle atteste; 2° par ses effets. Elle fait toujours des dupes, si absurde et invraisemblable qu'elle soit ; si elle ne réussit pas à se faire croire, elle éveille ou laisse au moins dans les esprits le soupçon et le doute. Elle est dangereuse, en raison de la perfidie du calomniateur, de son habileté et de la malignité de ceux qui l'écoutent, de leur faiblesse mentale ou suggestibilité. Ses espèces : la calomnie effrontée, cynique et la calomnie hypocrite ou cachée.

La médisance est aussi nuisible que la calomnie, et à peine moins odieuse. Elle a la malveillance pour principe. Elle consiste à dire le mal qu'on sait des autres et à en taire le bien. Elle est une calomnie par réticence. Ses espèces : la médisance par méchanceté, par légèreté. En quel cas il est permis de dire du mal des autres. Le critérium de la médisance.

RESPECT DE L'HONNEUR ET DE LA RÉPUTATION D'AUTRUI

L'honneur ou la réputation d'un homme, c'est sa personnalité, non pas nécessairement telle qu'elle est, mais telle qu'elle apparaît aux autres, telle qu'elle se reflète dans le miroir, tantôt fidèle, tantôt trompeur, de l'opinion. Ainsi défini, l'honneur est-il respectable? Et si oui, à quel titre, dans quelle mesure ?

Dans le cas de l'accord entre l'être et le paraître, entre le caractère d'un homme et la réputation dont il jouit, il n'y a pas de doute, l'atteinte portée à la réputation est un tort gratuit, immérité, partant une injustice : le nom de cette injustice est la calomnie. Mais, dans le cas où l'on respecte la vérité, en attaquant les autres, dans le cas de la simple médisance, si le préjudice est réel, n'est-il pas mérité ? Examinons ces deux points.

La calomnie est odieuse. Elle l'est en elle-même, et elle l'est dans ses effets. En elle-même, car elle est la méchanceté, l'envie, la malveillance, ou la haine, qui ne craint pas, pour nuire, de recourir au mensonge. Dans ses effets, car elle n'est pas toujours démasquée ; la plupart des hommes manquent de critique, et accueillent légèrement le mensonge. « La calomnie ? dit Bazile. J'ai vu les plus honnêtes gens près d'en être accablés. Croyez qu'il n'y a pas de plate méchanceté, pas d'horreur, pas de conte absurde, qu'on ne fasse adopter aux oisifs d'une grande ville, en s'y prenant bien ! » Et le talent même n'est pas nécessaire ! Le succès de la calomnie peut simplement dépendre de son effronterie et de son audace. Que de gens, en effet, raisonnent ainsi : Si de telles accusations étaient fausses, comment oserait-on les produire ? Ceux qui ont moins de candeur, et qui croient à la malignité de la langue autant et plus qu'à celle des actes, tout en se tenant en garde contre les imputations calomnieuses, se laissent cependant ébranler, effleurer au moins par le doute, et partagent presque également leur défiance entre calomniateurs et calomniés. Ils partent de l'absurde proverbe : Il n'y a pas de fumée sans feu ! et, s'ils n'adoptent pas, ils ne repoussent pas non plus entièrement le mensonge, ils restent dans une incertitude défavorable, injurieuse à l'accusé.

Supposons même la calomnie confondue. L'effet n'en sera pas pour cela effacé. Elle reste dans l'esprit comme un soupçon qu'on écarte, qu'on ne veut pas avoir, mais qui revient importun, obsédant, tyrannique, et s'impose enfin, sinon comme un fait, du moins comme une possibilité, et ainsi se vérifie la parole célèbre : Calomniez, calomniez ! il en reste toujours quelque chose ! La malignité, en effet, trouve toujours de l'écho ; elle a d'ailleurs pour complices la légèreté d'esprit, la crédulité sotte, la plate curiosité, la simple badauderie qui recueille et colporte tout ce qui se dit. On en sait la genèse, l'évolution naturelle. Beaumarchais a paraphrasé en termes inoubliables le mot de Virgile sur la renommée : *Vires acquirit eundo* (Elle prend des forces en marchant). « D'abord un bruit léger, rasant le sol, comme hirondelle avant l'orage, *pianissimo* murmure et file, et sème en courant le trait empoisonné. Telle bouche le recueille, et *piano*, *piano*, vous le glisse en l'oreille adroitement. Le mal est fait, il germe, il rampe, il chemine, et *rinforzando* de bouche en bouche il va le diable ; puis tout à coup, ne sais comment, vous voyez calomnie se dresser, siffler, s'enfler, grandir à vue d'œil. Elle s'élance, étend son vol, tourbillonne, enveloppe, arrache, entraîne, éclate et tonne, et devient, grâce au ciel, un cri général de haine et de proscription. »

Il y a deux éléments à distinguer dans la calomnie : l'art perfide, avec lequel on la distille, et la légèreté complaisante, avec laquelle on l'accueille, et, comme si ces deux conditions réunies ne suffisaient pas à en assurer le plein et entier succès, une troisième naturellement s'ajoute, qui est l'aveugle courant de sympathie entre des croyances qui se propagent. L'art de la calomnie est d'ailleurs fort simple : il consiste à ménager les effets, à lancer d'abord des accusations vagues, générales, qui ne disent rien et laissent tout entendre, à procéder par insinuations et suggestions, à pousser les esprits dans la voie du soupçon, et à se fier à eux, pour broder ensuite sur le thème ainsi préparé, et fournir le détail précis et complet de la méchanceté entrevue et supposée.

La calomnie a ses espèces et ses degrés. La plus effrontée, la plus brutale, la plus cynique n'est pas la plus redoutable ni peut-être la plus odieuse. Elle s'avoue, elle se laisse saisir et prendre sur le fait; on peut donc la confondre. Tout au moins on peut lutter contre elle et s'en défendre. Il faut bien plus craindre, et aussi bien plus mépriser et haïr, la calomnie sourde, qui a recours à l'hypocrisie et à la ruse; celle-là se dérobe aux regards; on en voit les effets, on n'en suit pas la trace. Elle est une noirceur qui se complique de lâcheté. Le calomniateur, qui s'arrange pour que l'odieux de sa conduite ne retombe pas sur lui, qui ne se fait pas connaître, qui procède par dénonciations secrètes, par lettres anonymes, doit être par cela seul suspect. Comment, en effet, celui qui est assez lâche pour accuser les autres, sans se compromettre, ne serait-il pas tout aussi bien capable de mentir? Lorsque des gens, dont la bassesse de sentiment et la méchanceté sont avérées, disent du mal des autres, on ne leur fait pas injure en supposant qu'ils l'inventent. Ce qu'il faut craindre, ce n'est pas d'être trop sévère pour les calomniateurs, mais de s'en faire involontairement le complice, d'en être la victime ou la dupe.

Auprès de la calomnie, la médisance paraît une peccadille. On pourrait soutenir qu'elle n'est pas même une faute. N'est-elle pas, en effet, par définition, un témoignage véridique? Le tort qu'elle cause par suite n'est-il pas mérité? Il est juste que ceux qui ont des défauts en supportent la peine, que leur réputation en souffre ; cela du moins est normal, ou dans l'ordre des choses. Et pourtant la médisance nous révolte ! C'est qu'on sent bien qu'elle part d'un esprit de malveillance, de haine ou d'envie. C'est qu'on ne peut se méprendre sur sa nature, sur les sentiments qui l'inspirent, c'est qu'on ne peut, par exemple, la confondre avec la sincérité, la franchise ou l'impartiale justice. Médire, c'est dire systématiquement du mal des autres, et n'en dire que du mal. Qu'importe dès lors que ce mal soit réel et authentiquement établi? Il n'y aura alors, en un sens, que plus d'inconvénient à le colporter. Mais laissons de côté le dommage causé, ne voyons que la médisance elle-même. Il n'y a peut-être pas entre elle et la calomnie de différence appréciable, sensible. Taire la vérité, c'est, en effet, aussi bien mentir que proférer expressément une fausseté. Laisser les qualités dans l'ombre, et relever les défauts avec la clairvoyance particulière de la malignité, de l'envie, les traduire dans un relief pittoresque, savoureux et piquant, c'est donner des caractères une idée fausse dans l'ensemble, quand même cette idée serait vraie dans le détail. Pour qui va au fond des choses, la médisance n'est donc qu'une forme particulière de la calomnie ; elle est, comme celle-ci, un mensonge, à savoir un mensonge par omission ou réticence. La seule différence est de degré : tel, qui prend à dire du mal des autres un plaisir malsain, reculerait pourtant devant le mensonge matériel ou de fait ; mais l'exactitude de ses propos rassure sa conscience, et lui fait l'effet d'être une autorisation à les répandre, tout malveillants qu'ils soient.

Il faut distinguer plusieurs espèces de médisance : celle qui vient de la méchanceté, de l'esprit de dénigrement, et celle qui vient de la légèreté, de l'incontinence de langue.

La seconde paraît innocente, au moins d'intention. Elle ne l'est pas pourtant. On n'est pas excusé du tort fait aux autres par la raison qu'on ne l'a pas voulu, qu'on ne l'a pas fait sciemment ; il fallait précisément songer à ne pas nuire et expressément le vouloir. La médisance affecte les mêmes formes que la calomnie : elle est tantôt nette, franche, tantôt faite d'insinuation, de ruse et de détours ; c'est dans le second cas qu'elle est la plus détestable et la plus dangereuse.

A la considérer, non plus en elle-même, mais dans ses conséquences, la médisance est peut-être plus redoutable et plus funeste que la calomnie. Elle a plus de prises sur les esprits : elle a plus de crédit, elle soulève moins d'indignation ; elle est mieux accueillie, et laisse une impression à la fois moins mélangée et moins fugitive.

Est-ce donc pour le dommage, matériel ou moral, qu'elle cause, pour la malignité qu'elle atteste et la calomnie qu'elle renferme, qu'il faut haïr la médisance ? Ou bien est-elle méprisable en soi, et le seul fait de dire du mal des autres est-il déjà, à juste titre, l'objet de la réprobation morale ? Il faut s'entendre. S'il n'était permis de parler des autres que pour en dire du bien, la conversation entre honnêtes gens serait d'abord difficile à soutenir, elle manquerait ensuite de liberté, de sincérité et de franchise. La bienveillance systématique est à peine plus tolérable que la malveillance constante ; elle est le mensonge inverse de la médisance ; elle s'appelle la complaisance et la flatterie. Il est des cas où c'est un devoir de dire la vérité, même désavantageuse et funeste aux autres, si pénible qu'il soit pour eux de l'entendre et pour nous de la proclamer. Ainsi il faut avoir le courage d'accuser un coupable devant les tribunaux, de dénoncer la malhonnêteté et le vol d'un domestique renvoyé, de révéler à des parents l'infamie d'un prétendant à la main de leur fille, d'avertir un malade des dangers qu'il court, etc. Garder dans ces cas un silence prudent, ne songer qu'à son repos, fuir les responsabilités, éviter les affaires, c'est une lâcheté pure et une indignité. Il sera d'ailleurs aisé de fournir le critérium de la médisance. Toutes les fois qu'on dit du mal des autres, on est tenu préalablement d'établir qu'on en a l'autorisation ou le droit, et ce droit se déduit uniquement de l'obligation où l'on est d'apporter son témoignage contre l'injustice. On ne peut, en effet, desservir un intérêt privé que pour servir un intérêt social, ou défendre un droit. Si donc on dit du mal d'une personne, non pas pour lui nuire, mais pour l'empêcher de nuire, non pas par méchanceté, par envie, non pas même par indiscrétion, mais par esprit de justice, et sans autre raison ; si, loin de céder à la malignité, on a au contraire à se défendre contre l'instinctive répugnance qu'on éprouve à charger quelqu'un, et si on ne s'en défend que par la pensée d'un devoir à remplir, et si enfin on ne se trompe pas sur son devoir, on n'est pas, on ne peut pas être dit *médisant*, au sens fâcheux du terme. Mais on l'est dans tous les autres cas.

Il va de soi que la médisance est injuste. Pour comprendre à quel point elle l'est, il faut songer que l'honneur est ce que l'homme a de plus précieux, qu'il est le sentiment de la dignité personnelle, trouvant sa confirmation et sa consécration dans l'opinion, et que ravir à un homme son honneur, c'est lui ôter souvent son appui moral. Il faut songer aussi que l'honneur d'un homme est le principe de son autorité, de son crédit, de son rôle social, de son influence, et que toute atteinte à l'honneur entraîne une diminution ou une perte des avantages privés et sociaux, des moyens de travailler et de vivre. La médisance ou la calomnie cause un préjudice matériel aussi bien que moral. Elle est nuisible dans ses effets autant qu'odieuse dans son principe. Aussi la diffamation, sous toutes ses formes, doit-elle être poursuivie comme un délit, et non pas seulement flétrie comme une bassesse. L'honneur d'un homme doit être respecté comme sa vie, comme ses opinions et ses croyances, comme sa liberté individuelle. Les lois doivent nous protéger contre toute diffamation, qui peut être authentiquement établie. Quant à la délation, qui se produit dans l'ombre, toujours sans danger, et quelquefois avec profit pour ses auteurs, si on ne peut légalement l'atteindre, on ne saurait trop soulever contre elle les révoltes de l'opinion, trop la mépriser. Il est aussi injuste d'attaquer la réputation d'un homme, sans lui fournir les moyens de se défendre, que de confisquer arbitrairement sa liberté, ou de l'emprisonner sans forme de procès.

Sujets à traiter :

I. — *La médisance et la calomnie. Analogies et différences.*

II. — *Analyse psychologique de la médisance. (Distinguer l'état d'esprit de celui qui la répand et de celui qui l'accueille.)*

III. — *Même question au sujet de la calomnie.*

IV. — *Le délit de diffamation, ou la médisance et la calomnie, considérées au point de vue de la répression sociale.*

V. — *Du mépris de l'opinion, par lequel l'individu se soustrait aux attaques de la médisance et de la calomnie.*

Même sujet sous une autre forme. Commenter cette pensée de Descartes (Pass. de l'âme, 3ᵉ part., art. 106) : « Il n'est pas bon de se dépouiller entièrement de la honte et de la gloire, ainsi que faisaient autrefois les cyniques; car encore que le peuple juge très mal, toutefois à cause que nous ne pouvons vivre sans lui, et qu'il nous importe d'en être estimés, nous devons souvent suivre ses opinions plutôt que les nôtres, touchant l'extérieur de nos actions. »

III
MORALE DOMESTIQUE

CHAPITRE XV
LA FAMILLE

SOMMAIRE

La famille est une société unie par les liens du sang et de l'affection. La famille considérée du point de vue historique : ses formes diverses. La famille considérée du point de vue moral. Sa base naturelle : l'instinct. Sa forme idéale : victoire remportée sur l'instinct.

LA FAMILLE

Il est difficile de donner de la famille une définition rigoureuse et précise. En effet, si on dit, par exemple, qu'elle est une société d'êtres unis par les liens du sang, on n'indique pas en quoi elle se distingue de la tribu ou de toute autre société, formée d'individus de même race ; il faudrait établir alors des degrés de parenté, et dire quel est exactement celui auquel la famille s'arrête. Décrète-t-on que la ligne de descendance directe marque la limite de la famille ? Il faudra décider encore si cette ligne est celle de la descendance mâle, ou non, et en décider arbitrairement, car le patriarcat et le matriarcat se sont également rencontrés dans l'histoire. Encore avons-nous supposé une famille où se conserve la pureté de la race. Mais que devient la possibilité d'établir une filiation, dans le cas de la promiscuité des sexes (polyandrie ou polygamie) relative, partielle ou totale? L'hérédité physiologique ne fournit donc pas une base, sur laquelle la famille puisse toujours se constituer ni se constitue en fait d'une manière constante, uniforme.

Aussi a-t-on fait reposer la famille sur d'autres bases, comme si on avait jugé celle-ci incertaine et chancelante. C'est ainsi qu'on l'a considérée longtemps comme un lien religieux, une réunion d'êtres groupés autour d'un même foyer, d'un même autel, pratiquant, perpétuant le même culte[1].

C'est ainsi encore que la famille a été regardée comme un lien économique, un groupe d'êtres vivant sur le même patrimoine, mettant en commun leur travail, leurs ressources, se partageant, se léguant leur fortune.

C'est ainsi enfin que la famille peut être définie un lien moral, ou d'affection, entre des êtres *ordinairement* de même sang, vivant sous le même toit. (Je dis *ordinairement*, non toujours, car il faut tenir compte des membres que la famille s'adjoint par l'adoption, par la domesticité, et qui peuvent lui être aussi attachés de cœur, aussi dévoués que ses membres naturels.)

La famille est donc, au résumé, une société complexe, reposant sur des bases à la fois naturelles et morales, mais qui paraît être essentiellement constituée par les liens du sang et la réciprocité d'affection.

On peut distinguer encore deux sens du mot famille. Au sens large, ce mot désigne la société que forment des êtres unis, à des degrés divers, par des liens de parenté et d'affection ; au sens étroit, il désigne l'union

[1] V. Fustel de Coulanges : *la Cité Antique*, Paris, Hachette.

conjugale, et les enfants issus de cette union (c'est ainsi qu'on dit : fonder *une famille*.)

Avant d'étudier la constitution morale de la famille, indiquons le point de vue auquel nous voulons nous placer. Ce point de vue n'est ni historique ni sociologique, mais psychologique et moral. Nous ne remonterons pas aux origines de la famille, nous ne rechercherons pas, par exemple, si l'humanité a été tout entière dans le passé, si elle est encore aujourd'hui, dans l'ensemble, polygame ou monogame. Nous cherchons uniquement ce que la famille doit être, et nous n'espérons pas le découvrir d'après ce qu'elle a été. L'histoire, en effet, quoi qu'on en ait pu dire, n'est pas la maîtresse de la vie (*magistra vitæ*) ; elle peut fournir des indications, non des leçons ; elle est suggestive, non vraiment instructive. Il pourrait être dangereux même de la prendre pour guide. Elle est, en un sens, une école de scepticisme. Tous les exemples, en effet, se rencontrent dans l'histoire ; toutes les formes en particulier se sont produites dans l'organisation de la famille ; il semble que le hasard seul ait fait prévaloir celle-ci sur celle-là, et que toutes en réalité se valent. En tout cas, il n'y a pas de licence, de désordre des mœurs, qui ne puissent invoquer quelque précédent, s'autoriser de quelque exemple ; et si l'on prend pour règle, que tout ce qui est très généralement répandu est naturel, et que tout ce qui est naturel est moral, on pourrait très bien ériger en loi morale la promiscuité des sexes. Mais, à vrai dire, l'histoire est sans autorité morale, en raison de la nature des faits qu'elle établit et du point de vue sous lequel elle les considère, sans parler de l'incertitude de ces faits ni de celle des inductions qu'on en tire.

Un exemple suffira à le montrer. Veut-on savoir quel

est le type normal de la famille? On cherchera, d'après la méthode historique, quel est celui que l'humanité primitive a réalisé d'instinct, et on invoquera le classique exemple des sauvages. Mais qui peut dire si les sauvages actuels sont les représentants de l'humanité primitive ou de l'humanité dégradée? Supposons, ce qui n'est pas, que tous les sauvages se ressemblent, et soient tels que Diderot les décrit[1], de naïfs dissolus, d'inoffensifs lubriques. Peut-on dire qu'ils ont toujours été et qu'ils sont naturellement ainsi? Il semble bien au contraire qu'une organisation de la famille, impliquant une certaine régularité de mœurs, rentre parmi les conditions en dehors desquelles ne peut vivre l'animal humain, et qu'à aucun moment l'instinct familial n'a donc pu faire défaut à l'homme, non plus qu'à aucun des animaux, lesquels, sans cet instinct, n'auraient pu perpétuer leur race. Mais on sait que c'est la spécialité de l'homme de sortir de l'instinct, de passer de la satisfaction des besoins à la recherche du plaisir, et de l'amour au libertinage. Telles circonstances particulières ont pu se produire qui l'ont précipité sur cette pente. C'est ainsi que le climat est parfois corrupteur. Tel peuple, en raison de la fécondité du sol, a pu ignorer l'effort et le travail, et se trouver exempté de la prévoyance; les hommes n'ont pas eu à pourvoir à la subsistance des enfants et des femmes; la constitution d'une famille régulière ne leur a pas été imposée par les nécessités matérielles; et, si cette constitution répondait aux instincts de leur cœur, ces instincts étaient combattus, d'autre part, par l'égoïsme, la sensualité et les vices qui, dans les sociétés civilisées, se trouvent, si souvent encore, plus répandus et plus forts que les vertus familiales. Ainsi a pu naître et se développer, par exemple,

[1] *Supplément au Voyage de Bougainville.*

la promiscuité des sexes dans Tahiti, l'île délicieuse. Rien n'est donc moins sûr que de chercher dans les mœurs actuelles des sauvages les instincts primitifs.

Supposons cependant qu'on les retrouve. Quand il serait prouvé que la famille, telle que nous la concevons aujourd'hui, l'union monogamique, n'est pas une société *naturelle*, au sens précis du mot, il ne serait pas démontré pour cela qu'elle n'est point une société conforme à l'idéal de notre nature. Que, pour organiser la famille selon la justice, pour respecter et faire respecter la dignité de la femme et les droits de l'enfant, l'homme n'ait pas eu seulement à suivre ses instincts, mais à vaincre ses passions, c'est ce qui est évident, mais c'est précisément aussi ce qui donne à la famille ainsi organisée un caractère moral. La famille est d'autant plus morale qu'elle est, je ne dis pas seulement moins *naturaliste*, mais moins *naturelle*, c'est-à-dire qu'elle est moins un simple produit de la nature humaine, livrée à elle-même, et qu'elle est davantage une victoire de l'homme, remportée sur lui-même, une conquête de la civilisation et du droit. On voit combien sont confuses les idées morales tirées des faits historiques ; ces faits indiquent au plus, et d'une façon équivoque, ce qu'il y a d'instinctif et de foncier dans les mœurs ; or c'est déjà une question de savoir si ce qui est naturel en nous est par là même moral, ou le contraire, et c'est encore une question de savoir ce qu'il faut appeler naturel ou non. Il sera donc plus simple et plus sûr d'étudier la constitution de la famille selon ce qu'elle doit être que selon ce qu'elle a été ou ce qu'elle est, du point de vue idéal que du point de vue historique ou réel.

Sujet à traiter :

I. — *Les origines naturelles de la famille.*

CHAPITRE XVI

LE MARIAGE

SOMMAIRE

Le mariage est l'union sexuelle, recherchée pour elle-même et acceptée dans ses conséquences. Cette union doit être monogamique. Elle doit être contractée pour la vie. Théorie de l'*union libre*, ou de l'amour affranchi de toute règle. Cette théorie est trop optimiste, accorde trop à la générosité native de l'amour. En réalité, tout amour doit être défendu contre lui-même, contre ses illusions et contre l'injustice, la déloyauté. Le mariage suppose deux conditions : la raison et l'amour. Il est un choix, d'où dépend le bonheur de la vie, auquel on ne saurait donc apporter trop de prudence et de réflexion. Ce choix doit être *individuel*. Les parents ne sauraient le dicter : ils n'ont que voix consultative. Le mariage cependant n'est pas un acte purement *privé*. Il a un caractère *social*. Les garanties *légales* du mariage. En quel sens le mariage est *indissoluble*. En quel sens, et dans quel cas, le *divorce* est cependant légitime. C'est à la société qu'il appartient de le prononcer, comme protectrice des droits des époux et des enfants. Le mariage ne peut être *légalement*, n'étant pas même toujours *moralement*, obligatoire.

LE MARIAGE

Étudions d'abord l'acte qui fonde la famille, ou le mariage.

Le rapport des deux sexes n'est pas en lui-même, comme l'enseignent les théologiens, immoral, entaché de souillure ou de péché. L'effroi, la répulsion et l'horreur qu'on veut qu'il inspire ne s'expliquent que si on a en vue la sauvagerie, la violence, les crimes et abus de toute sorte, qui en sont l'accompagnement ou les suites. A l'origine, en effet, ce rapport « a le caractère d'une liaison forcée et contrainte, où la partie la plus faible sert seulement à l'autre de moyen de plaisir, et exécute pour celle-ci un travail d'esclave » (Höffding). Mais, si on considère la riche floraison de sentiments généreux, tendres et dévoués, qui se développent autour de l'instinct sexuel, et qu'on groupe sous le nom d'amour, on ne peut qu'être choqué de la grossièreté d'âme de ceux qui ont méconnu l'importance et la valeur morale de cet instinct[1]. La vérité est que l'amour ne saurait être abandonné à lui-même, à ses impulsions propres, mais doit être réglé. Le mariage est précisément la réglementation morale de l'amour, la loi imposée par la société, et acceptée par les individus, pour en assurer l'évolution normale.

L'union sexuelle devient immorale, si elle se prend pour fin, plus exactement, si elle est la recherche exclusive du plaisir, si elle ne s'accepte pas tout entière avec toutes ses conséquences, si ceux, ou l'un de ceux qui la contractent, rejettent la responsabilité des faits naturels ou des obligations sociales qui y sont liés, à savoir de la naissance des enfants, de l'entretien d'une famille. Le libertinage est une violation des lois de la nature, parce qu'il consiste à se réserver les jouissances de l'amour et à se dérober aux devoirs que l'amour crée ou implique. Le mariage, au contraire, est une application de ces lois, étant l'union sexuelle recherchée pour elle-même, et acceptée dans ses conséquences.

Des considérations analogues établiraient que la forme parfaite de l'union sexuelle est la monogamie. De « l'équi-

[1] Cf. Renouvier : *Science de la Morale*, t. I, p. 376-7, nouvelle édition. Paris, F. Alcan, 1908.

valence numérique *approximative*[1] des deux sexes » (Renouvier) il suit en effet que la polygamie est contre nature. Elle est de plus antisociale : la possession d'un harem est un privilège monstrueux du rang et de la richesse. Elle abaisse la femme ; elle en fait ou tend à en faire une esclave. Enfin elle est contraire aux lois de la nature morale : l'amour vrai est exclusif, unique ; il veut être agréé, non subi ; il traite d'égal à égal ; il suppose l'attrait mutuel, et l'accord libre des volontés.

Le mariage peut être défini l'union sexuelle, contractée librement, sciemment, par l'homme et la femme, et considérée par eux comme les liant l'un à l'autre, exclusivement, et pour la vie. Il est la résolution la plus grave, la plus redoutable, qu'un être humain puisse prendre, et le Stoïcien Antipater a eu raison de l'appeler « héroïque » (ἡρωϊκόν).

Nous avons dit qu'il est la réglementation de l'amour. Mais quelques-uns croient que l'amour n'a pas à subir de règle, qu'il se suffit à lui-même et ne relève que de ses lois. Thèse séduisante, et qui a même une part de vérité ! Les partisans du *mariage d'inclination* ont raison contre ceux dont la sagesse désabusée conseille les tristes unions d'*intérêt* et de *convenance*. Le mariage suppose l'attrait réciproque ; il n'y a que l'amour qui inspire et autorise cette confiante audace, qu'Antipater appelle de l'héroïsme. Il n'est pas vrai cependant que chacun n'ait qu'à suivre son inclination. L'amour ne dispense pas du devoir. Il a

---

[1] Le nombre des femmes dépasserait en réalité celui des hommes. C'est ainsi qu'en Allemagne il y avait, il y a quelques années, 800 000, et dans le Massachusetts, en 1880, 60 000 femmes de plus que d'hommes. (Höffding, *Morale*, tr. fr., p. 286.) Mais de là il faut seulement conclure, avec l'auteur cité, à la nécessité pour la femme de ne pas compter sur le mariage, et de se créer, par le travail, une situation indépendante.

ses droits ; il n'a pas tous les droits. L'amant doit envisager la nécessité de subvenir aux charges matérielles d'une famille : il s'agit pour lui de conquérir par le travail le droit de se marier. S'il faut mépriser les mariages, dits de *raison*, il faut tenir aussi pour immoraux, à d'autres égards, les mariages imprévoyants, qui sont comme des dettes contractées envers la société par des débiteurs insolvables.

De plus, il faut savoir se défendre contre l'amour, résister à son attrait ; il faut savoir douter de l'amour qu'on ressent comme de celui qu'on inspire, et comprendre l'obligation de mettre les sentiments à l'épreuve, de prendre vis-à-vis d'eux ses garanties et ses sûretés. C'est là ce qui condamne l'*union libre*, laquelle devance l'amour, lui fait crédit, ne lui demande ni gages ni promesses et ne veut compter que sur sa générosité, sa loyauté chevaleresque.

On dit : c'est faire injure à l'amour de lui imposer des devoirs. L'amour est un principe de dévoûment, de loyauté et d'honneur. A quoi bon prescrire à l'amant de subvenir aux besoins de la personne aimée ? A quoi bon lui faire jurer d'être fidèle ? Il remplit, et au delà, par inclination et de lui-même, les prescriptions du code. — Aussi, répondrons-nous, ne peut-il prendre ombrage de ces prescriptions, puisqu'elles ne vont pas à le détruire, mais à le confirmer, puisqu'elles ne lui imposent rien à quoi il ne se sente naturellement enclin et moralement obligé? L'amour, qui ne se soumet pas aux lois du mariage, se rend par là même suspect : refuser de s'engager, c'est se réserver le droit de rompre ; s'affranchir du serment de fidélité, c'est, sous couleur de garder la liberté de l'amour, réclamer éventuellement le droit à l'inconstance.

Dira-t-on que l'amour est ombrageux, jaloux, qu'il ne veut pas être mis en doute, qu'il appelle et exige la confiance? Mais ce n'est pas douter de l'amour que de lui demander de se lier par des promesses, par des engagements précis. Et quand même on lui demanderait des gages! N'est-il pas sage de se garantir contre ses illusions, de prévoir ses défaillances? Et que penser d'un amour qui craint de se lier, sinon qu'il n'est pas sûr de lui-même?

Au reste, il ne faut pas confondre la fierté et la pudeur avec les fausses susceptibilités et sentimentalités. L'amour loyal, sincère, n'aura pas de réticences, se montrera tel qu'il est, ne voudra pas encourager des illusions trop promptes à naître, provoquera, recherchera des explications franches. Sans doute, à la rigueur, la bonne foi et l'honneur rendent tout contrat inutile ; sans doute encore des obligations tacites n'engagent pas moins que des obligations formelles. Mais, sans parler de la prudence, l'honneur bien compris veut précisément que deux personnes, qui se lient l'une à l'autre, donnent à leurs engagements une forme précise, ceux-ci ne pouvant être autrement l'objet d'une adhésion réfléchie. « Plus il s'attachera de réflexion et de stipulations claires » à un tel acte, dit justement Renouvier, « plus le droit sera respecté et le devoir rempli. L'objet essentiel de l'éducation des deux sexes devrait consister à les pénétrer de cette vérité, en même temps qu'à les informer de l'état réel des faits et des mœurs, afin que leur liberté pût s'exercer pleinement dès la jeunesse[1] ».

En résumé, le mariage suppose deux conditions, regardées à tort comme incompatibles : la raison et l'amour; il est l'amour qui se connaît, s'éprouve, se juge, se rend compte de ses obligations, et revendique ou fait valoir ses

[1] *Ouv. cité*, p. 321.

droits ; et il est la réflexion appliquée à l'amour, l'examen de conscience, la discussion approfondie, précédant le choix le plus grave, celui qui pèse le plus fortement sur une destinée humaine.

La nécessité d'introduire la raison dans l'amour, de ne pas céder au pur entraînement est si bien reconnue qu'on n'a pas accordé aux jeunes gens le droit de décider seuls de leur sort, qu'on a voulu qu'ils fussent mis en garde contre eux-mêmes, qu'on leur a fait une obligation d'obtenir, de solliciter au moins, en une chose si grave, le consentement de leurs parents. A vrai dire, on a réservé là aux parents un rôle toujours ingrat et souvent fâcheux. La prescription légale des *sommations*, dites *respectueuses*, est peut-être critiquable. Elle constitue une demi-mesure. Elle est comme le droit de *veto*, laissé à Louis XVI, et qui devait rendre ce roi à la fois impuissant et impopulaire. En l'espèce, les parents ne peuvent être que les conseillers de leurs enfants. Ils peuvent provoquer chez eux la réflexion, les éclairer de leur expérience ; mais ils doivent leur laisser le soin et la responsabilité de la décision à prendre. Le mariage est un acte essentiellement privé, individuel ; la soumission, la condescendance trop grandes à la volonté des parents, dans le choix d'un mari ou d'une femme, serait un acte de trahison envers soi-même et de déloyauté envers la personne à laquelle on se lie. Le rôle des parents est de mettre leurs enfants en état de choisir eux-mêmes leur destinée, et non de choisir alors pour eux ; autrement dit, de leur donner à l'avance une éducation sérieuse, une connaissance d'eux-mêmes, une expérience de la vie, qui les mettent à l'abri des surprises et méprises de tout ordre, sentimentales, économiques et autres. Cette éducation, par malheur, manque trop souvent aux jeunes gens, à la jeune fille surtout, qu'on traîne à l'autel, victime innocente, dupe à peu près assurée, qui ignore tout des calculs dont elle est l'objet, sa mise à prix, et son propre cœur, et la vie.

Le mariage, disions-nous, est un acte individuel ; il ne laisse pas d'avoir un caractère social. Il est un contrat dont la loi définit les termes, et dont elle assure l'exécution. La société intervient dans tous les contrats privés, pour veiller à ce qu'ils ne renferment rien que de juste ou de conforme au droit, et pour faire qu'étant justes, ils soient exécutés ou que leur non-exécution entraîne les conséquences que de droit. Considérons donc le mariage comme un « acte civil ». Aux termes du Code, il entraîne pour les époux l'obligation de s'assister mutuellement et d'élever en commun leurs enfants. La société est en droit d'exiger que ce double devoir soit rempli, c'est-à-dire d'exiger que chacun des époux vienne en aide matériellement à l'autre, que l'un des deux ne puisse se décharger sur l'autre, encore moins que les deux ne puissent se décharger sur elle-même, du soin d'élever leurs enfants.

En tant qu'elle règle selon la justice les relations qui découlent du mariage et le mariage lui-même, en tant qu'elle est la protectrice des droits des époux, des parents et des enfants, la société veut être prise à témoin des unions qui se forment. Elle ne saurait, il va de soi, autrement en connaître. Une union ne peut prétendre à être garantie et protégée par la loi, qui n'aurait pas reçu la consécration légale. Les contractants d'une union libre ne se retirent pas seulement à eux-mêmes le bénéfice du recours légal l'un contre l'autre, ils privent encore leurs enfants, en les plaçant en dehors de la loi civile, des bénéfices que leur confère cette loi. L'infériorité légale, où ils se placent ainsi, ne saurait être justifiée. Il n'y a pas d'atteinte à la liberté dans le fait de se soumettre aux lois, et il est illogique de contracter une union, sans en vouloir accepter toutes les conséquences, juridiques et sociales.

Ce n'est pas à dire pourtant que le mariage tire sa valeur de la cérémonie qui s'accomplit à la mairie non plus qu'à l'église. Il consiste avant tout dans l'acte par lequel deux personnes se donnent l'une à l'autre complètement, sans esprit de retour. Il peut donc moralement exister sans recevoir la consécration officielle, et il ne suffit pas, pour qu'il existe moralement, que cette cérémonie s'accomplisse. « Un mariage peut exister en esprit et en vérité sans les formes extérieures », dit Höffding, et il n'est pas au pouvoir de ces formes de créer les sentiments d'amour et de dévouement, qui constituent proprement le mariage, encore moins d'y suppléer.

La conception du mariage, du point de vue civil aussi bien que proprement moral, change du tout au tout, suivant que les engagements qu'il comporte sont regardés comme irrévocables ou non. Le mariage est-il donc indissoluble ou, au contraire, le divorce est-il légitime et, en certains cas, obligatoire ? Il faut distinguer ici deux points de vue : celui du droit ou de la justice, et celui de l'idéal, et deux moments : celui qui précède le mariage, et celui qui le suit. Du point de vue idéal, le mariage est et ne peut être qu'indissoluble[1] : il est l'amour qui s'est éprouvé,

---

[1] Cf. Lacordaire : 34e conférence, t. II de l'édit. Poussielgue, p. 325-6. « L'affection produit naturellement l'*indissolubilité*. Quel est l'être assez lâche, quand il aime, pour calculer le moment où il n'aimera plus ? Quel est l'être assez indigne de concevoir et de mériter l'affection, qui vit avec ce qu'il aime, comme s'il devait un jour ne l'aimer plus ? Qui de nous, au contraire, illusion trop souvent démentie, mais illusion qui nous honore ! qui de nous, une fois qu'il aime, ne se persuade, dans ce moment du moins, qu'il aimera toujours avec tout l'entraînement et toute la jeunesse de son cœur ? — On se trompe, je le veux ; mais ce n'est pas moins le caractère inné

qui est sûr de lui-même, qui a juré d'être fidèle et de durer autant que la vie. Il est de la nature du sentiment de se croire éternel : cette illusion, si c'en est une, fait partie de sa vie, est une condition sans laquelle il ne peut germer et éclore. Or, à la veille du mariage, l'optique ne peut être que celle de l'idéal. Il n'entre pas alors, il ne peut pas entrer dans la pensée que le divorce puisse jamais se produire ; c'est déjà trop que l'éventualité s'en présente à l'esprit comme un recours extrême ; cette éventualité, l'amour la repousse comme un outrage, ou comme une crainte injurieuse.

Toutefois, après le mariage, l'illusion se dissipe, la réalité apparaît, et il faut bien l'envisager en face. Le mariage est un contrat bilatéral, et, comme tel, il ne peut se maintenir que si les engagements en sont de part et d'autre remplis. Il serait immoral et injuste qu'un des contractants restât obligé « quand l'autre se dégage, et cela, quand la matière du contrat porte précisément sur l'accord prolongé des deux volontés... La raison condamne les promesses d'union et de fidélité perpétuelles, en tant qu'imposées aux personnes absolument, et sans conditions synallagmatiques de droit et de devoir. Une loi qui assujettirait les sexes à de telles promesses », si elle pouvait être observée, n'imposerait rien moins que « la séquestration et le viol légal, ou prêterait sa force au plus dur et au plus honteux des esclavages » (Renouvier).

de tout sérieux attachement. » — De même, Renouvier (*ouv. cité*, t. I, p. 385) : « Si j'écarte de ma pensée toutes les causes de trouble et d'illusion qui agissent pour former, dissoudre et reformer des unions, et si je me renferme dans le sentiment qui préside aux cas primitifs et aux plus purs, je crois pouvoir y constater la reconnaissance mutuelle d'un lien unique, indivisible, éternel, s'il se pouvait. L'amour me paraît poser, en se posant, sa perpétuité, sa permanence et son indivisibilité, tant que des faits contraires ne viennent pas tromper son espérance et le détruire lui-même. »

La société, qui est invoquée comme témoin de la conclusion des mariages, doit prononcer, comme juge, leur dissolution. Il n'appartient pas à l'époux outragé de se faire justice ; il doit prendre le magistrat pour arbitre. Il le devrait, n'eût-il qu'à défendre ses droits ; il le doit plus encore, lorsqu'il a à concilier avec le souci de sa dignité et l'intérêt de son bonheur les intérêts et les droits de ses enfants. Les tribunaux ont l'autorité et l'impartialité requises pour établir la balance entre les droits des époux, et maintenir la juste vengeance de l'un dans les limites posées par le droit supérieur des enfants.

Mais le divorce est toujours un mal, et il ne peut être prononcé que pour mettre un terme à un mal reconnu plus grand. Comme, lors d'un projet d'union, il convient de mettre les amants en garde contre leur propre entraînement, lorsque le divorce est demandé, il faut s'appliquer à sauver les plaignants d'eux-mêmes, il faut laisser à leur ressentiment le temps de s'apaiser, de jeter sa première flamme. La réflexion doit toujours se mettre en travers de la passion, quelle qu'elle soit. Le divorce, comme le mariage, devrait être irrévocable. Il importe donc qu'il ne soit pas prononcé pour des raisons légères ; il faut mettre à l'épreuve ceux qui le demandent, et s'assurer qu'ils le veulent vraiment, sans arrière-pensée, et ne le demandent pas par dépit. La facilité du divorce serait d'ailleurs un danger social ; elle affaiblirait le respect général du mariage. Il convient de le remarquer, les rigoristes, ou partisans du mariage indissoluble, ont raison en principe, en thèse générale : le divorce ne peut être qu'un cas anormal, exceptionnel. Ce que les anciens ont dit de l'amitié est plus vrai encore de l'amour : *Ante amicitiam, judicandum ; post amicitiam, credendum*. Si le choix qui préside aux unions conjugales était plus réfléchi, plus consciencieusement fait, les divorces seraient alors bien rares, et ceux qui auraient encore occasion de se produire, seraient peut-être même en partie évités, l'erreur, dans les conditions supposées, devant ôter, à ceux qui l'ont commise, la crainte affreuse de la renouveler.

Mais des hommes, des femmes resteront toujours en dehors du mariage légal, soit par choix individuel, soit par nécessité sociale. Il serait à désirer que la société fît à chacun sa place, que nul ne fût exclu du mariage par l'impossibilité de subvenir à l'entretien d'une famille. La décence des mœurs en dépend et la justice l'exige. Le mariage devrait être accessible à tous : il est la condition naturelle de l'homme et de la femme dans le rapport des sexes, et il est moral par les devoirs qu'il crée, les sentiments et les vertus qu'il développe. Toutefois il ne doit être imposé à personne ; la loi d'Athènes interdisant le célibat est injuste. Le mariage n'est pas non plus moralement obligatoire. Le célibat au contraire peut se poser en certains cas comme un devoir, non seulement pour l'homme atteint d'une maladie grave, héréditaire ou contagieuse, mais encore pour celui dont le caractère, l'humeur et les goûts sont manifestement réfractaires à la vie domestique. Combien d'ailleurs en est-il à qui la destinée n'a pas permis de faire un choix? De tout temps on a vu des hommes, assumant une grande tâche sociale, consacrant leur vie à la science, à l'art, à la charité, se détourner du mariage. Épictète, devançant les ordres religieux, va même jusqu'à prescrire le célibat au sage. Quelque exagération qu'il y ait à proclamer ainsi l'incompatibilité des *devoirs parfaits* et des *devoirs moyens*, il est certain que le caractère moral du mariage n'implique pas, pour tous, et dans tous les cas, l'obligation de se marier. Au reste, le mariage perdrait moralement tout son prix, s'il cessait d'être un acte individuel, libre et spontané.

Sujets à traiter :

I. — *Pourquoi le mariage doit-il être entouré de garanties légales, et quelles sont ces garanties ?*

II. — *Le mariage considéré du point de vue moral.*

III. — *Le divorce est-il légitime ? En quels cas, à quelles conditions ?*

IV. — *Qu'y a-t-il de vrai dans la thèse de l'indissolubilité du mariage ?*

CHAPITRE XVII

LES RELATIONS DE MARI A FEMME, OU DROITS ET DEVOIRS DES ÉPOUX

SOMMAIRE

La société conjugale est une société d'*égaux*. L'homme et la femme sont *psychologiquement* égaux, quoique différents de nature et d'éducation ; leurs qualités se compensent et se complètent. Ils doivent être aussi égaux *moralement* ou en droit. Il convient que chacun des époux commande dans la tâche qui lui est propre et que tous deux s'accordent sur le devoir commun. Les droits de la femme sont encore aujourd'hui partiellement méconnus par la loi. Ils doivent être les mêmes que ceux de l'homme.

DROITS ET DEVOIRS DES ÉPOUX

Les relations de famille se divisent en deux classes : les relations de supérieur à inférieur, comme celles de parents à enfants, et les relations d'égal à égal, comme celles des frères et sœurs entre eux. Dans lesquelles rentrent les relations de mari à femme ? La société conjugale est-elle une aristocratie (Aristote) ou une société d'égaux ? C'est de quoi on discute encore.

La question a deux aspects : pychologique et moral. On peut chercher si la femme est, en *fait*, l'égale de l'homme, ou si elle *doit* l'être.

Psychologiquement, il est impossible de savoir si la femme est égale ou inférieure à l'homme, par exemple en raison, les conditions dans lesquelles s'est produit jusqu'ici le développement intellectuel de l'un et de l'autre n'étant pas égales. Qui peut dire si ce qu'on appelle la nature féminine n'est pas l'effet des circonstances, dans lesquelles la femme a vécu, n'est pas une nature artificielle, une « première habitude »? (Pascal). Longtemps la femme a été maintenue par la pression des habitudes et des mœurs dans l'ignorance et le préjugé. Nous voyons ce qu'elle a été et ce qu'elle est encore ; mais nous pouvons à peine imaginer ce qu'elle serait, si jamais on déchirait « les sottes bandelettes dont les siècles barbares l'ont affublée », pour lui faire sa « place dans le monde de l'esprit » (Renan, *Eau de Jouvence*). On peut donc conclure que, si l'égalité des sexes n'existe pas, c'est qu'on ne l'a pas jusqu'ici laissée s'établir, et qu'il faut maintenant travailler à ce qu'elle soit. Psychologiquement, cette égalité n'est pas un fait, elle n'est qu'un *possible ;* mais, moralement, elle est un possible qu'il nous appartient de réaliser, une fin idéale.

Mais peut-être, à travers les nécessités sociales particulières qu'elle subit, la nature féminine ne laisse-t-elle pas cependant d'apparaître déjà. En fait, tout le monde s'accorde à attribuer à l'homme et à la femme des qualités propres, qui peuvent être équivalentes, mais ne sont pas identiques. Chez l'un, domine la raison ; chez l'autre, le sentiment ; chez l'un, la fermeté du caractère, chez l'autre, la douceur et la souplesse. Que penser de ces différences? Tout d'abord elles sont communes, ordinaires, non nécessaires, constantes ; elles représentent des moyennes, non des lois : tel homme diffère plus d'un autre, sous les rapports en question, qu'un homme d'une femme. En second lieu, ces différences n'ont pas l'importance qu'on leur prête : elles ne sont pas de nature, mais de degré, et l'opposition, qu'on établit, par exemple, entre la connaissance et le sentiment, surtout l'incompatibilité qu'on croit voir entre eux, est artificielle. Le sentiment ne se rencontre pas plus en dehors de la raison que la flamme sans la lumière ; il est le stimulant de l'intelligence ; il a ses clartés propres; il n'est qu'un autre « mode d'expression de la raison » (Renouvier). Il est la raison spontanée, vive et de premier mouvement, souvent déliée et fine. « Tout ce qui, dans la philosophie, est à l'état d'analyse, est, chez la femme, dit Renan, à l'état d'instinct léger. » Surtout le sentiment n'est pas au-dessous de l'intelligence; il peut s'élever jusqu'à elle, et la pénétrer tout entière. Une héroïne de Maupassant (*Notre Cœur*) définit ainsi l'intelligence féminine, montrant que cette intelligence a une aptitude universelle. « Nous regardons tout à travers le sentiment. Le sentiment est quelque chose qui nous appartient, que vous ne comprenez pas bien, vous autres, car il vous obscurcit, tandis qu'il nous éclaire. Oh ! je sens bien que tout cela est vague pour vous, tant pis ! Enfin, si un homme nous aime, et nous est agréable, car il est indispensable que nous nous sentions aimées pour devenir capables de cet effort-là, et si cet homme est un être supérieur, il peut, en s'en donnant la peine, nous faire tout sentir, tout entrevoir, tout pénétrer, mais tout, et nous communiquer par moments et par morceaux toute son intelligence... Nous sommes intuitives et illuminables.[1] » Il n'y a pas plus de différence, il y a exactement la même différence, entre l'intelligence de l'homme et celle de la femme qu'entre l'esprit géométrique et l'esprit de finesse (Pascal). Or, on ne saurait dire que l'un est supérieur à l'autre ; ils sont d'espèces différentes, mais de

---

[1] Maupassant, *Notre Cœur*, Paris, Ollendorff.

valeur égale. L'idéal serait qu'ils fussent toujours unis; car ils se complètent et s'éclairent l'un l'autre. Deux esprits très différents, Auguste Comte et Stuart Mill, ont été amenés, par leur expérience personnelle, à reconnaître tout ce que l'esprit de l'homme peut gagner en étendue, en justesse et en sûreté, à accepter le contrôle de l'intelligence féminine et à s'éclairer de ses lumières, et la théorie de ces intellectuels est susceptible de recevoir une application, valable pour tous les hommes, dans tous les domaines de la pensée et de l'action.

Les considérations psychologiques qui précèdent entraînent, au point de vue moral, les conclusions suivantes : Chaque sexe a son originalité, sa nature propre ; l'un n'est pas supérieur à l'autre ; mais tous deux ont leurs attributions naturelles, leurs fonctions propres.

Il faut donc rejeter l'opinion courante, la thèse du Code, d'après laquelle la société conjugale réclamerait une autorité souveraine et unique, laquelle reviendrait de droit au mari. Il ne peut y avoir qu'une autorité légitime, c'est celle qui naturellement revient au plus entendu, au mieux avisé, au plus raisonnable ; or ces épithètes sont loin de s'appliquer toujours au mari. Il y a donc des cas où l'autorité de celui-ci ne sera qu'une fiction légale ; elle tombera alors en fait, elle sera toute nominale, et prêtera à sourire, car « il est vrai de dire que celui qui a bonne tête et bon cœur commande partout, et que c'est son droit » (G. Sand, *François le Champi*). Combien de fois, et fort heureusement, l'homme ainsi règne et ne gouverne pas ! Mais, en réalité, entre les époux, il ne devrait pas y avoir place pour l'autorité : leur devoir est de se traiter en égaux, d'arriver à l'entente. Il faut qu'ils « se mettent d'accord sans s'imposer jamais leurs pures volontés » (Renouvier). S'il est nécessaire qu'une autorité s'exerce, que ce soit seulement celle du plus sage, du plus raisonnable, et qu'elle s'exerce toujours et uniquement par les voies de la persuasion.

C'est ce qui naturellement aura lieu, si les tâches sont réparties, comme il convient, dans la société conjugale, et si l'autorité et la responsabilité sont laissées à celui qui a la compétence et la direction réelles. Aristote, qui conçoit cette société sur le type de l'aristocratie, ne laisse pas de poser lui-même ce principe : « Le mari commande dans les choses où il faut qu'en effet l'homme ait l'empire; tout ce qui est en rapport avec les aptitudes de sa femme, il le lui attribue. Si le mari est maître de tout, il n'est plus dans son droit; il n'agit plus en vertu de sa supériorité[1]. » Il convient encore de remarquer ici qu'il ne faut pas être trop prompt à renfermer chaque être humain dans les attributions, dites naturelles, de son sexe. Pascal dit, en parlant des pays, tous de couvreurs, tous de maçons : « La nature n'est pas si uniforme. » Peut-être de même devons-nous nous habituer à l'idée que toutes les femmes ne sont pas faites pour les soins de l'intérieur, la direction du ménage et l'éducation des enfants. Il convient de tenir compte des aptitudes individuelles, et d'y faire droit : la femme médecin, avocat, n'est pas pour nous choquer, si vraiment elle est désignée pour cet emploi par son intelligence, ses goûts, et si elle le remplit bien. L'incompétence seule est méprisable. Or elle se rencontre partout, et il y a aussi, en dehors des intellectuelles, des mères au-dessous de leur tâche, des ménagères qui n'ont pas le don. La division, vraiment *naturelle*, des tâches entre époux suf-

---

[1] Aristote : *Morale à Nicomaque*, VIII, x, trad. Ollé-Laprune.

fira, à elle seule, pour prévenir les abus d'autorité : toute occasion de conflit semble évitée, quand chacun se voit attribuer le rôle qui lui convient, et possède, dans les limites de ce rôle, la liberté d'agir, la responsabilité personnelle, et le droit de commander.

Mais un autre écueil est à éviter : c'est que chacun des conjoints s'enferme en sa tâche, s'y complaise, se fasse sa part, souvent étroite, de responsabilités et de devoirs, et n'en conçoive plus d'autres. S'ils ont leurs fonctions propres, ils ont aussi leurs devoirs communs. Il faut qu'ils se sachent solidaires, unis en une même tâche, et gardent le sentiment d'une responsabilité partagée. Il est inadmissible, par exemple, que le grave problème de l'éducation des enfants soit résolu par l'un d'eux d'autorité, en dehors de l'assentiment, ou même contre la volonté de l'autre. D'une façon générale, il est inadmissible que l'homme et la femme suivent chacun sa voie, que, faute de se consulter, ils s'ignorent, et que leur bonne volonté commune n'aboutisse pas à un accord explicite et réel. Il est désirable que, dans la vie commune, l'unité d'action soit toujours présente et toujours sentie, qu'elle se marque dans le détail, aussi bien que dans les lignes générales, de la conduite. C'est le charme et l'honneur d'une telle vie ; c'en est aussi la sécurité et la paix.

Nous avons dit ce que doit être l'union de l'homme et de la femme. Mais il faut considérer aussi ce qu'elle peut être, il faut prévoir le cas où les époux ont à se défendre l'un de l'autre, il faut définir leurs droits respectifs. Considérons, par exemple, les droits relatifs aux choses. « Ceci, dit Renouvier, est essentiellement matière à contrat, tant pour les biens acquis avant le mariage que pour ceux qui peuvent survenir aux époux, grâce à leur travail ou autrement, et que pour l'administration des intérêts, soit particuliers, soit mis en commun. La rédaction d'un contrat de mariage est indiquée par la morale, comme le moyen le plus juste et le plus sûr d'obvier aux difficultés et aux conflits ; et plus loin sera portée la prévision dans les stipulations et la prévoyance des cas éventuels, plus la justice sera satisfaite. » Rien de plus juste. La confiance, qui doit exister entre les époux, n'est pas une confiance *a priori*, accordée d'emblée et par don gratuit, sorte de blanc-seing laissé par la femme au mari ; c'est une confiance, qui se produit en connaissance de cause, après information et examen, qui sait exactement sur quoi elle se fonde, et jusqu'où elle va. Cela seul est conforme à la dignité du mariage et à l'égalité des conjoints. Cette égalité requiert encore le droit, pour la femme, de disposer de sa fortune personnelle, de son salaire. On sait combien la loi, en France, est encore loin de protéger la femme et d'assurer ses droits. Elle a moins fait pour elle que pour l'enfant. Elle s'est crue sans doute moins autorisée et moins puissante pour la défendre. Mais, au point de vue moral, on peut dire que les droits de la femme et du mari sont rigoureusement égaux, et que le progrès consistera à établir dans les lois et à faire passer dans les mœurs cette égalité.

Sujets à traiter :

I. — *La question féministe. (Cette question se posera au nom de la morale, tant que la femme n'aura pas légalement conquis des droits égaux à ceux de l'homme.)*

II. — *Comment se pose la question de l'égalité ou de l'inégalité des sexes ? Distinguer les points de vue psychologique, — moral — légal, — social. — Ajoutons qu'égalité ne veut pas dire* identité, *mais équivalence de qualités et de défauts, autrement dit qu'il peut y avoir, suivant une formule heureuse, « égalité dans la différence »* (Legouvé).

CHAPITRE XVIII

PARENTS ET ENFANTS

SOMMAIRE

Naturellement, les parents ont des devoirs envers leurs enfants; ils n'ont pas sur eux de droits, mais ils *acquièrent* des droits, en remplissant leurs devoirs. Ces droits, ils peuvent les *perdre* ou manquer à les acquérir. La *déchéance paternelle* peut être prononcée par l'État, comme protecteur des droits de l'enfant. Le respect dû à l'enfant, comme être faible, ou en tant qu'enfant, et comme homme futur. Il faut ménager sa nature présente et avoir en vue sa destinée à venir. Double devoir, en apparence contradictoire. De même, à mesure que l'enfant évolue, ses devoirs changent de nature. C'est ainsi qu'il passe de l'obéissance passive, absolue, à l'obéissance ou adhésion volontaire.

PARENTS ET ENFANTS

Devoirs et droits des parents.

Le fait de mettre des enfants au monde crée des obligations très étendues et très précises, mais ne donne par lui-même aucun droit. Le titre de parents fut interprété, à l'origine, comme un titre de propriété; il entraînait le droit de disposer de l'enfant d'une manière absolue, de le mettre à mort, de le vendre, etc.; peut-être trouverait-on, encore aujourd'hui, des parents imbus à quelque degré de ce préjugé antique, regardant leurs enfants comme leur bien, leur chose, s'attribuant des *droits naturels* sur eux.

En réalité, les devoirs seuls des parents sont naturels ; leurs droits ne sont que la conséquence de ces devoirs remplis. « Celui qui appelle un enfant à la vie, dit Schopenhauer, a le *devoir* de l'entretenir jusqu'au moment où l'enfant peut se suffire à lui-même ; et si ce moment ne doit arriver jamais, comme c'est le cas pour les aveugles, les infirmes, les crétins, etc., alors le devoir non plus ne s'éteint jamais. » Le *droit* des parents « est loin d'être aussi immédiat, aussi précis. Voici sur quoi il repose : comme tout devoir crée un droit, il faut que les parents aient un droit sur leurs enfants : ce droit impose aux enfants le devoir de l'obéissance, devoir qui plus tard s'éteint avec le droit d'où il était né ; à la place succède la reconnaissance pour tout ce que les parents ont pu faire au delà de leur stricte obligation. Toutefois, si haïssable, si révoltante même que soit bien souvent l'ingratitude, la reconnaissance n'est pas un devoir (strict) ; car qui la néglige ne fait pas tort à autrui, donc ne lui fait pas injustice. Sinon, il faudrait dire que le bienfaiteur, au fond de lui-même, avait pensé faire une affaire [1] ». Sans aller jusqu'à exempter ainsi, en une certaine mesure, les enfants du devoir de gratitude, il faut reconnaître que les devoirs des parents priment et fondent leurs droits, en d'autres termes, que les parents ont des devoirs, avant d'avoir des droits, qu'ils ont des devoirs, comme parents, mais n'ont pas de droits, comme tels, et n'en peuvent acquérir que par leur conduite à l'égard de leurs enfants, c'est-à-dire qu'autant qu'ils s'acquittent de leurs devoirs envers eux avec dévoûment et tendresse.

Les droits des parents sont si bien subordonnés à leurs

---

[1] Schopenhauer : *Le Fondement de la Morale*, tr. fr., p. 133. Paris, Alcan.

devoirs, que la transgression ou l'omission des devoirs entraîne, pour eux, la perte des droits. Les parents manquent-ils à nourrir et à élever leurs enfants ? Les accablent-ils de mauvais traitements ? Leur imposent-ils un travail qui dépasse leurs forces ? Les dressent-ils à la prostitution, au vol ? L'État, comme protecteur des faibles, prononce contre eux la déchéance paternelle, les déclare indignes d'élever leurs enfants et leur retire tous droits sur eux. La loi civile ne sévit pas seulement contre les parents indignes, elle ne soustrait pas seulement les enfants à leurs brutalités, à l'exemple de leurs vices, elle punit encore la simple négligence des parents à remplir leurs devoirs ; c'est ainsi qu'elle les contraint à donner ou à faire donner à leurs enfants l'éducation élémentaire.

L'État n'intervient d'ailleurs ici que comme défenseur du droit de l'enfant. Il ne peut lui-même revendiquer sur l'enfant aucun droit. Si l'enfant n'est pas la propriété des parents, il n'est pas davantage, il est bien moins encore celle de l'État. Il s'appartient à lui-même, ou il doit un jour s'appartenir à lui-même, et il doit dès maintenant être traité comme tel.

Étudions donc d'abord les droits de l'enfant, lesquels, sous un autre rapport, sont les devoirs des parents.

L'enfant peut être considéré à deux points de vue : comme un être faible, ayant besoin de protection, de soins, qui naturellement inspire l'attendrissement, la pitié et l'amour, et comme un être raisonnable, c'est-à-dire dès maintenant capable de raison, comme une personne future, et, à ce titre, respectable déjà. *Maxima debetur puero reverentia.* Ce qui, chez l'enfant, commande le respect, c'est le mystère de sa destinée, c'est l'avenir auquel il a droit. Le droit, en effet, appartient à cette personne en formation qu'est l'enfant, autant, sinon plus, qu'à cette personne formée qu'est l'homme. Il ne suppose point réalisée la dignité de la personne, il implique seulement la possibilité qu'elle le soit. La justice est donc due à l'enfant en même temps que la bonté, ou mieux, il faut, unissant ces deux points de vue, respecter l'enfant en l'aimant.

On verra l'application de cette règle dans tous les devoirs des parents. Laissons de côté l'obligation pour les parents de nourrir l'enfant, de le vêtir, de lui donner les soins matériels que son âge réclame. Ne parlons que de l'éducation.

Élever un enfant, ce n'est pas seulement avoir égard à sa faiblesse présente, le protéger, veiller sur lui ; c'est avoir en vue son avenir, le préparer à la vie. Cela revient à dire qu'il faut l'aimer sans faiblesse, le rendre heureux sans le gâter. Il est des souffrances dont on ne saurait l'exempter toujours, auxquels il importe de l'habituer de bonne heure, celles qu'il est de l'intérêt de sa santé et de son éducation qu'il supporte. Il est des contraintes qu'il doit subir ; on ne saurait permettre que ses besoins réels se changent en capricieuses exigences ; il faut défendre contre lui-même ce caractère qui ne sait encore ni ce qu'il veut ni vouloir, et qui a ses faiblesses, ses emportements, ses violences ; il faut fournir un aliment à son activité ; il faut le redresser, l'encourager et le soutenir. Il est naturel aux parents d'aimer leurs enfants, mais ils ont à apprendre à les aimer, autrement que d'instinct ; j'entends d'un amour sérieux et profond, intelligent et éclairé, qui vise les fins lointaines et ne se dissipe pas au jour le jour en fâcheuses complaisances et en vaines caresses. Il est à remarquer que ce qu'on appelle un amour aveugle est au fond un égoïsme inconscient. En effet, aimer l'enfant dans le présent, goûter les joies qu'il donne, et, pour s'épargner à soi-même la peine de le voir et de le faire un moment souffrir, permettre que son caractère se déforme, que ses caprices s'exagèrent et que son humeur s'aigrisse, c'est vraiment sacrifier l'enfant à son propre repos, c'est l'aimer pour soi, non pour lui, comme il plaît de l'aimer, et non comme il doit, je dirai même, comme il veut être aimé. En effet, l'enfant, quand l'éducation n'a pas encore réussi à altérer sa droiture naturelle, se prend d'une amitié, qui peut paraître étrange, mais qui est fondée et bien juste, pour ceux dont la volonté sait au besoin résister à la sienne ; sa faiblesse va chercher d'instinct un appui dans leur fermeté. En résumé, il s'agit, dès l'éducation première, de concilier ce qui est dû à l'enfant, en raison de sa faiblesse présente, avec ce que réclament déjà la formation de son caractère et l'intérêt de sa destinée à venir.

Tous les devoirs des parents découlent d'un double principe. Il serait dangereux de ne voir dans l'enfant que l'enfant, de n'y pas voir l'homme futur ; il ne le serait pas moins de ne voir dans l'enfant que l'homme futur, de n'y plus voir l'enfant. « L'enfance, dit Höffding, résumant avec précision et avec force les idées de Rousseau, l'enfance est avant tout une période et une forme de vie originale et *sui generis*, ayant ses conditions propres et devant être jugée d'après ses lois propres. Elle n'est pas plus que n'importe quelle autre partie de la vie, une simple période de transition. Il faut avant tout considérer l'enfant comme enfant, et non comme futur adulte. De la larve sort en temps voulu un insecte, mais il ne convient pas pour cela de traiter la larve comme un insecte. La larve a ses facultés et ses besoins propres. Abstraction faite des doctrines ascétiques, qui regardent avec méfiance toute saine joie de vivre et toute activité naturelle, l'enfance n'a pas de pire ennemi que les doctrines tout *extérieures* de l'intérêt, qui demandent toujours ce qui *sera utile* à l'enfant, mais non ce qui lui *est utile*.

« Il importe d'abord de permettre à l'enfant d'être vraiment enfant (et de l'y aider au besoin), c'est-à-dire de se donner tout entier à la vie de son âge, sans être troublé par des soucis, des privations ou des tourments. Cela lui permet d'amasser des forces physiques et morales pour son évolution future. Ensuite il faut que le travail qu'on lui demande soit, dans la plus large mesure possible, son propre travail, afin qu'il ressente, en le faisant, la joie d'employer ses propres forces. Si l'on satisfait à ces conditions, on aura par là même résolu le problème qui consiste à traiter l'enfance comme une période de vie originale et *sui generis*, et à en faire cependant une préparation à la vie extérieure [1]. »

Appliquons les mêmes principes à un devoir des enfants, souvent mis en question, celui d'obéissance. L'enfant est d'abord un être d'instinct; il ne peut donc pas être traité d'emblée comme un être raisonnable, comme une personne. Il est impulsif et aveugle; il veut donc être dirigé et conduit. Son infirmité mentale le place intellectuellement sous la dépendance ou dans la tutelle de ses parents. L'éducation est, par définition, « l'acheminement de l'enfant à l'état raisonnable par la raison d'autrui » (Renouvier). Or il n'y a, pour l'être sans raison, qu'une façon de se rendre à la raison d'autrui, c'est l'obéissance aveugle, passive, absolue. L'enfant doit se soumettre, sans la comprendre, à la volonté de ses parents; il doit acquérir des habitudes, avant de recevoir des principes. Car remettre l'éducation jusqu'à

---

[1] Höffding : *Morale*, trad. franç. par M. Le Poitevin, p. 301. Alcan, édit.

l'âge de raison, selon les principes de Rousseau, ce serait rendre l'éducation à jamais impossible, laisser à l'enfant le temps de contracter des habitudes, souvent fâcheuses, que la raison ensuite ne saurait plus modifier, réprimer et détruire.

Mais, si c'est parce que la raison lui manque, que l'enfant doit obéir, il ne doit obéir qu'aussi longtemps qu'elle lui manque, et dans la mesure où elle lui manque. De plus, « à côté de la loi de l'être qui obéit, il y a les devoirs de celui qui commande. Or le premier de ces devoirs, c'est de ne promulguer que des lois justes, et de les appliquer toujours justement » (Legouvé). Il ne saurait être question de se permettre avec l'enfant tous les abus d'autorité, sous prétexte qu'avec lui, cela est sans conséquence, qu'il ne comprend pas. D'abord, ces faits qui maintenant lui échappent, il les emmagasine en sa mémoire pour les juger plus tard. Ne discréditez donc pas en lui par avance le principe d'autorité. Inspirez-lui au contraire « le respect de votre pouvoir en le lui montrant toujours équitable et désintéressé ». Faites que plus tard il « se soumette à vos ordres avec plaisir, même quand il ne les comprend pas, à force de les avoir toujours trouvés sages, quand il a pu les comprendre » (Legouvé). Enfin il convient d'être prudent pour le présent même. Comme on ne sait jamais bien « jusqu'à quel point et en quels sujets l'enfant a dès maintenant la raison, qui vient graduellement à tous, il est meilleur de la lui supposer plus que moins, sans oublier que le sentiment, chez lui, est précoce du côté du droit, et précède de beaucoup la connaissance du devoir » (Renouvier).

Au reste, quand le commandement, chez les parents, s'inspire toujours de la raison et de la justice, l'obéissance ne peut être qu'avantageuse aux enfants. C'est ce qu'ils reconnaissent eux-mêmes quands ils entrent dans l'âge de raison. Ils passent alors de l'obéissance aveugle à l'obéissance consciente, ils ne cessent pas d'obéir. Mais leur obéissance prend un caractère moral et reçoit un autre nom. Elle est la libre soumission d'une raison inférieure à une raison éclairée, l'adhésion volontaire aux ordres donnés. Il semble à ceux qui n'ont jamais été soumis qu'à une autorité sage et juste, et qui s'y sont soumis de bon cœur, qu'ils n'obéissent point, mais qu'ils suivent leur propre mouvement. « Pour moi, dit Renan, je ne crois pas qu'à aucune époque de ma vie j'aie obéi ; oui, j'ai été docile, soumis, mais à un principe spirituel, jamais à une force matérielle, procédant par la crainte du châtiment. Ma mère ne me commanda jamais rien. Entre moi et mes maîtres ecclésiastiques, tout fut libre et spontané. Qui a connu ce *rationale obsequium* n'en peut souffrir d'autre. Un ordre est une humiliation ; qui a obéi est *capitis minor*, souillé dans le germe même de la vie noble. » La distinction est juste, mais prise au tragique et poussée au noir. Renan s'effarouche du mot obéissance ; celui de séduction lui ferait évidemment moins peur. Il ne veut pas que l'obéissance volontaire soit de l'obéissance. Simple question de mots ! On pourrait soutenir qu'elle est au contraire l'obéissance la plus scrupuleuse et la plus sûre. Quand Renan ajoute : « Je n'aurais pu être soldat ; j'aurais déserté ou je me serais suicidé », il montre bien qu'il ignore jusqu'où peut aller l'obéissance, et l'obéissance volontaire! Pourquoi en effet n'accepterait-on pas de subir la discipline du soldat, quand il est si aisé de convaincre la raison de sa nécessité rigoureuse ? Obéir, serait-ce donc faire seulement ce qui plaît ? En réalité, toute obéissance tire sa valeur de la légitimité ou du caractère rationnel des ordres reçus, mais il n'y a qu'une obéissance vraiment morale, c'est l'adhésion volontaire à des ordres reconnus fondés, et c'est à celle-là qu'il faut tendre, jusqu'à ce qu'on arrive à pouvoir se passer d'ordres, à être capable de se gouverner soi-même. Le rôle des parents est de suppléer chez l'enfant la raison absente, d'exercer sur lui une autorité d'abord absolue, puis de faire servir cette autorité même à éveiller sa raison, à le préparer au *self government* et ainsi de travailler à se rendre eux-mêmes inutiles.

En résumé, l'enfant est un être qui évolue ; l'éducation doit elle-même être progressive ; elle doit s'adapter aux divers moments de la vie qu'elle dirige, être tenue en quelque sorte constamment à jour ; elle doit suffire au présent, sans perdre de vue l'avenir.

Sujets à traiter :

I. — *Commenter cette pensée : Les parents doivent travailler à se rendre inutiles.*

II. — *Sur quoi se fondent les droits des parents ? Caractère tout relatif et provisoire de ces droits.*

III. — *Le désintéressement, l'oubli de soi, qui est le caractère de la vertu en général, est-il aussi celui de la vertu des parents en particulier ?*

IV. — *Les droits des parents et les droits de l'État sur l'enfant.*

V. — *Montrer que, pour bien entendre les devoirs envers l'enfant, il faut le considérer comme un être qui évolue, qui est tourné vers l'avenir, mais qui ne laisse pas d'avoir une personnalité ou nature présente, voulant être ménagée.*

VI. — *Commenter cette pensée de Spencer (De l'éducation, tr. fr., p. 173) : « L'erreur de ceux qui discutent des systèmes d'éducation domestique consiste à attribuer tous les défauts, à imputer toutes les difficultés aux enfants, et rien aux parents. En ce qui touche au gouvernement de la famille comme en ce qui touche au gouverne-*

ment de la nation, on suppose toujours que les vertus sont du côté des gouvernants et les vices du côté des gouvernés. A en juger par les théories d'éducation il semble qu'hommes et femmes soient transformés, aussitôt qu'on les envisage en tant que pères et en tant que mères. »

CHAPITRE XIX

DEVOIRS ET DROITS DES ENFANTS

SOMMAIRE

I. — Devoirs des enfants

A. Devoirs matériellement exigibles. *B.* Devoirs moraux. L'obéissance, d'ailleurs limitée, relative, et qui évolue, se transforme en respect. La reconnaissance et l'affection.

II. — Frères et sœurs

L'amitié fraternelle. Ses conditions : égalité de droits légaux entre frères, égalité de traitement de la part des parents, communauté de nature, d'éducation et de vie. Ses caractères : intimité, familiarité. Ses espèces et nuances. Ses règles : égards et ménagements réciproques, égalité.

I. — DEVOIRS DES ENFANTS

Aux droits des parents répondent les devoirs des enfants. Définir les uns, c'est déjà définir les autres. Essayons pourtant de les considérer à part.

Il semble que les devoirs des enfants ne relèvent que de l'affection, tandis que ceux des parents relèvent de la justice stricte. Mais, en réalité, de même que les parents vont toujours au delà de leurs obligations rigoureuses et passeraient pour dénaturés, s'ils ne s'inspiraient avant tout, dans l'accomplissement de leur tâche, des sentiments naturels de dévoûment et de tendresse, de même, ou plutôt inversement, les enfants n'ont pas seulement à répondre par l'amour à l'amour de leurs parents, mais ils contractent encore envers ceux-ci, par le fait de l'éducation, une dette en quelque sorte matérielle, dont on peut, en droit strict, exiger qu'ils s'acquittent, s'ils ont le cœur d'y manquer. Les parents, devenus vieux et dans le besoin, sont en droit d'attendre et de réclamer de leurs enfants des secours matériels et des soins. La loi, qui protège les enfants contre la négligence coupable et la brutalité des parents, protège aussi les parents contre l'ingratitude de leurs enfants.

Cependant les devoirs des enfants (comme ceux des parents) ne seraient pas seulement incomplets, ils seraient encore toujours mal remplis, s'ils ne prenaient pas leur source dans les sentiments. Le rôle du devoir, dans les relations de la famille, n'est pas de suppléer l'affection, mais de la régler.

Les devoirs des enfants envers leurs parents sont l'obéissance, le respect, la reconnaissance et l'affection.

Aucun de ces devoirs ne revêt une forme absolue. Ils sont tous limités par « le droit rigoureux de toute personne à faire sa propre destinée » (Renouvier). C'est ainsi, comme on l'a dit, que l'obéissance est relative et temporaire. Les enfants, devenus grands, ne doivent pas condescendre à « des volontés que les parents n'ont plus le droit d'avoir ». (Renouvier). Il est des décisions dont ils doivent alors porter seuls la responsabilité, qu'il leur appartient donc seuls de prendre : telles sont celles qui concernent le choix d'une profession, le choix d'un mari ou d'une femme. Les parents doivent sans doute être consultés toujours ; il convient de solliciter les conseils de leur expérience et de leur affection ; mais il est permis d'être en garde contre leurs erreurs, de se défier de leurs préventions, de leur partialité. Il n'est point rare, en effet, d'entendre des parents, désintéressés pour eux-mêmes, prêcher à leurs enfants l'égoïsme ; et de tous les égoïsmes, celui qui s'exerce pour le compte des autres, l'égoïsme transposé, est parfois le plus féroce, le plus exigeant et le plus cynique. Les enfants peuvent encore avoir à se défendre d'une affection tyrannique, qui veut leur bonheur, mais qui le veut à sa manière, et par des moyens qu'ils réprouvent.

Mais, pour être dispensés de l'obéissance, les enfants ne le sont point de la déférence et du respect. Au contraire, il est dans l'ordre, dans l'évolution naturelle des sentiments, que le respect prenne en quelque sorte la place de l'obéissance, devienne d'autant plus grand que celle-ci est moins étroite, sans compter que l'indépendance la plus réelle est celle qui s'exerce sans s'écarter de la déférence et sans briser l'affection. Qu'est-ce qui donne, en effet, le courage d'avoir, et de défendre contre ses parents, un avis personnel, si ce n'est pas la conviction où l'on est de ne leur manquer point, en cela, de respect et de confiance, et qu'ils le savent?

On pourrait dire de l'affection qu'elle n'est pas un devoir, qu'elle ne se commande pas, qu'elle est naturelle. Il dépend de nous, pourtant, en quelque mesure, de l'éprouver, de nous mettre dans la pensée tous les bienfaits, toutes les marques d'affection, toutes les preuves de dévoûment, que nous avons reçus de nos parents, d'en entretenir, d'en aviver en nous le souvenir, de les *reconnaître*, et d'y répondre par l'amour. Aussi le reproche de manquer de cœur est-il donné comme injurieux et tenu pour tel. L'affection filiale est donc un devoir; mais c'est d'elle, comme de la reconnaissance, qu'on peut dire, il est vrai, qu'elle est bien faible, si elle n'est qu'un devoir.

II. — FRÈRES ET SOEURS

Au devoir des enfants envers leurs parents il faut rattacher celui des frères et sœurs entre eux. Il y a, en effet, entre les deux une solidarité étroite. L'attitude des parents envers leurs enfants, l'égalité d'affection qu'ils leur montrent sont de nature à établir entre ceux-ci les relations normales d'affection entre égaux, ou d'amitié. Les privilèges du rang, de la richesse, accordés autrefois aux aînés et aux mâles, et par suite la nuance particulière d'affection et de respect, dont ils étaient l'objet, ne pouvaient manquer, au contraire, de détacher d'eux les autres enfants, et de rompre à quelque degré le lien naturel d'affection entre frères.

Toutefois la relation fraternelle ne laisse pas d'être indépendante de celle des parents et des enfants. L'amitié entre frères et sœurs a existé sous l'ancien régime, et ne se rencontre pas toujours en notre temps. C'est donc que l'égalité civile des enfants ne suffit pas à la créer, et que, lorsqu'elle existe, l'injustice, soit des parents, soit de l'état social, ne peut pas non plus la détruire. Cette amitié est naturelle ; elle est l'intimité profonde, que crée la longue communauté d'éducation et de vie, s'ajoutant à cette communauté de nature, qui résulte de l'hérédité, et qu'on appelle les liens du sang. Elle revêt toutes les formes et comporte tous les degrés, toutes les nuances. La différence d'âge, de sexe en change la nature. C'est ainsi qu'il y a quelque chose de paternel et de tendre dans l'affection d'un aîné pour ses frères très jeunes, et que le sentiment d'orphelins, élevés par un frère ou une sœur aînés, se rapproche plus de la piété filiale que de l'amour fraternel.

C'est ainsi encore qu'il y a une nuance de protection dans l'amitié d'un frère pour sa sœur. D'une façon générale cependant, ce qui domine dans l'amitié fraternelle, c'est l'égalité. Le respect gêne toujours à quelque degré la confiance entre enfants et parents. Rien de pareil ne se met en travers des sentiments des frères et sœurs ; de là le caractère particulier d'intimité qui existe entre eux ; lorsqu'il y a communauté de nature, de goûts, la pénétration des âmes semble alors entière.

Les frères doivent s'aimer les uns les autres. Ils y sont naturellement enclins. Mais le penchant qui les porte à s'aimer ne leur apprend pas comment ils doivent s'aimer, ne leur enseigne pas l'art et les conditions de l'amitié. Ayant à vivre ensemble, ils doivent s'adapter d'abord aux conditions de la vie commune, autrement dit, se supporter. Cela veut dire qu'ils doivent être les uns vis-à-vis des autres, non seulement sans envie ni jalousie, mais encore sans animosité, sans antipathie ni aigreur. Les paroles malveillantes, les railleries déplacées, les piques continuelles peuvent tuer l'amitié aussi bien que les torts graves. Il faut que les frères fassent ensemble l'apprentissage de la vie en commun, c'est-à-dire des égards ou des ménagements nécessaires, des concessions réciproques. Toute tyrannie, qu'elle s'exerce au profit des plus jeunes ou au profit des aînés, est contraire à l'amour fraternel : il ne faut pas que ce soit toujours au même à céder.

Ce n'est pas à dire que la règle de la famille soit jamais celle d'un égalitarisme jaloux. Par la seule différence d'âge, l'inégalité ne peut manquer d'exister entre frères ; elle existe aussi par la différence du caractère, des dons, de l'intelligence ; il y a dans la société, et dans la famille même, des êtres de domination et des êtres de sujétion.

Il suffit que cette domination soit naturelle, normale et se fasse agréer.

Il en est des relations de frères à frères comme de celles de parents à enfants. On a coutume de dire que les parents doivent aimer leurs enfants d'un amour égal et sans préférence. Cela n'est qu'à moitié vrai. Il y a, en fait, une partialité de bon aloi ; à l'égard des déshérités ou des meilleurs, une tendresse privilégiée est assurément permise, elle est d'ailleurs naturelle et constante. Les préférences des parents sont sans doute coupables, quand elles sont aveugles, irraisonnées et déraisonnables, quand elles entraînent à des actes injustes. Mais celles qui se fondent sur des raisons morales sont légitimes en soi et ne peuvent avoir d'effets fâcheux. Le devoir des parents est, à coup sûr, d'aimer tous leurs enfants, de les traiter avec justice, de n'en favoriser et de n'en rebuter aucun ; mais il ne peut être de les englober tous dans une affection indistincte et banale. Chaque enfant veut être aimé pour lui-même et selon ce qu'il est. Plus généralement, chaque affection a, et doit avoir, sa nuance personnelle, originale ; c'est ce qui en fait le prix.

Les frères doivent donc s'aimer tous sans doute, mais on ne peut demander qu'ils s'aiment tous d'un amour égal ; il est naturel qu'il s'établisse entre eux des amitiés de prédilection et de choix. Il est de l'essence de l'amitié d'être une affection élective. Or c'est à l'amitié que ressemble le plus l'amour fraternel.

Un frère est un *ami* donné par la nature.

Sujets à traiter :

I. — *Dans quelle mesure les devoirs de l'enfant envers lui-même limitent-ils ses devoirs envers les parents ?*

II. — *Le terme* devoir *n'est-il pas impropre pour désigner les rapports des parents à enfants, les rapports de famille en général, n'a-t-il pas quelque chose de choquant, de froid et de sec, et ne doit-il pas être remplacé par celui d'affection ?*

III. — *Dans quelle mesure l'attitude des parents envers leurs enfants commande-t-elle celle des frères et sœurs entre eux ?*

IV. — *La fraternité et l'amitié.*

V. — *Quelles sont les causes qui empêchent l'amitié de se développer entre frères, ou plus généralement qui empêchent les relations fraternelles d'être ce qu'elles doivent être ?*

VI. — *Importance de l'amitié fraternelle. Ses bienfaits. Son charme.*

CHAPITRE XX

L'ESPRIT DE FAMILLE. — ROLE MORAL ET SOCIAL DE LA FAMILLE

SOMMAIRE.

Caractère distinctif de la famille : elle a une origine naturelle, repose sur l'instinct, le sentiment; son principe est l'amour, non la justice. L'affection dans la famille prime le droit. De ce que la société domestique se fonde sur le sentiment il suit qu'elle aura tous les excès et toutes les vertus du sentiment. L'esprit de famille sera l'esprit de corps, avec ses étroitesses, sa partialité, sa tyrannie et avec son dévouement, son désintéressement. Injustice d'une famille à l'égard des autres familles, — à l'égard de ses membres.

La famille, modèle de toutes les autres sociétés, source de vertus sociales. Son rôle dans l'éducation de l'humanité. Transformation des vertus familiales en vertus sociales.

L'ESPRIT DE FAMILLE. — ROLE MORAL ET SOCIAL DE LA FAMILLE

Il ne suffit pas d'étudier séparément les relations domestiques et les règles morales qui s'appliquent à chacune. Il faut considérer la famille comme un tout vivant, indécomposable; il faut chercher ce qui en forme le lien naturel et moral, ce qui en constitue l'unité, ce qui en est l'âme ou l'esprit.

La famille est primitivement, et ne cesse jamais d'être, une société naturelle, c'est-à-dire qu'elle relève de l'instinct et du sentiment, non de la raison. Les philosophes en ont méconnu la nature, qui sont partis de la notion du droit.

Les vertus qu'elle engendre sont des vertus naturelles (φυσικαὶ ἀρεταί), c'est-à-dire qui ont jailli spontanément du cœur, qui sont dues à l'inspiration de l'amour. La famille compte parmi les besoins et les joies de l'humanité, avant d'être conçue comme un ensemble de relations morales, une matière de devoirs. Elle a pour principe l'amour, non la justice. La justice est une vertu étroite; elle pose ce qui est dû et néglige de faire appel au mérite. L'amour est un principe supérieur; il ne doit pas tomber au-dessous de la justice, mais peut s'élever au-dessus.

De la stricte observation du juste ne sauraient sortir les vertus domestiques. Imagine-t-on des parents remplissant leurs devoirs sans amour, des époux appliqués à défendre l'un contre l'autre leurs droits? Toutes les relations domestiques impliquent l'affection. Il faut sans doute qu'entre toutes les personnes le droit soit respecté, mais il faut qu'entre les personnes qui s'aiment, le droit soit sous-entendu toujours, et jamais réclamé, qu'il cesse, si j'ose dire, de paraître exigible. Il faut, en un mot, qu'on tienne de la bonne volonté seule tout ce qu'on pourrait obtenir par force, au nom de la justice.

Même la stricte observation du droit est ici secondaire; la seule chose qu'il importe de maintenir, c'est l'amour. Or l'amour de lui-même est généreux, porté à l'indulgence. Il pardonne toutes les fautes, si graves soient-elles, tant qu'elles ne sont pas le témoignage certain d'une désaffection absolue et sans retour. Il fait appel et crédit à la bonne volonté, la rassure contre elle-même, contre ses défaillances et ses égarements. Ainsi la famille vit selon d'autres lois que la société civile; elle observe la justice sans doute, mais l'observe naturellement, sans effort, comme une loi qui s'accorde avec les penchants; elle s'en affranchit même à l'occasion, ou du moins elle ne s'astreint pas à la suivre littéralement. Que le droit se trouve violé dans les relations domestiques, c'est un mal sans doute, mais pardonnable, en tout cas moindre que la perte de l'affection, et qui, à lui seul, n'entraîne pas la rupture du lien familial.

Bien plus, la famille se développe selon la logique des sentiments, et la loi de l'amour paraît, en certains cas, contredire la justice. Ainsi, d'après cette loi, l'objet aimé est absous de toute indignité, et doit être aimé d'un amour absolu, sans réserve. Tout lien familial dès lors serait valable en soi, et devrait être respecté toujours et dans tous les cas : la piété filiale, par exemple, serait un devoir dont rien ne relève. « Tu as un père, dit Épictète, il t'est ordonné d'en avoir soin, de lui céder en tout, de supporter qu'il t'injurie, qu'il te frappe. — Mais j'ai un mauvais père ! — Est-ce donc que tu es lié naturellement à un bon père ? Non, mais à un père » (*Manuel*, XXX). Le devoir fraternel est présenté de même, et plus explicitement, plus heureusement encore, par le même philosophe. « Toute chose a deux anses : l'une, par où on peut, l'autre par où on ne peut pas la porter. Si ton frère a des torts, ne le prends pas par ce côté-là, qu'il a des torts, prends-le plutôt par cet autre côté, qu'il est ton frère, qu'il a été nourri avec toi, et tu prendras la chose par où on peut la porter » (*Ibid.* XLIII).

De ce que la famille relève du sentiment, il suit une autre conséquence : c'est qu'elle se portera à tous les excès du sentiment, aux meilleurs et aux pires, c'est qu'elle sera à la fois une source de dévoûments et d'injustices. Ainsi elle aura, pour commencer, le vice inhérent à toute société, quelle qu'elle soit : l'esprit de caste. Chaque famille se développera, ou tendra à se développer, à l'encontre des intérêts et des droits des autres familles et de l'État. De plus elle comprimera et étouffera l'individualité de ses membres. Cette double oppression ou tyrannie, qu'elle exerce au dedans et au dehors, justifie en partie, ou du moins explique, les attaques dont la famille est l'objet. Passons en revue ces attaques, et recherchons si, et jusqu'à quel point, elles sont fondées.

Ce qui caractérise la famille, c'est d'abord la solidarité de ses membres. Tous dans la famille se doivent à chacun, et chacun à tous. Les parents se doivent *naturellement* à leurs enfants, les enfants se doivent *éventuellement* à leurs parents. Je veux dire qu'il n'y a pas de limites précises aux devoirs des divers membres de la famille, et qu'en dehors des obligations, qui incombent à chacun, selon l'ordre naturel, il y a celles qui s'imposent indistinctement à tous, par le fait des circonstances. C'est ainsi encore que, si l'homme par son travail doit faire vivre la femme, comme le pense Auguste Comte, les rôles peuvent être renversés, l'homme tombant malade. De même, toute place, laissée vide au foyer par la mort, doit être remplie pour le mieux par ceux qui survivent : la mère supplée alors le père; le frère ou la sœur aînés, les parents. Il n'y a pas à invoquer ici la distinction des devoirs stricts et larges : le dévoûment même est dû, légitimement attendu, escompté.

Ce que les anciens disaient de l'amitié, qu'elle est un *communisme* (κοινὰ τὰ τῶν φίλων), nous paraît aujourd'hui s'appliquer plus naturellement et bien mieux à la famille. Elle est un communisme au sens moral, aussi bien et plus encore que matériel, du mot. La vie de l'individu est si intimement mêlée à celle de la famille qu'il n'a plus de sentiments ou de pensées vraiment propres. Sa conscience morale s'en trouve transformée. C'est ainsi qu'il songe, en se respectant lui-même, à respecter le nom qu'il porte.

Le sentiment de la dignité personnelle devient l'honneur familial. Cet honneur est une sorte de patrimoine moral, qui reste indivis, qui se répartit entre tous, et dont tous jouissent en entier.

L'esprit de famille est donc un esprit de solidarité. Il a ses vertus propres : le dévoûment, l'abnégation, l'oubli de soi. Mais ces vertus n'ont qu'une valeur relative ; elles se changent en vices ou deviennent, du point de vue social, dangereuses, si elles s'exercent exclusivement au sein du groupe et au profit du groupe, où elles sont nées. Il y a un égoïsme familial, qui est une source de division et de haine dans la cité. Cet égoïsme a de tout temps troublé les États. Il s'est traduit autrefois par des guerres de famille à famille. Il se traduit aujourd'hui par des rivalités d'un autre genre : les familles se disputent les richesses, la considération, l'influence, le crédit; elles s'efforcent d'accaparer, chacune pour ses membres, les faveurs, les dignités, les emplois.

La famille n'observe pas non plus toujours la justice à l'égard de ses membres. Il arrive que les droits des individus se trouvent sacrifiés à l'intérêt, bien ou mal compris, du groupe domestique. Le développement du mérite va même contre l'établissement de la justice : c'est ainsi que le dévoûment des uns entretient et développe l'égoïsme des autres, que les vertus de la femme produisent les vices de l'homme, le travail acharné des parents, la paresse des enfants. La famille a ainsi ses privilégiés et ses parias, très souvent d'ailleurs privilégiés inconscients et parias volontaires. Dans telle classe, la femme, qui devrait vivre du salaire de l'homme, s'épuise au travail, pour remplacer ce que prélèvent sur ce salaire la paresse et le vice. Dans telle autre, c'est l'homme qui surmène ses forces, pour satisfaire les goûts de luxe de la femme oisive.

Enfin la famille offre encore, au point de vue moral, un autre danger : elle peut être un obstacle au développement de la personnalité. On sait la lutte souvent cruelle que des individus ont à soutenir contre leur famille, pour défendre l'indépendance de leur pensée, l'originalité de leur caractère, la liberté de leurs décisions et de leurs actes.

La famille est donc, au résumé, le principe des plus grandes vertus et des pires défauts. Dans l'ensemble pourtant, les qualités l'emportent ; d'ailleurs elles ne sont pas liées indissolublement aux défauts.

La famille, en effet, n'est pas ou du moins ne reste pas une société exclusivement naturelle ; elle revêt, au cours de l'évolution, un caractère moral. Déjà on a incidemment montré qu'elle ne peut se constituer d'une façon viable, durable que par l'empire sur soi, le réfrènement des passions. Elle développe d'abord tout au moins les vertus multiples et complexes, que la vie en commun exige, et elle les développe à un degré éminent, puisqu'elle est le lien le plus puissant, le plus intime, puisqu'elle comporte les obligations les plus précises et les plus étendues. Elle est la société type, celle dont toutes les autres ne sont que l'extension et la reproduction, reproduction toujours affaiblie et imparfaite. Elle est universellement prise comme terme de comparaison de toutes les sociétés existantes, et c'est appliquer à celles-ci l'épithète la plus élogieuse que de leur donner le nom d'une relation familiale : ainsi le meilleur gouvernement s'appelle le gouvernement paternel, la plus forte union entre les hommes, la fraternité. La famille est, au point de vue social, un fait considérable, tant en lui-même que par ses conséquences. Elle ne produit pas seulement les plus admirables vertus ; elle rayonne au dehors ; c'est de son foyer que partent la chaleur et la flamme, qui entretiennent la vie dans tout le corps social. Elle refrène l'égoïsme individuel, elle crée autour de chacun de nous cette atmosphère vivifiante de sympathie et d'amour, dans laquelle seule peuvent germer et croître les sentiments d'humanité. De même que l'esprit, qui s'élève d'un bond aux généralisations les plus hautes, ne saisit que des abstractions vides et creuses, l'amour, qui aspire d'emblée à l'universel, qui prétend embrasser l'humanité, en franchissant les étapes de la patrie et de la famille, est un amour sans consistance et sans fond, languissant et stérile, une entité chimérique. Si la valeur des sentiments se mesure à leur intensité, et non pas seulement à leur extension, et si leur intensité est en raison précisément inverse de leur extension, il devient nécessaire, pour l'éducation de l'humanité et l'expansion normale des sentiments, que les vertus sociales se développent d'abord dans une sphère étroite, et s'étendent de proche en proche *per continuos gradus*. La famille est précisément le premier foyer de la vie sociale, celui qui communique sa chaleur à tous les groupes humains. Quand elle deviendrait par la suite un obstacle à l'évolution de l'humanité, il ne faudrait pas pour cela oublier qu'elle a commencé par rendre seule cette évolution possible, et qu'elle en demeure encore aujourd'hui une étape nécessaire.

Mais la famille n'est pas forcément ni même naturellement une société fermée, étroite et jalouse. Elle n'est pas forcément hostile au développement des individualités qui surgissent en son sein, elle peut au contraire favoriser l'essor de ces individualités, et en voir briller l'éclat avec orgueil et sympathie. Une famille n'est pas non plus nécessairement hostile au développement d'autres familles : elle

www.ingramcontent.com/pod-product-compliance
Lightning Source LLC
Chambersburg PA
CBHW050655170426
43200CB00008B/1296